ANNUAL REPORT ON

THE CHINA'S

INTERNET PLUS DEVELOPMENT

2015

中国互联网+
发展研究报告 2015

《中国互联网+发展研究报告》研究组◎编著

科学出版社

图书在版编目 (CIP) 数据

中国互联网+发展研究报告/《中国互联网+发展研究报告》研究组编著.
—北京:科学出版社,2015.12
ISBN 978-7-03-046521-4

Ⅰ.①中… Ⅱ.①中… Ⅲ.①网络经济－经济发展－研究报告－中国 Ⅳ.①F426.67

中国版本图书馆CIP数据核字(2015)第279264号

责任编辑:徐 烁 刘英红
责任印制:张 倩

科 学 出 版 社 出版
北京东黄城根北街16号
邮政编码:100717
http://www.sciencep.com

三河市骏杰印刷有限公司 印刷
科学出版社发行 各地新华书店经销
*
2016年1月第 一 版 开本:720×1000 1/16
2016年1月第一次印刷 印张:19
字数:200 000
定价:68.00元
(如有印装质量问题,我社负责调换)

关于榜单内容的三点说明

01
选取范围

本报告中的榜单主体是那些构成各行各业"互联网+"供应链的国内外企业、组织（分支机构）和互联网平台。其中，"互联网+"的实践主体是本土企业和互联网平台，支撑力量则来自全球各地，甚至有一些国际企业、财团在供应链的信息流、资金流部分起关键性作用。

02
命名方式

本报告中，有一些榜单主体使用企业全称，有一些则用品牌名称。具体使用哪一种方式，主要根据榜单主体在供应链中提供价值的单元（分别对应单个和多个工商实体），以及该榜单数学模型的实际需要来定。以电子商务榜单为例，电子商务的主体是互联网平台，用品牌名称"淘宝"来体现整个淘宝平台的价值，比使用单一的工商实体"浙江淘宝网络有限公司"更准确。此外，为了提升阅读体验，我们遵循大多数读者的习惯，用约定俗成的简称来代替企业全称，例如书中的金融证券领域。

03
评分方法

我们将各行各业"互联网+"的实践成果浓缩成三个"i"——iBrand（企业品牌内涵与影响力）、iSite（企业网络建设）、iPower（企业行业地位），并通过一套科学的算法分别打分，最后算出加权平均数作为综合得分。三个"i"所占的权重不固定，以此体现不同榜单的行业属性和价值属性。

编者序

  《互联网周刊》封面有一句话：全世界各行各业联合起来，internet一定要实现！这句话浓缩了近年来的一些趋势，即互联网与各行各业在发生化学反应，成为新的经济引擎。"互联网+"行动计划的出炉，表明政府正式明确要求借助互联网的创新成果提升全社会的创新力和生产力，形成更广泛的以互联网为基础设施和实现工具的经济发展新形态。

  方向是明确的，但方法还待检验——各行各业实践"互联网+"的成绩参差不齐，有些已经如日中天，有些才刚刚起步，而有些还没摸着门道。在大众耳熟能详的电子商务、O2O、互联网金融等领域，已经形成可观的经济规模，云计算、大数据、物联网等互联网技术也给生产和供应链带来巨大变革。"互联网+各行各业"形成的新业态，以及所迸发的能量将超出我们的想象，此书希望把这些成果展示给大家。

  这份报告是我们迈出的第一步，向世人展示不同行业的企业运用"互联网+"进行创新的发展程度。坦诚地讲，在当前的情况下做这件事情，是对智慧和勇气的考验。每个行业都有其独特的运行方式，"+"互联网的程度千差万别，我们既需要一个通用的框架，也需要定制化的方案，才能在有限的时间，尽可能准确地呈现各个行业的真实情况。

这份报告的主要内容是各行各业的"互联网+"榜单,依据是互联网时代的三个"i"——iBrand(企业品牌内涵与影响力),iSite(企业网络建设),以及iPower(企业行业地位)。

什么是iBrand?

品牌内涵与影响力。网络社会的品牌力,虽然这在技术层面是一个很难看清楚的方面,比如曝光度与美誉度不是同一个方向的问题,长期互掺,但用户对产品的认同是终级性的,没有长期性例外。而内涵则是一个真正最难解但是最重要并不可回避的问题,是所有的基础,或根源。正像J·柯林斯、J·波勒斯的实证研究与伟大的发现,考察、挖掘和传播伟大的企业就是考察、挖掘和传播其使命、目标、价值观、动力等于存在的原因,考险的是企业或企业领导人对世界与自身本质的认识,导致最核心的企业元素,即企业文化。创新产品、服务与商业模式只不过是任何一家优秀企业的一种源源不断地表现出来的结果。除了从大量可观测的资料获取信息之外,这里的i也等于interview。

什么是iSite?

自身网络的建设。"互联网+"时代还是互联网时代,企业自身网络实力或实际的重视程度是建立堡垒的前提,堡垒可以在内部被攻破,也可以在内部得到最本质上的加固。那些最具竞争力、发展力的企业,无一不在别人沉睡或说教的许多时间里筑巢引凤和创造时机。一般来讲,甚至从绝对意义上来讲,态度决定一切,没有什么是做不好做不到的,只要意义被认识,动力被发现。在当下这个时代,一方面,可以从许多表象比如内部网络、网络外部适配、APP、网站、H5页面、在线交易、商业模式和具体而微的服务水平等方面略见一斑。另一方面，任何事物都是全息放映，从内而外=从外而内，由表及里=由里及表，亦即服务对象对产品、服务或企业整体的认同是终级性的，没有长期性例外。

什么是iPower?

传统江湖地位，行业地位。传统是不变的东西，也代表阶段性的综合。比如，公司或企业的定义之一是"以盈利为存在原因的组织"，盈利规模、能力及潜力指标永远是衡量一个企业综合实力之必须，无论在什么时代。同理，盈利规模、能力及潜力之所以存在或不同，主要取决于企业的愿景、文化和模式，取决于企业的领导人。互联网时代企业竞争的特色之一是创新的竞赛，而创新不仅是体现在外部的工具层面，其深层根植于思想或境界。无论是上市企业还是非上市企业，PE都存在，有时是真实或相对合理的，有时是虚幻和必须被忽略的。综观全部历史，一切都永久重复，那些火眼金睛、从容不迫、百战百胜者只不过知道这些事实且不变而已。广义或根本上，组织定义是"以创造价值为存在原因"，物质文明与精神文明一体两面。

在三个"i"背后，我们做了大量工作，比如收集整理各个行业的领先企业及相关的细节信息，研究通用的模型和算法，定制开发自动化的工具，请专家进行评审，等等。最终，考察了近百个行业，通过遴选，组成这份报告。报告不尽完美，研发团队会一直努力。倘若能引起各界关于三个"i"之内涵的思考并为之实践，其价值便已超越我们的预期了。

最后，感谢为本报告付出努力的各位顾问、专家、同事的辛勤工作，感谢各界朋友的关心和支持，望与大家共同努力，internet一定会实现！

ANNUAL REPORT ON
THE CHINA'S
INTERNET PLUS DEVELOPMENT（2015）

目 录

01 | IT服务

2015互联网+云计算解决方案提供商TOP100

随着相关配套政策措施相继出台，云计算生态环境正得到不断完善，各种云计算中心和云服务平台的建设和应用，已经跨越了最早的初级基础发展的阶段。同时，中国市场的相对地位也在提升，据估算不久的未来国内会占据到全球云计算产业10%的份额。因此，云计算提供商所依赖的云计算客户市场在未来只会增不会减。

无论是不是互联网时代，价值取向是首要因素，希望本榜反映出的是入选的这100家企业在这个时代为用户提供服务时所具备的综合实力。

2015互联网+云计算解决方案提供商TOP100

排名	名称	iBrand	iSite	iPower	综合得分
1	IBM	89.99	94.55	97.29	93.94
2	惠普	92.52	92.48	95.13	93.38
3	戴尔	94.73	89.53	95.02	93.09
4	华为	89.90	89.02	94.81	91.24
5	思科	94.77	84.08	94.33	91.06
6	甲骨文	93.74	85.47	93.98	91.06
7	EMC	92.69	85.38	93.39	90.49
8	微软	93.92	83.89	92.69	90.17
9	SAP	95.41	83.29	91.52	90.07
10	英特尔	94.24	80.97	90.75	88.65
11	VMware	93.06	82.96	89.63	88.55
12	中科曙光	89.42	84.40	89.41	87.74
13	中兴	94.53	79.14	89.24	87.64
14	NEC	94.17	78.40	89.08	87.22
15	NetApp	90.17	82.71	88.73	87.21
16	华三通信	96.83	76.83	88.46	87.37
17	东软	84.38	87.96	88.01	86.78
18	浪潮	92.83	78.77	87.94	86.51
19	联想	84.13	84.63	87.86	85.54
20	阿里云	96.19	72.98	87.32	85.50
21	Palo Alto	89.02	77.78	87.04	84.61
22	宝德	92.60	70.70	86.97	83.42
23	Teradata	91.37	72.25	86.62	83.41
24	Red Hat	90.46	72.39	86.43	83.09

排名	名称	iBrand	iSite	iPower	综合得分
25	思杰	85.54	77.34	86.25	83.04
26	富士通	91.28	71.45	86.06	82.93
27	锐捷	93.63	68.96	85.88	82.82
28	赛门铁克	87.94	74.95	85.51	82.80
29	Juniper	89.80	72.82	85.33	82.65
30	博科	88.78	73.65	84.96	82.46
31	趋势科技	92.46	69.14	84.78	82.12
32	启明星辰	85.37	76.17	84.41	81.98
33	神舟数码	88.45	72.33	84.22	81.67
34	F5	84.05	77.06	83.86	81.65
35	深信服	81.89	79.20	83.67	81.59
36	天融信	93.29	68.03	83.30	81.54
37	网御星云	83.26	77.44	83.12	81.27
38	信安世纪	86.13	74.51	82.94	81.19
39	A10	86.00	75.01	82.57	81.19
40	迪普科技	93.97	67.15	82.38	81.17
41	艾泰	78.02	83.29	82.02	81.11
42	金品	86.22	75.00	81.83	81.02
43	华硕	81.59	79.94	81.46	81.00
44	梭子鱼	78.87	82.64	81.28	80.93
45	Check Point	81.61	80.02	81.10	80.91
46	Ubuntu	92.91	67.76	80.73	80.47
47	苹果	80.01	80.01	80.54	80.19
48	NETGEAR	90.27	70.07	80.18	80.17
49	Blue Coat	78.04	82.18	79.99	80.07
50	山石网科	90.53	69.50	79.81	79.95
51	飞塔	75.58	83.08	79.44	79.37
52	Radware	78.69	80.12	79.26	79.36
53	西部数据	87.64	70.49	78.89	79.01
54	太一星晨	74.76	83.02	78.70	78.83
55	希捷	85.85	71.52	78.52	78.63
56	同方	91.00	66.54	78.15	78.57
57	宏碁	75.05	83.00	77.97	78.67
58	绿盟	87.91	68.66	77.60	78.06
59	SanDisk	83.16	73.09	77.42	77.89
60	网康	89.72	66.69	77.05	77.82
61	安氏领信	73.02	82.51	76.86	77.46
62	OUO	74.49	81.29	76.50	77.43

续表

排名	名称	iBrand	iSite	iPower	综合得分
63	Infortrend	85.63	69.70	76.31	77.21
64	网神	81.12	74.34	75.94	77.13
65	强氧	78.05	77.47	75.76	77.09
66	长城	73.94	81.74	75.39	77.02
67	同有	87.09	68.07	75.21	76.79
68	安恒信息	65.78	89.45	74.84	76.69
69	正睿	82.98	71.97	74.66	76.53
70	方正	92.15	63.09	74.29	76.51
71	超微	82.71	71.99	74.10	76.27
72	HDS	75.31	78.72	73.92	75.98
73	WatchGuard	82.43	70.01	73.55	75.33
74	椒图科技	89.93	62.94	73.37	75.41
75	UIT	77.23	75.08	73.18	75.16
76	Emulex	76.95	75.20	73.00	75.05
77	乔鼎资讯	65.91	83.99	72.63	74.18
78	亿时空	73.67	75.82	72.45	73.98
79	世纪互联	88.98	60.01	72.26	73.75
80	斐讯	86.82	61.77	72.08	73.56
81	安奈特	61.28	85.87	71.90	73.01
82	铁威马	71.75	75.53	71.71	73.00
83	中国万网	84.08	63.21	71.53	72.94
84	TP-Link	81.23	62.01	73.77	72.34
85	天锐科技	67.83	72.75	71.34	70.64
86	D-Link	82.19	60.27	68.58	70.35
87	阿姆瑞特	74.03	64.38	72.16	70.19
88	飞鱼星	76.00	65.13	68.82	69.98
89	五舟	66.10	66.95	70.79	67.95
90	华芸	71.20	61.19	70.61	67.67
91	通达信科	66.47	64.32	70.42	67.07
92	万网博通	62.84	67.46	70.24	66.85
93	Qlogic	66.86	60.88	70.06	65.93
94	怡敏信	65.56	60.52	69.87	65.32
95	盛大云	65.74	60.50	69.69	65.31
96	新网互联	64.21	61.52	69.50	65.08
97	初志科技	63.38	61.41	69.32	64.70
98	巴法络	64.06	60.15	68.98	64.40
99	昆腾	63.65	60.04	69.14	64.28
100	Riverbed	63.17	60.09	68.95	64.07

广义的IT基础设施是指企业信息化运转所需的一整套方案，它的价值正体现在系统的服务能力上，而非单独某个设备的性能。

回顾戴尔的转型可以看到，从传统PC企业转型为IT解决方案和服务商，无论是自身价值还是产品附加值都有了一定质的进步。但同时，一套复杂的系统在业务的生命周期内需要持续不断地管理维护和技术升级，这对戴尔的服务能力将是更大的挑战。

一个基本事实是，云计算的核心是虚拟化技术，包括计算、存储、网络的虚拟化，需要软件、硬件协同支持，这些技术往往掌握在较大规模的IT公司手里。对于整体解决方案而言，融合IT架构成为新的发展方向。融合基础设施通过高性能接口和软件的优化，可以做到综合能力最佳，且具备易部署、高扩展的特性。

但在应用方面，基于云计算理念的无线网络接入、桌面应用、小微型（家庭）存储等方案，则为垂直领域的小型企业提供了广阔空间。IT产业链很长，所有供应商都可以通过自身的土特力量，以及结合产业链合作伙伴的能力来提供企业建云所需的东西。

评价优秀的供应商并不是一件容易的事情，但一切真正优秀的企业或产品，其背后都有一种真实优秀的思想，察觉这个并不难。

2015互联网+大数据应用解决方案提供商TOP100

如今，几乎每个IT人士都在谈论"大数据"，它不仅是企业趋势，也是一个改变了人类生活的技术创新。大数据对行业用户的重要性也日益突出。掌握数据资产，进行智能化决策，已成为企业脱颖而出的关键。因此，越来越多的企业开始重视大数据战略布局，并重新定义自己的核心竞争力。

在经历了喊口号、布局深耕之后，大数据应用开始显现出巨大的商业价值，触角已延伸到零售、金融、教育、医疗、体育、制造、影视、政府等各行各业。从实践情况看，大数据产业生态中主要包括大数据解决方案提供商、大数据处理服务提供商和数据资源提供商三个角色，分别向大数据的应用者提供大数据服务、解决方案和数据资源。

国内企业，不论是国企还是民企，真正在业务决策中以数据分析结果为依据的，主要集中在银行、保险、电信和电商等几个行业。以IT预算最充沛、人员能力最强的银行为例，目前主要是大型银行在导入数据分析。中小银行尚在观望与学习阶段，人员与能力建设正在起步阶段。数据分析的应用范围主要集中在信用风险、流程优化、市场营销、成本与预算等几个方面，深度尚可，但广度一般，尚未扩充到运营管理的所有领域。

2015互联网+大数据应用解决方案提供商TOP100

排名	名称	iBrand	iSite	iPower	综合得分
1	IBM	92.96	91.47	92.66	92.36
2	甲骨文	89.25	90.61	91.23	90.36
3	SAP	90.97	88.39	88.66	89.34
4	天睿	90.85	87.72	87.18	88.58
5	惠普	89.83	87.29	86.68	87.93
6	谷歌	89.22	89.52	84.74	87.83
7	亚马逊	89.17	90.49	81.55	87.07
8	微软	89.01	88.78	80.02	85.94
9	戴尔	88.97	87.27	79.89	85.38
10	EMC	88.59	88.37	78.62	85.19
11	Cloudera	88.36	86.77	77.87	84.33
12	富士通	87.57	90.11	75.26	84.31
13	Splunk	88.19	87.24	77.29	84.24
14	英特尔	87.19	90.07	74.95	84.07
15	SAS	87.56	89.17	75.19	83.97
16	华为	87.16	89.89	73.87	83.64
17	Hortonworks	86.46	88.65	71.54	82.22
18	VMware	86.24	88.54	70.79	81.86
19	Informatica	85.95	89.19	69.83	81.66
20	阿里巴巴	85.66	89.67	68.85	81.39
21	Red Hat	86.32	79.66	71.08	79.02
22	Pivotal	86.17	79.38	70.58	78.71
23	百度	86.13	77.75	70.43	78.10
24	NetApp	85.93	77.72	69.77	77.81
25	浪潮	85.96	74.89	69.64	76.83
26	腾讯	85.64	75.17	68.79	76.53
27	Fusion-io	85.41	75.65	68.53	76.53
28	Opera Solutions	85.53	75.09	68.44	76.35
29	Actian	85.38	75.21	67.92	76.17
30	中兴通讯	85.36	75.09	67.88	76.11
31	1010data	85.13	75.49	67.49	76.04
32	中科曙光	85.28	75.21	67.59	76.03
33	华胜天成	85.05	75.78	66.87	75.90
34	神州数码	85.03	74.87	66.75	75.55
35	ParStream	84.94	74.28	65.81	75.01

续表

排名	名称	iBrand	iSite	iPower	综合得分
36	mongoDB	84.89	73.34	66.49	74.91
37	MapR	84.41	75.62	64.21	74.75
38	东软	84.67	73.88	65.68	74.74
39	Tableau	84.52	74.36	65.31	74.73
40	用友	84.60	73.83	65.52	74.65
41	MarkLogic	84.36	74.81	64.53	74.57
42	Syncsort	84.34	74.88	64.28	74.50
43	宝德	84.20	74.73	63.99	74.31
44	金蝶	84.28	74.36	64.26	74.30
45	Sybase	83.87	75.44	63.58	74.30
46	森哲若	83.92	76.35	62.27	74.18
47	Couchbase	83.98	74.58	63.25	73.94
48	SGI	83.75	75.34	62.09	73.73
49	Datameer	83.36	77.29	60.52	73.72
50	启明星辰	83.82	74.47	62.74	73.68
51	TIBCO	83.63	75.32	62.01	73.65
52	Infor	82.93	78.21	59.77	73.64
53	荣之联	83.07	77.56	60.22	73.62
54	拓尔思	83.56	74.27	61.88	73.24
55	天玑科技	82.70	77.68	59.01	73.13
56	高德	82.67	77.62	58.89	73.06
57	宜信	83.26	74.43	60.87	72.85
58	京东	82.80	76.17	59.34	72.77
59	中科金财	82.51	77.43	58.35	72.76
60	东方国信	82.57	76.95	58.56	72.69
61	华三	82.33	75.37	57.76	71.82
62	美亚柏科	82.24	75.26	57.45	71.65
63	国双科技	82.45	74.27	58.15	71.62
64	华宇软件	82.15	75.37	57.16	71.56
65	海康威视	82.38	73.59	57.94	71.30
66	四维图新	82.05	74.31	56.84	71.07
67	百分点	81.90	74.82	56.32	71.01
68	海捷科技	81.97	74.22	56.56	70.92
69	赛思信安	81.80	74.93	55.99	70.91
70	海云数据	81.65	75.38	55.49	70.84
71	九次方金融数据	81.83	74.37	56.11	70.77
72	鼎捷	81.26	76.43	54.19	70.63

续表

排名	名称	iBrand	iSite	iPower	综合得分
73	永洪科技	81.54	75.18	55.12	70.61
74	集奥聚合	81.14	76.39	53.81	70.45
75	华院数云	81.42	74.71	54.72	70.28
76	博雅立方	81.39	74.38	54.63	70.13
77	杭州诚道科技	81.30	74.41	54.34	70.02
78	北京阿尔泰科技	81.73	73.27	54.95	69.98
79	亿赞普	80.86	75.88	52.85	69.86
80	时云医疗科技	80.92	75.09	53.57	69.86
81	智拓通达	80.95	74.48	53.97	69.80
82	北京信合运通	81.12	73.21	54.78	69.70
83	精硕科技	80.67	75.32	52.22	69.40
84	星环科技	80.79	74.62	52.63	69.35
85	InsideSales	80.60	74.89	51.99	69.16
86	荣科	81.38	73.89	51.28	68.85
87	数据堂	80.52	73.75	51.72	68.66
88	众志和达	80.16	74.22	50.88	68.42
89	祥云科技	80.15	74.18	50.51	68.28
90	太友科技	80.12	75.24	49.25	68.20
91	颖源科技	79.77	74.79	50.01	68.19
92	勒卡斯	80.38	73.72	50.46	68.19
93	智子云	79.83	75.06	49.66	68.18
94	艾漫科技	79.69	75.25	49.47	68.14
95	普元	80.03	74.48	49.77	68.09
96	银信科技	80.78	73.97	48.74	67.83
97	同有科技	79.57	74.48	48.96	67.67
98	ZestFinance	79.37	74.98	47.69	67.35
99	华青融天	79.41	74.66	47.93	67.33
100	国云数据	79.26	74.21	46.52	66.66

通过表单，不难发现，传统IT厂商正加速向大数据方案提供商转型。大数据解决方案提供商面向企业用户提供大数据一站式部署方案，覆盖数据中心和服务器等硬件、数据存储和数据库等基础软件、大数据分析应用软件以及技术运维支持等方面内容。其中，大数据基础软件和应用软件是大数据解决方案中的重点内容。当前，企业提供的大数据解决方案大多基于Hadoop开源项目。例如，IBM基于Hadoop开发的大数据分析产品BigInsights、甲骨文融合了Hadoop开源技术的大数据一体机、Cloudera的Hadoop商业版等。

在大数据解决方案提供商中，主要包括传统IT厂商和新兴的大数据创业公司。传统

IT厂商主要有IBM、HP等解决方案提供商以及甲骨文、Teradata等数据分析软件商。它们大多以原有IT解决方案为基础，融合Hadoop，形成融合了结构化和非结构化两条体系的"双栈"方案。通过一系列收购来提升大数据解决方案服务能力，成为这些IT巨头的主要策略。

总体来看，大数据的技术门槛较高，目前在大数据领域展开竞争的信息技术企业多是在数据存储、分析等领域有着传统优势的厂商。另外，国际上也诞生了一批专门提供非结构化数据处理方案的新兴创业公司。这些公司包括Cloudera、Hortonworks、MapR等，它们主要基于Hadoop开源项目，开发Hadoop商业版本和基于Hadoop的大数据分析工具，单独或者与传统IT厂商合作提供企业级大数据解决方案。这些新兴大数据企业成为资本市场的热点。

国内华为、联想、浪潮、曙光等一批IT厂商也都纷纷推出大数据解决方案。但总体上，国内大数据解决方案提供商实力较弱，产品在一些关键行业还未形成影响力，新兴大数据解决方案初创企业也凤毛麟角。

除此之外，Google、百度、亚马逊等互联网巨头也正着手建立完善的大数据服务基础架构及商业化模式，从数据的存储、挖掘、管理、计算等方面提供一站式服务，将各行各业的数据孤岛打通互联。

未来，个人的生活数据将被实时采集上传，如饮食、健康、出行、家居、医疗、购物、社交等，大数据服务将被广泛运用并对用户生活质量产生革命性的提升，一切服务都将以个性化的方式为每一个"你"量身定制，为每一个行为提供基于历史数据与实时动态所产生的智能决策。

未来，大数据还将彻底改变人类的思考模式、生活习惯和商业法则，将引发社会发展的深刻变革，同时也是未来最重要的国家战略之一。

2015互联网+IT转型服务提供商TOP100

移动互联时代，企业战略正在从以产品为核心转向以客户为核心，市场急剧变化和来自不同角度的创新正冲击着我们的企业。新一代技术开始走进企业，云计算、虚拟化、大数据与数不清的各种移动设备，在为我们带来全新用户体验的同时，也对IT管理带来了全新的挑战。

系统集成服务自诞生之日起，就一直随着IT行业的大势而发展。从最初的硬件主导，到今天的硬件软化，再到将来的软件服务化、服务产品化，IT行业发展大势有着一个清晰的演进脉络。但是，近几年来系统集成服务市场的发展并未跟得上IT行业大势的变化，行业整体盈利水平低下，营业收入增长乏力，大、中、小各级系统集成商的转型升级皆较为困难。

一个系统集成商的工作主要围绕厂商和客户这两头来做好工作。做好厂商的工作，可以保证通过强势的产品得到一定的话语权，通过和客户做好工作可以保证项目的取得和顺利的实施。所以在这个产业模型中，各个层级关注好自身的上游和下游就可以在生态系统中占有自己的一席之地了。

从最初的硬件为主导到如今的软硬兼备，伴随云计算等新兴技术的不断发展，中国的系统集成服务正在向着产品服务化方向进化。有些开始结合自己在特定行业多年的经验，逐渐形成了自主的软件产品和行业解决方案，而更多的集成商则"顺理成章"地开始提供IT系统建设后期的维保和运维服务，成了同时提供集成服务和运维服务的"混合型"服务商。

2015互联网+IT转型服务提供商TOP100

排名	名称	iBrand	iSite	iPower	综合得分
1	神州数码集成系统有限公司	93.79	92.83	92.78	93.13
2	北京华胜天成科技股份有限公司	90.95	91.39	91.98	91.44
3	中国电信集团系统集成有限责任公司	91.98	90.61	91.23	91.27
4	山东浪潮齐鲁软件产业股份有限公司	89.98	88.58	90.18	89.58
5	联通系统集成有限公司	89.52	89.52	88.74	89.26
6	亚信联创科技（中国）有限公司	89.92	87.69	89.68	89.10
7	东软集团股份有限公司	88.17	90.49	87.57	88.74
8	高伟达软件股份有限公司	89.21	89.86	86.02	88.36
9	太极计算机股份有限公司	88.75	87.87	85.67	87.43
10	中国软件与技术服务股份有限公司	87.64	88.32	84.78	86.91

排名	名称	iBrand	iSite	iPower	综合得分
11	用友软件股份有限公司	88.37	87.75	83.65	86.59
12	金蝶软件（中国）有限公司	88.90	86.87	81.98	85.92
13	恒生电子股份有限公司	87.22	90.23	78.26	85.24
14	亿阳信通股份有限公司	87.87	89.68	75.54	84.36
15	北京富通东方科技有限公司	87.65	90.34	74.58	84.19
16	北京市太极华青信息系统有限公司	87.89	89.43	73.36	83.56
17	北京中电广通科技有限公司	86.46	88.76	71.57	82.26
18	北京中软国际信息技术有限公司	86.35	88.99	70.87	82.07
19	紫光软件系统有限公司	85.98	89.59	69.83	81.80
20	长城计算机软件与系统有限公司	84.99	89.87	69.19	81.35
21	北京先进数通信息技术股份公司	86.82	79.96	71.08	79.29
22	南京南瑞集团公司	86.57	79.52	70.98	79.02
23	北京高信达通信科技股份有限公司	86.13	77.52	71.43	78.36
24	北京宇信易诚科技有限公司	85.93	77.86	69.58	77.79
25	中华系统整合股份有限公司	85.21	79.02	68.95	77.73
26	深圳天源迪科信息技术股份有限公司	85.96	74.98	69.94	76.96
27	青岛海信网络科技股份有限公司	85.74	75.17	68.79	76.57
28	中科软科技股份有限公司	85.68	75.75	67.98	76.47
29	北京中科金财科技股份有限公司	85.53	75.09	68.44	76.35
30	万达信息股份有限公司	85.86	75.65	67.53	76.35
31	北明软件有限公司	85.23	74.64	68.59	76.15
32	广州博纳信息技术有限公司	85.51	75.49	66.93	75.98
33	聚硕科技股份有限公司	85.05	75.78	66.87	75.90
34	华存数据信息技术有限公司	83.48	76.21	67.92	75.87
35	深圳市金证科技股份有限公司	85.03	74.87	66.75	75.55
36	石化盈科信息技术有限责任公司	84.94	74.28	65.96	75.06
37	北京爱迪安系统集成有限公司	84.89	73.34	66.53	74.92
38	东华软件股份有限公司	84.41	75.62	64.21	74.75
39	北京驰波信息工程有限公司	84.67	73.76	65.68	74.70
40	华迪计算机集团有限公司	84.68	74.56	64.66	74.63
41	上海宝信软件股份有限公司	84.60	73.68	65.52	74.60
42	长天科技有限公司	84.36	74.86	64.53	74.58
43	北京市太极华英信息系统有限公司	84.34	74.98	64.28	74.53
44	卡斯柯信号有限公司	83.94	76.46	62.73	74.38
45	博雅软件股份有限公司	84.28	74.36	64.26	74.30
46	康和资讯系统股份有限公司	84.16	74.83	63.86	74.28
47	华际信息系统有限公司	83.58	74.58	64.60	74.25
48	蓝新科技股份有限公司	83.55	75.36	63.26	74.06

续表

排名	名称	iBrand	iSite	iPower	综合得分
49	安富利（中国）科技有限公司	83.87	75.44	62.58	73.96
50	深圳市华成峰实业有限公司	83.46	75.32	63.05	73.94
51	博彦网鼎信息技术有限公司	83.75	75.48	62.43	73.89
52	北京乾坤建业科技发展有限公司	83.42	75.31	62.58	73.77
53	北祥股份有限公司	83.63	75.42	62.21	73.75
54	永泰软件有限公司	83.36	77.29	60.59	73.75
55	北京荣之联科技股份有限公司	83.84	75.06	61.84	73.58
56	上海新南洋信息科技有限公司	83.24	75.31	61.98	73.51
57	云南南天电子信息产业股份有限公司	83.12	75.42	61.97	73.50
58	北京东方润通科技有限责任公司	83.16	75.28	62.01	73.48
59	北京环天宇正技术发展有限责任公司	83.26	75.29	61.57	73.37
60	北京环亚时代信息技术有限公司	83.62	75.08	61.39	73.36
61	北京创至通达科技发展有限公司	83.20	75.34	61.07	73.20
62	上海利银电子科技有限公司	83.09	75.29	60.89	73.09
63	北京辉蓝保盈科技发展有限公司	83.02	75.38	60.28	72.89
64	北京嘉运达科技开发有限公司	82.78	75.02	60.74	72.85
65	广东中德科技有限公司	82.64	74.98	60.89	72.84
66	上海合联电子科技有限公司	82.59	74.97	60.35	72.64
67	广州优利康沛科技有限公司	82.56	75.06	60.05	72.56
68	上海浩德科技股份有限公司	82.59	74.93	59.87	72.46
69	上海新通联企业发展有限公司	82.86	74.91	59.62	72.46
70	北京吉安通正科技发展有限公司	82.67	74.85	59.84	72.45
71	深圳市华育昌国际科教开发有限公司	82.23	74.79	59.61	72.21
72	北京许继电气有限公司	82.42	74.65	59.55	72.21
73	深圳市奥尊信息技术有限公司	82.21	74.82	59.27	72.10
74	新晨科技股份有限公司	82.08	74.64	59.32	72.01
75	新电信息科技（苏州）有限公司	81.98	74.21	59.18	71.79
76	北京中天瑞达科技发展有限公司	81.76	74.38	59.13	71.76
77	深圳市昕网格科技开发有限公司	81.56	74.43	59.21	71.73
78	中投科信科技股份有限公司	81.64	74.23	59.07	71.65
79	北京新宇合创金融软件股份有限公司	81.52	74.28	58.98	71.59
80	北京新脉远望科技有限公司	81.57	74.01	59.01	71.53
81	上海众恒信息产业股份有限公司	81.65	73.56	59.03	71.41
82	上海银基信息科技股份有限公司	81.09	74.05	58.65	71.26
83	北京银信长远科技股份有限公司	81.17	73.61	58.95	71.24
84	北京兴润佳源科技有限公司	81.42	73.58	58.67	71.22
85	深圳市金宏威技术股份有限公司	81.43	73.21	58.79	71.14
86	北京志鸿英华科技有限公司	81.23	72.75	58.56	70.85

排名	名称	iBrand	iSite	iPower	综合得分
87	北京月新时代科技有限公司	81.08	72.85	58.49	70.81
88	北京爱必克微电子技术有限公司	81.27	72.26	58.64	70.72
89	广州长城弘科计算机有限公司	80.18	72.98	58.43	70.53
90	快威科技集团有限公司	80.24	71.97	58.49	70.23
91	上海合胜计算机科技股份有限公司	81.25	71.24	58.21	70.23
92	广州华南资讯科技有限公司	80.95	71.26	58.42	70.21
93	深圳市盛凯信息科技有限公司	80.75	70.29	58.33	69.79
94	北京宁威科技有限公司	79.46	70.96	58.11	69.51
95	上海方平信息技术有限公司	79.28	71.03	58.12	69.48
96	康和资讯系统股份有限公司	80.02	70.18	58.21	69.47
97	上海元亿国际贸易有限公司	79.68	70.16	58.16	69.33
98	北京旭联科贸有限公司	79.26	70.58	58.15	69.33
99	上海志鑫信息技术有限公司	79.52	69.98	58.33	69.28
100	北京尖峰合讯科技有限公司	79.43	69.91	58.24	69.19

然而，随着用户对系统集成商软件开发和专业化服务的要求越来越高，系统集成商"转型"之路背后隐藏的是巨大的苦痛：如利润越来越低、业务可持续性差、资金压力大、竞争日益白热化等。

在这一背景下，集成商纷纷开始转型寻求突破，有些开始结合自己在特定行业多年的经验，逐渐形成了自主的软件产品和行业解决方案，而更多的集成商则顺理成章地开始提供IT系统建设后期的维保和运维服务，成了同时提供集成服务和运维服务的混合型服务商。

尽管20多年的发展历程中，中国大多数的系统集成商已经进行过几次艰难的转型，但它们心向往之的理想业务模式仍未达成。而在未来发展中，不断的转型、持续的升级将会成为中国上万家系统集成商的一种常态，而以下几个方向或许是它们转型之路上的四盏明灯。

一、从系统集成服务转向IT服务或研发软件产品

这条路也是当前众多系统集成商转型的首选之路，但由于先前由SI成功转型为ISV的企业少之又少，因此转型做IT服务成为大型SI的首选，如神州数码、华胜天成、高伟达等行业内标杆企业。

十多年来，神州数码经历了三次重要转型，从最早的分销代理到转型IT服务战略，再到现在的"智慧城市"。

华胜天成通过收购香港ASL、摩卡软件、长天科技、新加坡i-Sprint、广州石竹等公司，华胜天成不断完善IT服务产业链，将业务重点放在"云计算、移动互联网"等

中国互联网+发展研究报告

领域。

系统集成商在进行这一角色转换过程中，需要明白专业服务提供商并不是依靠软硬件产品来盈利，他们的价值体现在把技术和业务背景融合到一起，也是各种资源的整合。因此，专业服务提供商利用自身在某些领域拥有的特殊技能来获取利润尤为重要。

二、抓住云计算等新兴技术趋势，整合产业链上中下游资源

就目前IT领域来说，云是一个大的转折点，从某种意义上说，云计算和内部IT之间的关系就如叛逆期的少年与被激怒的家长：两者常常相左，彼此无法互相理解。而云服务作为新兴挑战者，在过去五年战果累累，完全颠覆并重新定义了高效、灵活和充满活力的IT基础设施。

云计算的兴起可能是未来5年内最为重要的IT产业趋势。但与其说云计算是一种新兴技术，不如说它本身就是一个系统集成：一个融合了底层IaaS，中间层PaaS、HaaS，到上层SaaS的一整套服务集。因此，系统集成商在其中的机会不言而喻。

近年来，东软秉承开放性、融合创新的原则与阿里云、中国移动、中国电信等在云计算IaaS领域展开合作，已经初步打造出IT基础设施建设与服务的核心能力，并且东软积极布局云计算，帮助客户改造传统业务，促进其向更加智能、高效的互联网应用升级。

用友通过挖掘120万家客户的资源，抓住云时代机会，实现三级跳：第一阶段财务软件，第二阶段管理软件，第三个阶段云服务阶段。

当然，云计算和大数据的冲击也会加速系统集成商的分化，有行业基础的SI会成为云实施者，有应用的SI会成为云服务者，而两者均无的SI则会被淘汰出局。

三、利用国际产业转移大势，寻找新的中间件合作伙伴

中间件作为集成各种应用软件的工具，一直都是系统集成商的利器。SOA技术与产品的推出更是把不同的技术和IT架构集成起来，从而会尽可能地消除系统间的不一致。近两年来，SOA的落地实施进一步深化，CEP、EDA等新的理念和产品不断推出，而国际产业转移的大势，使得一些欧美SOA厂商加大了在中国的投入，如TIBCO、Progress、TmaxSoft等。中国的系统集成商可以利用此局势，寻找新的合作伙伴。

2014年，出现了一个让大家震撼的消息，浪潮与IBM达成战略合作，浪潮表示将在天梭K1系统新项目中优先推荐带有BLU加速器的IBM DB2和IBM WebSphere应用服务器软件等中间件平台，浪潮还将招募战略生态系统合作伙伴来采用DB2和WebSphere平台。建立一个开放和多赢的主机产业技术生态是浪潮主机业务拓展的关键。本地技术生态与国外技术生态的融合，浪潮与IBM的合作仅仅是个开始。

四、出奇制胜，在新兴行业信息化市场先下手为强

金融、电信、政府、电力等行业的信息系统集成市场格局已经形成，大型系统集成商已经在这些领域内建立了各种各样的壁垒，使得每家SI都不能轻易地去动别人的奶酪。而物流、连锁经营等新兴行业，包括铁路等传统行业，近些年的信息化建设正处于蓬勃发展时期，把握这些新兴行业信息化市场的机遇，从而及早布局，也是中国系统集成商转型升级可资参考的一招妙棋。

高伟达先后为中国建设银行、中国人寿、中国平安保险、中国邮政储蓄银行、华夏银行、华泰证监、辽宁农信社、南京银行等国内各类金融机构提供服务。

金蝶联合客户、合作伙伴打造开放的云生态架构，提供IT资源创新的整合平台，其K/3 Cloud通过强大的协同开发云平台，为核心产品厂商、客户、全球开发伙伴构筑三位一体的开放生态链，实现企业应用软件的云端开发、云端体验、以及App Store式的在线交易；又譬如开放云超市，构建企业级应用中心。

目前，太极公司已与贵阳市在旅游产业的合作中开始了深度合作，颇具成效，从其业务发展轨迹中不难发现，互联网时代的方案商正在逐步从思维与模式上实现跨越联动，深化了解各行业实际应用无疑将加速自身的创新转型，以此能够站在智慧平台上获取关键信息，并把其转化为IT生产力，为政府与百姓提供强大的服务支撑。

的确，IT转型并不是简单的应用形态变化，更不是资源的集约转移，而是在深厚的业务实践基础上推动产业业态的全新发展，从中挖掘巨大的商业机会。

而IT转型服务提供商的价值就在于为用户提供个性化服务，但是将个性化中的共性特质凝练出来产品化则是更高层次的发展方向。在物联网和移动互联等新兴行业之中，更好的创新性才能帮助企业更多地抓住市场需求的脉搏。

 # 2015互联网+IDC TOP100

IDC是"互联网+"和云计算的基础，全国范围内经营IDC业务的公司超过了3000家。如今的IDC业务一般分成两块，即传统托管服务和云计算服务，从公有云到私有云和混合云。

过去，国内IDC市场的竞争主要集中在技术、服务、价格、宣传等领域；而到了今天，云服务毫无争议地成为最大、最重要的领域。在云服务市场，除了传统的IDC服务

商的转型外，市场中还将涌现出越来越多的互联网和IT厂商。

传统IDC企业快速的业务调整，不仅出现了以世纪互联等为代表的合作模式，也有以青云、七牛等为代表的更新业态，以蓝汛、网宿等为代表的CDN服务商也在转变思路，以便更加充分地发挥原有的自身资源。

2015互联网+IDC TOP100

排名	名称	iBrand	iSite	iPower	综合得分
1	世纪互联	90.75	85.76	96.25	90.92
2	蓝汛	97.11	75.91	95.24	89.42
3	中国万网	90.70	81.92	95.44	89.35
4	鹏博士	79.19	92.29	95.01	88.83
5	西部数码	76.69	90.99	94.39	87.36
6	美橙互联	95.19	74.51	92.20	87.30
7	网宿科技	75.29	94.68	91.92	87.30
8	光环新网	82.50	92.57	86.61	87.23
9	35互联	80.67	90.03	90.78	87.16
10	新网	82.75	87.50	90.84	87.03
11	帝联科技	84.39	85.64	89.73	86.59
12	企商在线	93.91	76.09	89.49	86.50
13	华夏名网	90.05	80.10	89.21	86.45
14	新网互联	90.48	78.86	88.28	85.87
15	盛大云	88.29	89.35	79.92	85.85
16	广州新一代	84.93	84.43	88.04	85.80
17	时代互联	77.08	94.12	85.65	85.62
18	商务中国	76.63	89.58	90.46	85.56
19	中资源	88.44	88.38	79.68	85.50
20	息壤	90.09	86.68	79.45	85.41
21	中国数据	91.30	85.50	79.21	85.33
22	有孚网络	78.93	82.01	95.00	85.31
23	铭万	90.28	80.06	85.59	85.31
24	互联通	80.03	85.28	90.36	85.22
25	263网络通信	80.04	85.29	90.26	85.20
26	51IDC	82.01	88.20	85.39	85.20
27	互易中国	78.77	89.02	87.80	85.20
28	联动天下	80.00	78.58	96.97	85.18
29	景安网络	73.07	89.45	93.03	85.18
30	易名中国	79.05	90.02	86.39	85.15

排名	名称	iBrand	iSite	iPower	综合得分
31	太阳网	92.06	84.40	78.73	85.06
32	世纪东方	89.97	79.96	85.06	85.00
33	互联互通	82.89	81.99	90.05	84.98
34	首都在线	81.74	83.89	89.26	84.97
35	爱名网	82.09	91.38	81.37	84.95
36	第一主机	69.71	94.81	90.32	84.95
37	中国E动网	69.91	94.61	90.32	84.95
38	你好万维网	78.44	89.18	87.08	84.90
39	上海网域网	95.00	71.74	87.85	84.86
40	润迅通信	76.04	90.12	88.40	84.85
41	中国诺网	86.03	89.08	79.37	84.83
42	数字引擎	83.98	93.44	77.06	84.83
43	乐拓数据中心	86.02	90.08	78.37	84.82
44	炎黄盛世	84.45	82.85	86.13	84.48
45	虎翼网	88.03	88.15	76.82	84.33
46	第一商务	76.83	89.98	85.89	84.23
47	东方网景	86.23	70.97	95.41	84.21
48	群英网络	90.94	84.71	75.87	83.84
49	远景数据中心	68.05	98.32	84.94	83.77
50	商务互联	85.71	86.48	78.39	83.53
51	集思网络	85.71	84.70	80.09	83.50
52	海南数据	72.79	92.26	84.70	83.25
53	数据中国	89.12	76.28	84.22	83.21
54	上海众生	74.09	91.37	83.98	83.15
55	数据家	78.15	89.93	80.74	82.94
56	新世纪数据中心	86.64	78.05	83.50	82.73
57	朝暮数据	74.97	89.31	82.79	82.36
58	正龙数据	83.84	80.14	82.55	82.18
59	首都公用信息平台	83.93	78.94	82.97	81.95
60	四博互联	68.49	84.71	89.96	81.05
61	中电云集	85.58	75.89	81.12	80.86
62	河北供求网	74.59	87.14	80.08	80.60
63	中华企业网	85.92	73.93	80.84	80.23
64	中国福网	61.82	88.45	90.40	80.22
65	济丰赛亚	69.42	80.85	90.40	80.22
66	世博科技	70.34	90.07	80.16	80.19
67	数据视窗	81.34	77.23	78.49	79.02
68	中电华通	71.09	87.70	78.25	79.01

续表

排名	名称	iBrand	iSite	iPower	综合得分
69	莆阳IDC	78.18	79.70	78.85	78.91
70	云林科技	80.04	78.21	78.01	78.75
71	中国互联	80.08	78.02	77.77	78.62
72	网络时代	67.34	90.01	77.54	78.29
73	云翼网	76.04	88.12	70.30	78.15
74	网银互联	75.91	89.10	69.12	78.04
75	英拓网络	74.03	80.99	77.58	77.53
76	开拓互联	72.23	82.19	77.58	77.33
77	甘肃万维	76.55	78.25	76.34	77.05
78	中国红网	70.83	75.30	84.74	76.96
79	铭格网讯	67.86	84.87	75.63	76.12
80	英奈特公司	71.83	75.30	74.67	73.93
81	媒迪雅	70.92	70.85	71.24	71.00
82	赛诺互联	66.02	73.32	73.00	70.78
83	新誉网络	60.74	65.01	86.10	70.62
84	纵横网络	65.34	73.53	72.76	70.55
85	中国嬴网	72.81	66.01	72.52	70.46
86	朗为数据	60.74	77.71	72.29	70.25
87	中国民网	60.50	69.83	80.08	70.14
88	中科新联	70.39	67.56	72.05	70.00
89	旺角网络	74.89	61.53	72.81	69.74
90	中科鸿基	66.04	75.90	67.28	69.74
91	数字中国	60.24	77.05	71.57	69.62
92	中国热网	65.31	70.78	71.09	69.06
93	萤火虫IDC	73.54	68.05	64.61	68.73
94	中国万维网	60.50	74.54	70.61	68.55
95	合租网	62.61	70.87	70.38	67.95
96	万胜网络	65.76	65.96	70.14	67.28
97	国研科技	65.07	66.04	69.90	67.00
98	互联在线	73.54	66.78	60.66	66.99
99	南方联合	62.87	66.46	69.42	66.25
100	西安主机	68.05	60.69	69.18	65.98

虽然公有云是IDC最容易也是最应先进入的领域，但要跨入到公有云领域，需要具备两个要素，一是需要好的技术（目前主要是开源的技术体系），另外是商业模式（业务体系）。公有云的一大特点是重资产，规模效应是非常重要的业务特性，投资公有云需要投入资金去构建大型资源池和多地数据中心来稀释总体成本。

关于私有云，一类是部署在客户数据中心的自建私有云，一类是客户自己建设云后交给合作伙伴运营和运维的管理私有云，最后一类是服务商为客户量身打造的一套物理资产隔离的云部署运行环境，即托管私有云。自建和管理私有云都部署在客户的数据中心中，托管私有云部署在云服务商数据中心中。

IDC帮助客户的形式将从通过代理产品、自行开发，到具备云咨询、云产品、云运维的能力并根据客户的需求进行分层，围绕计算能力和服务管理能力这一本质与客户建立一种长期的合作关系。

2015互联网+软件业TOP100

近年来，随着云计算、物联网、移动互联网、大数据等新技术、新业态的蓬勃发展，商业模式、服务模式创新不断涌现，软件、硬件、内容、服务之间的边界日益模糊，软件产业加快向网络化、服务化、平台化、融合化方向发展，不仅与其他产业的关联性、互动性显著增强，同时还更加深入地融入社会生活的方方面面，有力促进了信息消费等新消费形态的迅速崛起。预计智能终端、宽带网络的日益普及，软件系统功能的不断加强，将进一步激发人们对信息服务的消费需求。

2015互联网+软件业TOP100

排名	名称	iBrand	iSite	iPower	综合得分
1	华为技术有限公司	91.96	90.32	90.46	90.91
2	浪潮集团有限公司	89.25	89.61	89.23	89.36
3	中兴通讯股份有限公司	90.97	88.39	88.66	89.34
4	海尔集团公司	90.85	87.72	87.18	88.58
5	北大方正集团有限公司	89.83	88.29	85.68	87.93
6	东软集团股份有限公司	89.22	90.52	83.74	87.83
7	海信集团有限公司	89.17	90.49	81.55	87.07
8	大唐电信科技股份有限公司	89.01	88.78	80.02	85.94
9	南京南瑞集团公司	88.97	87.27	79.89	85.38
10	中国银联股份有限公司	88.59	88.37	78.62	85.19

续表

排名	名称	iBrand	iSite	iPower	综合得分
11	杭州海康威视数字技术股份有限公司	88.36	86.77	77.87	84.33
12	航天信息股份有限公司	87.57	90.11	75.26	84.31
13	南京联创科技集团股份有限公司	88.19	87.24	77.29	84.24
14	熊猫电子集团有限公司	87.19	90.07	74.95	84.07
15	同方股份有限公司	87.56	89.17	75.19	83.97
16	福州福大自动化科技有限公司	87.16	89.89	73.87	83.64
17	上海华东电脑股份有限公司	86.46	88.65	71.54	82.22
18	亚信科技(中国)有限公司	86.24	88.54	70.79	81.86
19	用友软件股份有限公司	85.95	89.19	69.83	81.66
20	神州数码系统集成服务有限公司	85.66	89.67	68.85	81.39
21	软通动力信息技术(集团)有限公司	86.32	79.66	71.08	79.02
22	杭州恒生电子集团有限公司	86.17	79.38	70.58	78.71
23	东华软件股份公司	86.13	77.75	70.43	78.10
24	浙江大华技术股份有限公司	85.93	77.72	69.77	77.81
25	北京中软国际信息技术有限公司	85.96	74.29	69.64	76.63
26	国电南京自动化股份有限公司	85.64	75.17	68.79	76.53
27	上海宝信软件股份有限公司	85.41	75.65	68.53	76.53
28	中科软科技股份有限公司	85.53	75.09	68.44	76.35
29	中国软件与技术服务股份有限公司	85.38	75.21	67.92	76.17
30	太极计算机股份有限公司	85.36	75.09	67.88	76.11
31	上海贝尔软件有限公司	85.13	75.49	67.49	76.04
32	中国民航信息网络股份有限公司	85.28	75.21	67.59	76.03
33	江苏省通信服务有限公司	85.05	75.78	66.87	75.90
34	上海华讯网络系统有限公司	85.03	74.87	66.75	75.55
35	四川省通信产业服务有限公司	84.94	74.28	65.81	75.01
36	北京小米移动软件有限公司	84.89	73.34	66.49	74.91
37	北京全路通信信号研究设计院有限公司	84.41	75.62	64.21	74.75
38	文思海辉技术有限公司	84.67	73.88	65.68	74.74
39	金蝶软件(中国)有限公司	84.52	74.36	65.31	74.73
40	四川九洲电器集团有限责任公司	84.60	73.83	65.52	74.65
41	株洲南车时代电气股份有限公司	84.36	74.81	64.53	74.57
42	珠海金山软件有限公司	84.34	74.88	64.28	74.50
43	江苏集群信息产业股份有限公司	84.20	74.73	63.99	74.31
44	北京华胜天成科技股份有限公司	84.28	74.36	64.26	74.30
45	中控科技集团有限公司	83.87	75.44	63.58	74.30
46	山东中创软件工程股份有限公司	83.92	76.35	62.27	74.18
47	联动优势科技有限公司	83.98	74.58	63.25	73.94
48	石化盈科信息技术有限责任公司	83.75	75.34	62.09	73.73

续表

排名	名称	iBrand	iSite	iPower	综合得分
49	中冶赛迪工程技术股份有限公司	83.36	77.29	60.52	73.72
50	深圳创维数字技术股份有限公司	83.82	74.47	62.74	73.68
51	深圳市金证科技股份有限公司	83.63	75.32	62.01	73.65
52	福建星网锐捷通讯股份有限公司	82.93	78.21	59.77	73.64
53	广州广电运通金融电子股份有限公司	83.07	77.56	60.22	73.62
54	卡斯柯信号有限公司	83.56	74.27	61.88	73.24
55	博雅软件股份有限公司	82.70	77.68	59.01	73.13
56	东方电子集团有限公司	82.67	77.62	58.89	73.06
57	信雅达系统工程股份有限公司	83.26	74.43	60.87	72.85
58	深圳市华讯方舟科技有限公司	82.80	76.17	59.34	72.77
59	大连环宇阳光集团	82.51	77.43	58.35	72.76
60	沈阳先锋计算机工程有限公司	82.57	76.95	58.56	72.69
61	银江股份有限公司	82.33	75.37	57.76	71.82
62	北京神州泰岳软件股份有限公司	82.24	75.26	57.45	71.65
63	北京中油瑞飞信息技术有限公司	82.45	74.27	58.15	71.62
64	广联达软件股份有限公司	82.15	75.37	57.16	71.56
65	深圳市大族激光科技股份有限公司	82.38	73.59	57.94	71.30
66	福州瑞芯微电子有限公司	82.05	74.31	56.84	71.07
67	大连华信计算机技术股份有限公司	81.90	74.82	56.32	71.01
68	云南南天电子信息产业股份有限公司	81.97	74.22	56.56	70.92
69	福建新大陆科技集团有限公司	81.80	74.93	55.99	70.91
70	启明星辰信息技术有限公司	81.65	75.38	55.49	70.84
71	博彦科技股份有限公司	81.83	74.37	56.11	70.77
72	瑞斯康达科技发展股份有限公司	81.26	76.43	54.19	70.63
73	维沃移动通信有限公司	81.54	75.18	55.12	70.61
74	北京四方继保自动化股份有限公司	81.14	76.39	53.81	70.45
75	北京握奇数据系统有限公司	81.42	74.71	54.72	70.28
76	江苏国光信息产业股份有限公司	81.73	73.27	55.75	70.25
77	珠海全志科技股份有限公司	81.39	74.38	54.63	70.13
78	深圳怡化电脑股份有限公司	81.30	74.41	54.34	70.02
79	辽宁天久信息科技产业有限公司	80.86	75.88	52.85	69.86
80	万达信息股份有限公司	80.92	75.09	53.57	69.86
81	北京宇信易诚科技有限公司	80.95	74.48	53.97	69.80
82	北明软件股份有限公司	81.02	73.21	54.85	69.69
83	江苏南大苏富特科技股份有限公司	80.67	75.32	52.22	69.40
84	深圳市紫金支点技术股份有限公司	80.79	74.62	52.63	69.35
85	北京华宇软件股份有限公司	80.60	74.89	51.99	69.16
86	广州海格通信集团股份有限公司	80.52	73.75	51.72	68.66

续表

排名	名称	iBrand	iSite	iPower	综合得分
87	先锋软件股份有限公司	80.38	73.89	51.28	68.52
88	杭州士兰微电子股份有限公司	80.26	74.22	50.88	68.45
89	高伟达软件股份有限公司	80.15	74.18	50.51	68.28
90	北京致远协创软件有限公司	79.69	75.25	49.77	68.24
91	北京神舟航天软件技术有限公司	80.12	75.24	49.25	68.20
92	东信和平科技股份有限公司	80.33	74.48	49.77	68.19
93	天津天地伟业数码科技有限公司	79.63	74.79	50.01	68.14
94	上海电科智能系统股份有限公司	79.83	75.06	49.43	68.11
95	沈阳易讯科技股份有限公司	80.08	73.72	50.46	68.09
96	北京先进数通信息技术股份公司	80.80	73.97	48.68	67.82
97	沈阳昂立信息技术有限公司	79.57	74.48	48.96	67.67
98	江苏金智科技股份有限公司	79.37	75.07	47.59	67.34
99	恒宝股份有限公司	79.41	74.66	47.93	67.33
100	远光软件股份有限公司	79.26	74.21	46.52	66.66

其实，软件业根本不是一个新概念，也不是一个新兴的产业，早已经是一个相对成熟的产业。在上世纪90年代，软件可谓是风险投资的第一大户，直到互联网崛起，才扰乱了软件业的头把交椅。软件业早已经造就出一大批地位稳固、甚至垄断性的巨头，比如SAP、Oracle、CA等公司规模已经超过100亿以上，微软甚至已经达到300亿美元的规模，IBM的软件业务更是庞大。

纵观国内，我国软件产业起步于20世纪80年代初，经过十几年的艰苦创业和发展，已具有一定的软件开发和小规模生产能力。但相较于国外软件，从核心产品和关键技术上看，国内软件核心竞争力还相对薄弱。

如今，软件企业都在努力的从"以产品为中心"转换到"以客户为中心"，软件商们要适应这场变革，改变传统的研发理念，这样才能在软件行业中找到新的利润增长点。

2015互联网+企业通信服务商TOP100

对现代企业而言，沟通也是生产力。企业需要一个无缝的沟通平台，来保障及时、高效的内外沟通。而新时代的企业通信平台的建设，要结合互联网技术，包括云计算、移动互联网等，为员工的沟通和协作提供最大的便利。

沟通与协作的主体是人，所以企业通信平台必然遵循以人为本的原则，人们习惯的改变将诞生新的需求。比如BYOD，如今已被越来越多的企业接受，那么BYOA呢？不管企业出于怎样的考虑，制定各类合规性要求，都难以改变员工的习惯。

技术的发展无疑在推动进步，移动终端应用越来越丰富，即时通讯功能越来越强大，使得视频会议不再局限于会议室进行，固定电话的使用频率越来越低，发邮件的真正目的变成存档和抄送……总之，改变已经发生了。传统的企业通信服务商应当看到这种趋势，从内部打破，抢占先机。

融合是大势所趋，因为企业通信最终为提高企业业务运转效率而服务，无缝衔接的沟通才能保障效率的提升。从基础的邮件、语音到统一通信，最后不只实现通信工具的融合，还有通信与业务系统的融合。

互联网不是洪水猛兽，尤其对传统产业来说，互联网将有助于企业开疆拓土，产品和服务可以结合互联网进行创新，营销和销售也可以通过互联网来开展。企业要坚信互联网出现的意义，与过去IT的出现并无两样。

2015互联网+企业通信服务商TOP100

排名	名称	iBrand	iSite	iPower	综合得分
1	华为技术有限公司	92.34	91.22	92.91	92.16
2	思科系统（中国）网络技术有限公司	91.97	89.75	91.04	90.92
3	Polycom 通讯系统（北京）有限公司	92.03	88.07	90.08	90.06
4	中兴通讯股份有限公司	91.74	89.24	88.45	89.81
5	国际商业机器（中国）有限公司	88.28	88.97	85.26	87.50
6	微软（中国）有限公司	85.66	94.11	80.80	86.86
7	亚美亚（中国）通讯设备有限公司	89.22	87.05	81.84	86.04
8	大唐融合通信股份有限公司	87.66	87.04	82.40	85.70
9	北京二六三企业通信有限公司	86.63	85.69	80.73	84.35
10	全时云商务服务股份有限公司	87.09	82.51	75.74	81.78
11	日电（中国）有限公司	83.56	81.36	79.35	81.42
12	松下电器（中国）有限公司	81.61	81.12	81.08	81.27
13	索尼(中国)有限公司	85.98	75.51	76.65	79.38

续表

排名	名称	iBrand	iSite	iPower	综合得分
14	威立方（天津）信息技术有限公司	81.44	71.31	79.08	77.28
15	Interactive Intelligence, Inc.	79.00	74.60	76.57	76.72
16	上海贝尔企业通信有限公司	71.68	71.19	85.62	76.16
17	上海华平信息技术股份有限公司	75.11	71.32	81.67	76.03
18	上海会畅通讯股份有限公司	78.13	71.64	77.63	75.80
19	苏州科达科技股份有限公司	72.36	80.10	74.91	75.79
20	上海优力飞企业通信系统有限公司	69.10	73.90	82.27	75.09
21	捷思锐科技（北京）有限公司	79.69	71.30	72.45	74.48
22	深圳市迪威视讯股份有限公司	75.06	77.90	70.00	74.32
23	北京容联易通信息技术有限公司	71.92	74.32	75.16	73.80
24	Vidyo, Inc.	71.13	72.58	76.81	73.51
25	深圳市捷视飞通科技有限公司	74.17	77.03	67.75	72.98
26	北京展示互动科技有限公司	76.30	81.08	61.53	72.97
27	红杉树（杭州）信息技术有限公司	80.59	71.28	64.69	72.19
28	Lifesize, Inc.	72.26	72.79	70.60	71.88
29	北京威速科技有限公司	74.71	72.22	68.67	71.87
30	威泰视讯设备（中国）有限公司	63.93	71.39	78.34	71.22
31	深圳市华视瑞通信息技术有限公司	63.34	71.30	78.77	71.14
32	厦门亿联网络技术股份有限公司	69.56	71.87	71.67	71.03
33	山东山大联润信息科技有限公司	61.06	79.08	72.46	70.87
34	北京华腾网讯科技有限公司	72.64	77.34	60.98	70.32
35	圆展科技股份有限公司	67.30	77.04	65.69	70.01
36	随锐科技股份有限公司	66.30	71.37	69.88	69.18
37	上海易睦网络科技有限公司	66.90	71.08	68.49	68.82
38	上海理想信息产业（集团）有限公司	61.28	75.48	67.98	68.25
39	济南辰联电子有限公司	68.55	71.10	64.92	68.19
40	北京云中融信网络科技有限公司	63.80	71.61	67.68	67.70
41	珠海佳米科技有限公司	63.58	73.65	65.68	67.64
42	北京高百特科技有限公司	64.90	79.10	58.30	67.43
43	成都飞视美视频技术有限公司	62.14	77.30	62.77	67.40
44	深圳华望技术有限公司	63.20	73.16	64.29	66.88
45	北京星澜科技有限公司	62.60	72.78	63.42	66.27
46	日立数字映像（中国）有限公司	64.07	73.02	61.11	66.07
47	上海华万通信科技有限公司	61.80	68.60	67.69	66.03
48	深圳市瑞得爱斯乐科技有限公司	69.00	61.40	65.63	65.34
49	上海迅时通信设备有限公司	62.20	62.02	70.32	64.85
50	深圳市励拓软件有限公司	57.72	69.99	64.65	64.12
51	南京海盟基业科技有限公司	61.03	64.95	65.92	63.97

排名	名称	iBrand	iSite	iPower	综合得分
52	深圳市云之讯网络技术有限公司	62.07	62.21	67.29	63.86
53	杭州艾朴软件有限公司	54.37	63.68	72.29	63.45
54	深圳市赛速科技有限公司	66.49	66.99	55.74	63.07
55	腾讯科技（深圳）有限公司	73.05	61.70	53.65	62.80
56	成都智科通信技术有限公司	71.83	61.25	54.17	62.42
57	深圳市汉锐科技有限公司	67.62	53.72	65.37	62.24
58	北京网动网络科技股份有限公司	58.32	61.94	65.03	61.76
59	北京中电智通科技有限公司	63.72	52.17	68.53	61.47
60	深圳市大众通信技术有限公司	63.95	51.05	68.51	61.17
61	深圳市融天科技有限公司	61.72	52.93	65.70	60.12
62	北京云会易技术有限公司	65.72	57.60	56.20	59.84
63	深圳市赛森高科有限公司	61.80	61.02	55.86	59.56
64	商客通尚景科技（上海）股份有限公司	61.70	59.50	55.33	58.84
65	北京众望网络科技有限公司	59.00	61.62	55.41	58.68
66	南京超然科技有限公司	54.29	62.00	59.28	58.52
67	北京威速融讯科技有限公司	53.00	60.00	62.55	58.52
68	北京飞利信科技股份有限公司	64.55	54.45	54.46	57.82
69	四川金虎多媒体通讯技术有限公司	61.56	54.21	56.79	57.52
70	竞技世界(北京)网络技术有限公司	61.50	53.08	57.82	57.47
71	上海富可信息技术发展有限公司	52.00	61.24	58.80	57.35
72	深圳市腾创网络技术有限公司	62.12	61.82	47.97	57.30
73	南宁汇研科技有限公司	56.79	52.40	59.65	56.28
74	鼎亨世纪（北京）通信技术有限公司	53.87	59.11	55.86	56.28
75	北京慧点科技股份有限公司	50.90	62.03	54.38	55.77
76	北京恒信彩虹信息技术有限公司	55.08	51.90	60.14	55.71
77	深圳方位通讯科技有限公司	54.53	51.72	58.86	55.04
78	南京德视伟业软件技术有限公司	52.32	52.37	58.09	54.26
79	深圳市潮流网络技术有限公司	54.61	48.10	60.02	54.24
80	杭州阔地网络科技有限公司	48.25	58.40	55.42	54.02
81	北京金谷视通科技有限公司	51.33	52.22	58.25	53.93
82	深圳金芒技术有限公司	53.22	44.30	63.82	53.78
83	北京世纪奥通科技有限公司	53.05	52.86	55.23	53.71
84	深圳市汇言科技发展有限公司	53.10	51.99	55.82	53.64
85	上海紫南信息技术有限公司	55.40	51.08	54.06	53.51
86	深圳市路特斯网络技术有限公司	53.40	46.80	59.37	53.19
87	重庆昇通科技有限公司	54.50	53.00	51.91	53.14
88	北京云真网络技术服务有限公司	50.80	51.90	55.97	52.89
89	北京崇道广业网络技术有限公司	47.00	56.30	54.15	52.48

续表

排名	名称	iBrand	iSite	iPower	综合得分
90	网经科技（苏州）有限公司	58.99	57.60	40.13	52.24
91	北京微码邓白氏营销咨询有限公司	51.31	72.87	31.91	52.03
92	深圳瑞视恒通科技有限公司	52.92	61.03	41.27	51.74
93	华科数通（北京）科技有限公司	58.29	54.10	42.75	51.71
94	天地阳光通信科技（北京）有限公司	55.41	52.68	46.95	51.68
95	北京莱湾兴业科技有限公司	53.75	58.79	42.45	51.66
96	广州网易计算机系统有限公司	64.20	43.00	47.10	51.43
97	深圳市誉融科技有限公司	55.12	55.07	40.71	50.30
98	北京威方信科技有限公司	56.65	52.16	41.73	50.18
99	厦门朗视信息科技有限公司	55.89	52.65	41.73	50.09
100	杭州海贝科技有限公司	41.00	58.62	50.50	50.04

　　相比欧美地区的企业，中国企业的IT建设稍显滞后，同时意味着中国市场的潜力更大。另外，沟通也是一种文化，各个国家和地区的文化差异造就一些特色需求，因此只有真正了解客户的文化才能把握客户需求。鲜明的本土文化与改革开放带来的国外文化相交融，造就一个多元的中国市场，对企业通信服务商来说，机会是均等的。华为、思科、宝利通等传统服务商依靠多年的积累，拥有丰富的产品和市场影响力，仍位于榜单前列，但借助云计算、移动等新技术大踏步追赶的云服务商的力量不容小觑。因为在互联网时代，个性化的需求越来越多，只有更贴近用户、业务更加灵活的服务商才能立于不败之地。

2015互联网+网络安全TOP100

　　"棱镜门"之后，网络安全这一行业妇孺皆知。

　　"互联网+"背景下的网络安全，自然重点关注传统企业在信息化、互联网化过程中所需的安全服务。毫无疑问，这个前提约等于未提，网络、终端、移动终端、服务器、数据、应用……都在这个范畴，过去只属于个人的终端和应用，也因BYOD、互联网支付等新形态与企业生产联系起来。

　　而"互联网+"背景下的网络安全服务商，自身也与互联网有千丝万缕的联系。云安全服务（例如云清洗）本身即借助互联网技术实现，部分服务的威胁发现、特征库升级也一样。除了技术，其他在品牌营销、产品销售、售后运维等方面也离不开互联网。

需要说明一点，本榜着重企业级服务领域。

2015互联网+网络安全TOP100

排名	名称	iBrand	iSite	iPower	综合得分
1	北京启明星辰信息技术股份有限公司	89.96	82.79	91.87	88.21
2	北京神州绿盟信息安全科技股份有限公司	87.29	84.90	91.92	88.04
3	北京天融信科技有限公司	87.08	81.11	90.85	86.35
4	蓝盾信息安全技术股份有限公司	85.31	90.25	81.94	85.83
5	北京北信源软件股份有限公司	82.55	88.25	82.15	84.32
6	奇虎360科技有限公司	79.58	94.10	78.80	84.16
7	北京安天电子设备有限公司	80.50	90.52	80.00	83.67
8	华为技术有限公司	78.42	93.79	78.56	83.59
9	北京软云神州科技有限公司	78.46	91.55	79.14	83.05
10	广州市国迈科技有限公司	79.96	91.65	77.48	83.03
11	网神信息技术（北京）股份有限公司	83.01	86.27	78.55	82.61
12	卫士通信息产业股份有限公司	76.92	94.38	76.12	82.47
13	深圳市深信服电子科技有限公司	74.75	91.22	79.86	81.94
14	中国软件与技术服务股份有限公司	81.41	89.19	75.01	81.87
15	杭州安恒信息技术有限公司	82.86	84.13	75.30	80.76
16	北京山石网科信息技术有限公司	84.49	82.76	73.61	80.29
17	北京网康科技有限公司	83.06	73.42	84.16	80.21
18	东软集团股份有限公司	76.08	83.35	79.96	79.80
19	杭州迪普科技有限公司	81.02	81.64	76.58	79.75
20	神州数码网络有限公司	78.82	81.06	78.99	79.62
21	杭州华三通信技术有限公司	81.32	82.97	74.07	79.45
22	福建星网锐捷网络有限公司	80.56	81.03	74.89	78.83
23	远江盛邦（北京）信息技术有限公司	78.70	82.49	75.01	78.73
24	亚信科技（中国）有限公司	78.33	81.06	76.08	78.49
25	山东华软金盾软件股份有限公司	79.30	81.39	74.65	78.45
26	国都兴业信息审计系统技术（北京）有限公司	80.86	81.10	72.98	78.31
27	北京江南天安科技有限公司	84.27	74.42	75.31	78.00
28	北京信安世纪科技有限公司	74.46	81.22	78.17	77.95
29	中兴通讯股份有限公司	81.26	76.45	73.12	76.94
30	北京百度网讯科技有限公司	71.68	89.80	69.17	76.88
31	西安交大捷普网络科技有限公司	78.02	71.54	80.51	76.69
32	北京知道创宇信息技术有限公司	80.38	81.26	68.28	76.64

续表

排名	名称	iBrand	iSite	iPower	综合得分
33	南京铱迅信息技术股份有限公司	78.66	74.79	76.38	76.61
34	北京瑞星信息技术有限公司	80.81	84.36	64.47	76.55
35	阿里巴巴（中国）有限公司	80.90	76.82	71.52	76.41
36	北京太一星晨信息技术有限公司	82.62	82.01	63.80	76.14
37	浪潮（北京）电子信息产业有限公司	81.15	72.42	74.80	76.12
38	曙光信息产业股份有限公司	82.76	79.22	65.10	75.69
39	广州市溢信科技有限公司	82.09	75.90	68.94	75.64
40	深圳市联软科技有限公司	75.32	81.96	69.37	75.55
41	北京中软华泰信息技术有限责任公司	75.50	83.24	67.68	75.47
42	深圳市星辰帷幄信息技术有限公司	78.17	76.98	70.40	75.18
43	迈普通信技术股份有限公司	79.32	74.82	71.30	75.15
44	厦门服云信息科技有限公司	71.69	88.24	65.30	75.08
45	北京安氏领信科技发展有限公司	71.79	81.64	70.25	74.56
46	武汉天喻信息产业股份有限公司	75.64	74.45	73.54	74.54
47	北京立思辰科技股份有限公司	71.56	83.82	67.91	74.43
48	上海互普信息技术股份有限公司	76.27	83.33	63.55	74.38
49	北京华清信安科技有限公司	72.04	83.81	67.15	74.33
50	深圳市腾讯计算机系统有限公司	71.60	81.16	70.22	74.33
51	莱克斯科技(北京)有限公司	77.67	82.96	62.04	74.22
52	北京安信华科技有限公司	71.77	83.88	66.35	74.00
53	公安部第一研究所	72.29	81.03	67.25	73.52
54	任子行网络技术股份有限公司	76.49	83.15	60.85	73.50
55	清大信安（北京）科技有限公司	73.86	77.02	69.22	73.37
56	北京椒图科技有限公司	78.84	71.88	68.60	73.11
57	金御软件(上海)有限公司	73.45	78.09	67.36	72.97
58	上海山丽信息安全有限公司	77.36	78.94	62.38	72.89
59	深圳市奥联科技有限公司	77.72	71.58	69.21	72.84
60	汉柏科技有限公司	68.16	81.84	68.34	72.78
61	深圳市虹安信息技术有限公司	74.31	76.52	67.31	72.71
62	深圳市惠尔顿信息技术有限公司	73.03	75.53	69.37	72.64
63	上海上讯信息技术股份有限公司	73.01	81.32	61.85	72.06
64	北京时代亿信科技股份有限公司	77.31	64.70	73.00	71.67
65	北京合力天下数码信息技术有限公司	72.77	73.26	68.10	71.38
66	北京傲盾软件有限责任公司	75.79	67.80	70.31	71.30
67	北京创世泰克科技有限公司	71.44	82.21	60.13	71.26
68	北京科能腾达信息技术股份有限公司	74.24	77.64	61.84	71.24
69	北京峰盛有限公司	74.73	74.75	63.74	71.07
70	杭州帕拉迪网络科技有限公司	79.01	71.75	62.14	70.97

排名	名称	iBrand	iSite	iPower	综合得分
71	北京极地信息技术有限公司	72.26	74.27	66.08	70.87
72	苏州迈科网络安全技术股份有限公司	68.08	83.19	61.25	70.84
73	江苏敏捷科技股份有限公司	71.17	71.87	69.30	70.78
74	北京亿赛通科技发展有限责任公司	61.61	83.01	67.09	70.57
75	北京力控元通科技有限公司	69.61	72.06	69.71	70.46
76	北京猎豹移动科技有限公司	65.20	77.75	68.38	70.44
77	浙江远望信息股份有限公司	64.83	77.62	68.59	70.35
78	深圳市利谱信息技术有限公司	75.22	73.95	61.82	70.33
79	北京安华金和科技有限公司	72.23	71.26	67.12	70.20
80	深圳市网域科技有限公司	66.17	74.23	70.20	70.20
81	北京国信灵通网络科技有限公司	68.77	71.77	69.80	70.11
82	上海纽盾科技有限公司	61.83	77.01	71.05	69.96
83	安徽中新软件股份有限公司	71.31	71.23	66.30	69.61
84	沈阳通用软件有限公司	73.35	64.80	69.80	69.32
85	北京网鼎芯睿科技有限公司	72.11	75.05	60.39	69.18
86	哈尔滨朗威电子技术开发有限公司	73.78	71.10	60.80	68.56
87	北京天桥科技有限公司	61.52	81.94	62.08	68.51
88	北京博睿勤信息技术有限公司	71.29	73.29	60.09	68.22
89	杭州华途软件有限公司	74.23	66.20	63.59	68.01
90	北京国信冠群技术有限公司	62.61	71.93	69.37	67.97
91	南京华盾网络技术有限公司	63.10	71.93	68.15	67.73
92	上海云盾信息技术有限公司	66.98	72.25	63.54	67.59
93	飞天诚信科技股份有限公司	69.52	63.60	69.10	67.41
94	北京网际思安科技有限公司	65.92	71.50	63.85	67.09
95	北京远鉴科技有限公司	63.48	71.27	66.13	66.96
96	星云融创（北京）科技有限公司	68.19	72.15	60.30	66.88
97	全湾信息科技有限公司	66.36	71.32	61.40	66.36
98	上海创多软件有限公司	62.18	73.99	61.82	66.00
99	北京冠群金辰软件有限公司	60.90	67.40	69.19	65.83
100	北京智恒网安科技有限公司	63.50	71.72	61.33	65.52

可以看到，我们给网络安全服务商限定了一个门槛——自主可控，即便如此，这个领域的市场竞争依然异常激烈。此外，它还有一个特点，即对专业人才的依赖，真正优秀的从业者难以通过正常的教育流程培养。所以，这个榜的另一层含义是，企业优秀人才储备排行。

2015互联网+企业Wi-Fi解决方案提供商TOP100

Wi-Fi的普及对Wi-Fi服务商提出两个挑战，一是很多特殊场所也需要Wi-Fi服务，比如大型体育场馆、商业场所、轨道交通、航线航班等，在这些地方部署高可用性的Wi-Fi网络非常困难，因为Wi-Fi设备所使用的802.11协议簇本身对大范围覆盖、高速移动、跨区漫游等方面支持很弱，需要从整体解决方案、工程优化等方面入手改善；二是Wi-Fi热点随处可见，无线路由器、随身Wi-Fi被滥用，空口环境恶劣且不可预测，而且中国Wi-Fi使用的ISM频段一共只有8个独立信道（2.4GHz频段+5.8GHz频段），对前期工勘、施工调优和后期维护都是不小的考验。

由此不难看出，Wi-Fi已不再只是讨论产品层面，而是以解决方案加运维服务为基础的行业。当然，企业Wi-Fi市场的需求千差万别，既有前面所述的复杂场景应用，也有如家庭环境般简单的小商业应用。在实践中，理论模型和经验模型都很重要，甚至在某些复杂环境下更依赖经验模型。因此，评价一个Wi-Fi服务商的能力，不仅要从技术、产品入手，还要关注其支持团队。另外，借助互联网的思维和方法服务市场，也是服务商能力的一个体现。

2015互联网+企业Wi-Fi解决方案提供商TOP100

排名	名称	iBrand	iSite	iPower	综合得分
1	杭州华三通信技术有限公司	86.43	88.09	85.15	86.56
2	福建星网锐捷网络有限公司	86.65	95.14	77.87	86.55
3	华为技术有限公司	85.14	93.15	78.94	85.74
4	安移通网络科技（中国）有限公司	83.79	81.16	89.00	84.65
5	思科系统（中国）网络技术有限公司	91.32	80.76	79.67	83.92
6	华美优科网络技术（深圳）有限公司	85.13	80.00	84.83	83.32
7	北京傲天动联技术有限公司	82.81	81.19	85.51	83.17
8	深圳市信锐网科技术有限公司	81.75	87.70	78.88	82.78
9	优倍快网络技术咨询(上海)有限公司	81.49	81.72	78.18	80.46
10	神州数码网络有限公司	82.03	81.32	74.76	79.37
11	中兴通讯股份有限公司	84.63	80.24	72.47	79.11
12	上海贝尔企业通信有限公司	74.86	74.30	76.74	75.30
13	南京智达康无线通信科技股份有限公司	74.90	72.36	76.68	74.65
14	北京韵盛发科技有限公司	75.23	71.93	74.45	73.87
15	艾诺威科技(杭州)有限公司	78.29	72.83	69.63	73.58
16	苏州汉明科技有限公司	75.64	65.48	70.59	70.57

排名	名称	iBrand	iSite	iPower	综合得分
17	Meru Networks, Inc.	73.18	66.55	71.48	70.40
18	真珍斑马技术贸易（上海）有限公司	63.14	68.58	78.55	70.09
19	杭州敦崇科技股份有限公司	74.51	61.88	73.62	70.00
20	飞塔信息科技（北京）有限公司	68.51	72.81	67.14	69.49
21	上海寰创通信科技股份有限公司	73.82	69.24	64.37	69.14
22	上海艾泰科技有限公司	73.46	75.24	53.55	67.42
23	中国惠普有限公司	72.23	69.42	59.56	67.07
24	蓝宇网络技术有限公司	69.36	63.62	67.76	66.91
25	深圳维盟科技有限公司	71.27	72.29	56.26	66.61
26	戴尔（中国）有限公司	69.61	55.35	73.90	66.29
27	Juniper Networks, Inc.	74.85	61.30	62.42	66.19
28	普联技术有限公司	71.21	71.06	56.18	66.15
29	杭州迪普科技有限公司	71.65	71.06	55.68	66.13
30	美国极进网络中国有限公司	62.59	62.38	73.15	66.04
31	网件（北京）网络技术有限公司	70.42	57.65	69.93	66.00
32	侠诺科技股份有限公司	74.06	73.22	50.42	65.90
33	上海斐讯数据通信技术有限公司	73.64	73.62	50.20	65.82
34	北京华信联创科技有限公司	61.40	71.95	63.99	65.78
35	Alvarion Technologies Ltd.	61.03	64.69	70.45	65.39
36	汉柏科技有限公司	62.34	68.87	64.39	65.20
37	友讯电子设备(上海)有限公司	71.03	53.00	71.54	65.19
38	亚美亚（中国）通讯设备有限公司	52.18	57.05	85.86	65.03
39	深圳市磊科实业有限公司	62.26	61.69	70.69	64.88
40	合勤科技股份有限公司	75.17	69.26	49.92	64.78
41	成都飞鱼星科技股份有限公司	62.90	69.18	61.38	64.49
42	ARGtek Communication Inc. Limited	61.53	62.46	68.88	64.29
43	Proxim Wireless Corporation	61.45	72.64	58.74	64.28
44	Strix Systems, Inc.	61.36	58.00	73.39	64.25
45	摩莎科技（上海）有限公司	61.35	71.94	58.95	64.08
46	迈普通信技术股份有限公司	75.92	68.64	47.36	63.97
47	Xirrus, Inc.	61.18	61.83	68.47	63.83
48	深圳国人通信有限公司	75.83	68.39	46.73	63.65
49	深圳市旭威科技发展有限公司	61.32	62.70	66.50	63.51
50	深圳市四海众联网络科技有限公司	61.29	65.58	63.63	63.50
51	TRENDnet Inc.	67.30	74.86	47.95	63.37
52	LanReady Technologies, Inc.	69.92	51.20	68.86	63.33
53	上海博达数据通信有限公司	66.52	67.64	55.78	63.31
54	京信通信系统控股有限公司	61.36	67.62	60.04	63.01

续表

排名	名称	iBrand	iSite	iPower	综合得分
55	深圳市万网博通科技有限公司	61.90	71.49	55.59	62.99
56	Buffalo Inc.	73.54	63.98	50.47	62.66
57	友旺科技股份有限公司	62.43	66.05	58.61	62.36
58	湖南省至正电子科技有限公司	71.01	63.76	51.67	62.15
59	深圳市吉祥腾达科技有限公司	72.99	74.19	39.03	62.07
60	讯舟信息科技（上海）有限公司	68.55	63.29	53.58	61.81
61	深圳市朝恒辉网络科技有限公司	61.37	69.42	52.79	61.19
62	智邦科技股份有限公司	61.69	68.75	52.36	60.93
63	居易科技股份有限公司	61.59	65.49	54.94	60.67
64	SparkLAN Communications,Inc.	68.19	68.11	45.55	60.62
65	深圳市智博通电子有限公司	61.99	62.90	56.94	60.61
66	中怡数宽科技（苏州）有限公司	61.84	63.68	56.08	60.53
67	广州市扬航电子科技有限公司	61.08	52.00	66.82	59.97
68	全讯汇聚网络科技（北京）有限公司	62.44	61.97	54.43	59.61
69	深圳市和为顺网络技术有限公司	67.06	65.52	45.90	59.49
70	深圳市美科星通信技术有限公司	71.57	61.23	42.13	58.31
71	深圳盟贝特志成网络技术有限公司	61.04	64.05	49.62	58.24
72	广州市虹联信息技术有限公司	59.85	64.23	49.76	57.95
73	北京瑞赛博网络技术有限公司	57.14	71.30	44.26	57.57
74	三维通信股份有限公司	57.04	72.59	42.48	57.37
75	浙江华络通信设备有限公司	56.34	56.50	58.60	57.15
76	亚迅科技成都有限公司	56.33	67.04	46.08	56.48
77	北京中鼎信联系统科技有限公司	56.06	62.30	48.96	55.77
78	厦门四信通信科技有限公司	53.88	71.73	40.80	55.47
79	深圳市盛世众唐科技有限公司	53.71	68.67	42.91	55.10
80	杭州树熊网络有限公司	52.43	61.40	49.53	54.45
81	奥维通信股份有限公司	52.88	65.15	44.86	54.30
82	深圳市云联友科技有限公司	52.30	63.80	46.64	54.25
83	深圳市固联电子有限公司	52.21	55.50	53.40	53.70
84	邦讯技术股份有限公司	49.50	67.32	43.76	53.53
85	深圳市新格林耐特通信技术有限公司	49.40	61.22	46.52	52.38
86	深圳市网纵信息技术有限公司	49.40	62.21	45.45	52.35
87	成都艺创科技有限公司	56.93	52.50	47.45	52.29
88	深圳市友佳联科技有限公司	48.50	67.62	38.42	51.51
89	深圳市顺信科技有限公司	46.90	61.30	45.24	51.15
90	杭州讯久科技有限公司	46.80	53.40	53.09	51.10
91	深圳市拉法联科技有限公司	46.10	64.94	42.22	51.09
92	云擎信息技术（深圳）有限公司	45.90	61.86	45.01	50.92

续表

排名	名称	iBrand	iSite	iPower	综合得分
93	南京智微亚通信科技有限公司	43.30	61.79	43.16	49.42
94	上海威锐电子科技有限公司	42.20	68.27	37.77	49.41
95	深圳市乙辰科技股份有限公司	41.60	66.18	40.44	49.41
96	大连网月科技开发有限公司	53.65	55.00	39.37	49.34
97	江苏丹阳雅奕智能电子技术有限公司	41.50	63.82	42.32	49.21
98	昂科信息技术(上海)有限公司	39.00	61.45	46.84	49.10
99	CERIO智鼎资讯股份有限公司	34.00	67.19	46.00	49.06
100	奥泰尔科技有限公司	34.00	64.37	48.34	48.90

　　"2015互联网+企业Wi-Fi解决方案提供商TOP100"是一个覆盖较为全面的榜单，对其中的一部分关联企业以品牌进行区分，这么做的原因也很简单——经验模型非常重要。我们认为，同样的产品到不同团队的手里，建成的网络性能差异可能很大。同样，榜单里也有很多服务商更侧重渠道，但并非能够完全脱离解决方案和服务。

　　事实上，技术、产品和服务相辅相成，Wi-Fi服务商只有不断挑战、突破应用中的难点，才能提升自己的综合实力。目前看来，企业Wi-Fi市场格局还在变化之中，真正的寡头理论上还未出现。技术或手段上，谁更贴近用户，贴近场景，谁的服务更快、更完善，谁才能真正赢得市场。思维或文化上，谁更真实拥有愿景，谁就会成为入口、中心，Wi-Fi本身拥有无限可能。

02 | 金融服务

2015中国互联网+金融TOP100

在线支付作为较成熟的互联网金融业态，已经形成以支付宝为首，财付通、网银在线三足鼎立的局面，之后是银联、快钱、环讯支付、易付宝、钱袋宝、盛付通、拉卡拉等。

投资理财领域，P2P成为主角。在政策监管和行业自律下，合规的P2P企业将经历考验，大浪淘沙，越来越多的P2P企业趋于合规化。红岭创投、陆金所、鑫合汇等较为突出。

微众银行2015年1月18日试营业，8月15日正式上线，目前，已推出存款、理财、转账等业务，面向消费者的微利贷正在测试。网商银行6月25正式开业，8月推出首款信贷产品"流量贷"，根据CNZZ平台的流量统计，向中小网站提供单笔最高100万元的贷款。

民生银行直销银行、兴业银行直销银行、工银融e行等是目前国内直销银行领航者。

之前的2014年，京东推出首款信用支付产品京东白条，试水消费金融，并发布消费金融战略。2015年京东积极构建征信体系，完善金融生态。

2015年5月，苏宁成立苏宁消费金融公司，拓展互联网消费金融，首款产品"任性付"。7月，苏宁消费金融公司授信余额超15亿元，面向数百万苏宁云商会员客户。

众筹领域，京东众筹、淘宝众筹、苏宁众筹、众筹网表现出众。

2015中国互联网+金融TOP100

排名	名称	iBrand	iSite	iPower	综合得分
1	蚂蚁金服	97.05	97.25	98.16	98.06
2	中国平安	95.80	95.99	98.03	97.82
3	财付通	95.76	95.95	97.84	97.64
4	网银在线	93.94	94.13	97.57	97.22
5	银联商务	94.65	94.85	97.39	97.13
6	民生银行直销银行	93.77	93.96	97.15	96.82
7	快钱	93.23	93.42	96.83	96.48
8	兴业银行直销银行	93.62	93.81	96.73	96.43
9	京东金融	94.24	94.43	96.62	96.39
10	工银融e行	88.28	88.46	97.02	96.15
11	上海银联电子支付	95.53	95.72	95.95	95.91
12	陆金所	90.05	90.23	96.49	95.86
13	广州银联网络支付	93.07	93.26	96.12	95.83
14	开鑫贷	94.99	95.18	95.76	95.69

排名	名称	iBrand	iSite	iPower	综合得分
15	北京银联商务	85.43	85.61	96.77	95.64
16	蓝海众投	91.63	91.82	95.87	95.45
17	易付宝	94.17	94.36	95.44	95.32
18	中国人寿	96.17	96.37	95.19	95.30
19	钱袋宝	85.17	85.34	96.37	95.26
20	盛付通	91.33	91.55	95.61	95.19
21	江苏银行直销银行	95.16	95.36	95.12	95.14
22	拉卡拉	94.80	94.99	94.74	94.75
23	海金仓	91.05	91.25	94.86	94.48
24	太平洋保险	90.16	90.35	94.57	94.14
25	新华保险	86.77	86.95	94.89	94.09
26	中国人保	94.91	95.10	93.80	93.92
27	宜人贷	92.81	93.00	94.01	93.90
28	人人贷	83.91	84.08	94.73	93.65
29	翼支付	93.90	94.09	93.13	93.22
30	普惠金融	83.17	83.34	94.17	93.08
31	环迅支付	92.64	92.83	92.87	92.86
32	徽常有财	82.70	82.87	93.74	92.65
33	众信金融	82.15	82.31	93.58	92.44
34	泰康人寿	87.23	87.41	92.81	92.26
35	随手记	80.17	80.33	93.15	91.86
36	中国太平	84.66	84.84	92.56	91.78
37	华润银行直销银行	87.67	87.84	91.53	91.15
38	红岭创投	83.23	83.40	91.98	91.11
39	生命人寿	83.13	83.30	91.91	91.04
40	浙商银行直销银行	89.72	89.90	90.96	90.84
41	浦发银行直销银行	92.20	92.38	90.63	90.80
42	安邦保险	88.03	88.20	91.08	90.78
43	"一贯"金融	87.90	88.07	89.90	89.71
44	阳光保险	92.87	93.06	88.78	89.20
45	宁波银行直销银行	84.61	84.79	89.49	89.01
46	招财宝	88.59	88.77	89.00	88.97
47	通联支付	86.17	86.35	89.17	88.88
48	小马bank	95.41	95.60	87.94	88.70
49	鑫合汇	81.77	81.94	89.20	88.47
50	资和信	82.49	82.66	88.91	88.28
51	京东众筹	83.28	83.45	88.56	88.04
52	易宝支付	87.06	87.24	88.11	88.01

续表

排名	名称	iBrand	iSite	iPower	综合得分
53	北京银行直销银行	91.94	92.13	87.42	87.88
54	绿能宝	83.12	83.28	87.65	87.21
55	上行快线	84.26	84.43	87.23	86.94
56	PPmoney	88.14	88.32	86.29	86.49
57	好e通	83.04	83.20	86.80	86.43
58	淘宝众筹	84.09	84.26	86.58	86.34
59	百度钱包	88.99	89.19	86.03	86.33
60	橙子银行	78.22	78.67	87.05	86.19
61	易智付	91.88	92.07	85.52	86.17
62	趣分期	95.66	95.84	84.94	86.03
63	新丝路Bank	82.88	83.05	86.18	85.85
64	快付通	89.99	91.18	85.27	85.80
65	天天基金网	84.21	84.38	85.86	85.70
66	东方支付	76.53	76.69	86.25	85.29
67	你好银行	85.72	85.88	85.21	85.27
68	微贷网	86.35	86.53	85.06	85.20
69	分期乐	84.42	84.59	85.18	85.12
70	裕福支付	88.31	88.49	84.30	84.71
71	重庆银行直销银行	96.42	96.62	83.33	84.65
72	数米基金网	82.40	82.56	84.88	84.64
73	优分期	85.00	85.17	84.54	84.59
74	开联通	82.10	82.27	84.77	84.51
75	挖财	73.77	73.92	85.47	84.31
76	蚂蚁小贷	78.92	79.09	84.82	84.24
77	连连支付	84.02	84.19	84.17	84.16
78	铜板街	85.31	85.49	83.95	84.10
79	华夏直销银行	83.33	83.50	84.12	84.05
80	汇付天下	68.40	68.54	85.70	83.98
81	腾讯乐捐	82.26	81.34	83.97	83.76
82	平安付	80.26	80.42	84.07	83.70
83	百度金融	70.84	70.98	85.11	83.69
84	南粤e+	80.88	81.04	83.71	83.44
85	易通贷	77.90	78.05	83.88	83.29
86	银盛支付	92.22	92.40	82.23	83.24
87	爱基金网	75.50	75.66	84.01	83.17
88	金斧子	85.39	85.57	82.88	83.14
89	财帮子	72.18	72.33	84.32	83.11
90	好买基金网	75.96	76.11	83.87	83.09

续表

排名	名称	iBrand	iSite	iPower	综合得分
91	51信用卡管家	83.45	83.63	82.98	83.04
92	苏宁众筹	79.20	79.37	83.15	82.76
93	她理财	77.58	77.75	83.28	82.72
94	众筹网	82.44	82.61	82.60	82.60
95	苏宁金融	90.62	90.80	81.69	82.59
96	芝麻金融	62.36	62.49	84.70	82.47
97	格上理财网	75.33	75.28	82.93	82.17
98	柠檬财富	65.24	65.44	84.02	82.15
99	91金融超市	67.60	67.74	83.54	81.95
100	网利金融	66.99	67.12	83.23	81.61

中国互联网金融尚有很多变数，请拭目以待。

 # 2015互联网+城市商业银行TOP100

中国城商行的这20年

自1995年全国第一家城商行——深圳市城市合作银行（现为平安银行）成立，中国城市商业银行已迈向它的第20个年头。20年来，其队伍成员已壮大到134位，整体利润已完成40倍增长。至2015年6月末，全国134家城市商业银行总资产达到20.25万亿元，占银行业金融机构的比例接近11%。主要经营指标超过全国银行业平均水平，市场份额不断扩大，不良率持续下降，资产质量大幅提高，越来越多的城商行跨入全球银行业前500强序列。

城商行的主要功能是为本地区经济的发展融通资金，重点为城市中小企业的发展提供金融服务。作为地方金融机构，城商行既是地方信贷资金和当地居民金融服务的提供者，也是城乡普惠金融发展的激发者，还是缓冲经济波动冲击、服务地方经济发展的重要金融力量。

为了促进业务结构调整优化，走差异化、特色化发展的转型升级道路，十几年来，一批城商行采取联合重组模式，即某一行政区域或某一经济区域内的多家城商行重组成立一家新的银行，从而实现在该区域内的跨区域发展，例如中原银行、华融湘江银行等。同时，专业化是多数城商行在未来经营形式下的战略首选，城商行只有集结优势资源来打造自身在某一领域的专家地位，才能有效应对大型银行的多元化攻势，最终形成自身的核心竞争力。

在对近一年中国城商行综合竞争力的考察之上，本刊通过构建价值评价模型，重点从银行成长性、品牌构建能力、发展定位、资产规模等几个维度进行排名，并尤其考虑到这是一个互联网时代。

2015互联网+城市商业银行TOP100

排名	名称	iBrand	iSite	iPower	综合得分
1	北京银行	91.52	82.46	97.85	91.39
2	江苏银行	91.04	81.65	86.62	90.35
3	上海银行	91.19	81.91	81.04	90.22
4	南京银行	83.13	81.76	87.99	85.65
5	宁波银行	85.54	81.89	85.14	85.34
6	徽商银行	84.83	82.08	85.28	84.71
7	盛京银行	85.03	75.89	75.66	84.11
8	杭州银行	84.19	83.25	82.10	84.03
9	包商银行	83.03	81.36	95.43	83.57
10	天津银行	84.79	78.08	64.00	83.41
11	南充市商业银行	82.75	94.71	82.58	83.34
12	哈尔滨银行	83.44	81.73	82.85	83.32
13	广州银行	83.30	82.11	84.71	83.31
14	大连银行	82.61	81.73	92.26	83.04
15	吉林银行	82.78	82.10	88.11	83.01
16	厦门国际银行	83.49	75.63	81.55	83.00
17	成都银行	83.00	82.65	82.90	82.97
18	重庆银行	82.75	82.07	82.48	82.70
19	锦州银行	82.51	81.49	83.26	82.49
20	河北银行	81.82	81.29	94.79	82.44
21	昆仑银行	82.49	76.77	83.78	82.27
22	汉口银行	81.69	79.84	91.51	82.09
23	郑州银行	82.04	81.44	81.68	81.99
24	苏州银行	82.01	81.29	81.62	81.96

排名	名称	iBrand	iSite	iPower	综合得分
25	兰州银行	81.55	81.75	88.14	81.89
26	东莞银行	81.87	82.09	81.88	81.88
27	长沙银行	81.90	81.31	81.18	81.84
28	青岛银行	81.60	82.23	85.05	81.80
29	南昌银行	81.55	81.47	82.75	81.60
30	华融湘江银行	81.77	78.28	81.82	81.60
31	广东南粤银行	81.43	82.09	82.65	81.52
32	贵阳银行	81.53	81.08	81.08	81.48
33	台州银行	81.03	78.44	91.30	81.41
34	温州银行	81.26	81.37	81.97	81.30
35	福建海峡银行	81.08	82.58	83.86	81.29
36	富滇银行	81.21	81.97	81.59	81.27
37	中原银行	82.07	74.92	73.10	81.26
38	厦门银行	81.20	81.26	81.28	81.21
39	九江银行	81.34	78.20	81.30	81.18
40	齐鲁银行	81.23	78.08	82.11	81.11
41	晋商银行	81.44	75.10	81.15	81.10
42	西安银行	81.51	81.62	73.23	81.10
43	龙江银行	81.42	74.30	82.11	81.10
44	宁夏银行	81.04	81.43	81.28	81.07
45	威海市商业银行	81.17	81.41	78.93	81.07
46	湖北银行	81.25	81.05	77.67	81.06
47	长安银行	81.26	74.02	84.14	81.04
48	桂林银行	81.16	76.20	81.83	80.95
49	洛阳银行	81.12	76.74	81.35	80.91
50	邯郸银行	81.03	74.02	81.63	80.71
51	重庆三峡银行	81.01	73.24	81.25	80.63
52	珠海华润银行	81.08	73.60	78.82	80.59
53	乌鲁木齐市商业银行	77.61	94.68	92.71	79.22
54	浙江民泰商业银行	78.87	76.75	81.88	78.91
55	广西北部湾银行	78.55	74.73	84.90	78.68
56	张家口市商业银行	77.74	94.64	77.00	78.55
57	浙江泰隆商业银行	78.68	72.20	82.22	78.53
58	营口银行	77.89	73.81	81.76	77.88
59	柳州银行	77.75	76.42	81.48	77.87
60	唐山商行	77.56	82.79	77.19	77.80
61	赣州银行	77.24	81.46	81.95	77.69
62	辽阳银行	77.91	81.30	68.10	77.59

续表

排名	名称	iBrand	iSite	iPower	综合得分
63	日照银行	77.27	73.29	81.19	77.27
64	广东华兴银行	76.82	73.13	81.90	76.89
65	阜新银行	76.82	72.64	78.73	76.71
66	沧州银行	75.81	81.12	81.25	76.35
67	泉州银行	76.07	81.65	74.83	76.29
68	鞍山银行	75.73	81.14	78.11	76.12
69	绍兴银行	75.57	78.76	81.75	76.04
70	青海银行	75.33	81.44	81.16	75.93
71	廊坊银行	75.71	74.12	81.30	75.91
72	攀枝花市商业银行	76.20	71.99	74.14	75.89
73	内蒙古银行	75.17	74.29	82.08	75.47
74	金华银行	74.85	75.88	82.15	75.27
75	临商银行	75.09	75.92	75.15	75.13
76	烟台银行	74.79	79.67	74.73	75.03
77	泰安市商业银行	73.46	94.53	81.20	74.90
78	莱商银行	74.24	81.32	78.34	74.80
79	绵阳市商业银行	74.46	81.33	73.77	74.77
80	上饶银行	74.22	75.96	81.97	74.69
81	抚顺商行	73.88	81.25	82.42	74.68
82	邢台银行	74.19	74.06	81.08	74.53
83	嘉兴银行	73.54	83.55	81.80	74.45
84	承德银行	74.25	73.64	75.51	74.28
85	德阳市商业银行	75.66	73.29	50.00	74.26
86	丹东银行	74.11	72.61	76.00	74.13
87	晋城银行	75.35	73.62	51.00	74.05
88	朝阳银行	73.80	75.16	76.47	74.00
89	湖州银行	73.14	82.05	78.27	73.84
90	济宁银行	73.35	73.46	81.20	73.75
91	石嘴山银行	73.50	73.35	72.06	73.42
92	铁岭银行	73.28	72.52	75.33	73.34
93	玉溪市商业银行	71.91	94.51	75.43	73.22
94	大同银行	72.81	71.50	81.47	73.18
95	自贡市商业银行	72.61	73.30	81.77	73.10
96	秦皇岛银行	73.00	68.56	78.41	73.05
97	鄂尔多斯银行	72.94	73.81	74.15	73.04
98	焦作市商业银行	72.73	72.32	75.22	72.83
99	遂宁市商业银行	72.41	71.23	78.89	72.68
100	江苏长江商业银行	71.33	91.60	77.35	72.64

城商行的梦想

北京银行：对大企业有能力做，对中小企业有热情做

北京银行现为国内三大上市城商行之一，2014年总资产规模已位居全国城商行首位。作为一家植根于北京并深耕科技金融领域的银行，北京银行一直秉持着"为客户创造价值，为股东创造收益，为员工创造未来，为社会创造财富"的共同使命。北京银行有句口号叫"对大企业有能力做，对中小企业有热情做"。随着银行规模的发展，逐渐增加的大企业大客户成为北京银行较为稳定的盈利来源。但银行最终的服务对象是社会大众，如何通过慧眼发现有潜力的中小企业，将服务目标下沉到小微企业同样构成了北京银行十几年来的发力点。比如在"小米"成立之初还在亏损的情况下，北京银行就给予了5个亿的贷款。过去半年内，北京银行也在极力促进京津冀协同发展，将中小微企业特色服务延伸至河北，与河北经济匹配共荣。

江苏银行：让客户享受优质的金融服务

江苏银行秉承"让客户享受优质的金融服务"的使命，始终坚持以客户为中心，创新服务手段，优化服务流程，让客户在实现财富增值的同时，感受到江苏银行服务的情感价值和人文价值。江苏有别于其他各省的一大地域经济特点，即块状经济发达，昆山、张家港等地的产业各具特色，专业市场发达，产业集群度高。针对这一特点，江苏银行相应采取了业务的本地化措施。将银行的服务网络延伸到全省各地，和政府、商会、市场等多方合作，"沉下心"做小微业务。在整个江苏省，该行服务小微的业务占了整个行业的三分之一，在同业中处于遥遥领先地位。此外，江苏银行在金融创新领域也保持着与时俱进，例如首批上线"人脸识别"应用场景，推出"第三方存管业务"等，以求将创新金融普惠至更多人群。

锦州银行：把服务的城市看成"家"

"实现社会价值最大化、股东价值最大化、客户价值最大化和员工价值最大化"是锦州银行核心价值观的精神实质。近些年，锦州银行通过帮助当地企业度过财政危机，形成了一系列有针对性的帮扶方案。与扶贫的"小家"文化相对应，为广大市民、微小企业提供的贴心服务则是锦州银行用行动诠释的"大家"文化。对锦州银行而言，实现员工价值最大化，是基础性的价值实现；实现客户价值最大化，坚持向客户提供人性化、专业化、规范化的服务，是中间层次的价值实现；实现股东价值和社会价值最大化则是最高层次的追求目标。锦州银行认为，要把服务的城市看成"家"，努力为"大家"和"小家"贡献一己之力，那这个圈子才能和谐共进，创锦州市繁荣。

当然，梦想和使命的实现主要在于践行。面对压力持续增加的经济形势，部分城商行积极谋求转型，布局发力小微金融，深耕小微业务，而部分开始抓住"互联网+"的历史机遇，设立直销银行、网上商城，探索电视银行、微信银行等，为金融创新增添新

的力量。

未来，在探索合作共赢、协同发展新模式和抱团取暖、共谋未来的明智选择下，在金融业整体寻找和探索未来新的发展路上，城商行势必将对整个中国整个银行业的发展起到更重要的推动作用。

 # 2015互联网+证券公司TOP100

当下，人们正明显感受到互联网对大家生活所带来的种种改变，借助于社交网络、移动支付、搜索引擎、云计算、数据挖掘等先进的互联网技术，互联网正不断浸透到经济生活的各个领域。在线支付产品、P2P网贷、余额宝等的出现，引发人们对于互联网与金融如何融合以更多的思考。而证券行业也正面临与互联网走向融合的课题。

为此，券商们调整传统业务架构、进军互联网的动作频频，目前无论是大型券商还是中小型券商，均认识到互联网金融业务方面的拓展以及在线客户资源争夺的重要性，其布局的力度也超出以往。

2015互联网+证券公司TOP100

排名	名称	iBrand	iSite	iPower	综合得分
1	平安证券	87.41	93.86	94.52	91.93
2	中信证券	85.29	89.98	91.61	88.96
3	国泰君安证券	79.89	90.05	90.39	86.78
4	广发证券	79.32	89.98	88.58	85.96
5	华泰证券	77.15	89.17	90.49	85.60
6	中信证券(浙江)	78.79	89.92	87.29	85.33
7	招商证券	76.86	89.22	89.52	85.20
8	国信证券	76.63	89.01	88.78	84.81
9	海通证券	76.32	87.65	90.34	84.77
10	中信建投证券	76.65	87.22	90.23	84.70
11	国金证券	76.67	87.16	89.89	84.57
12	中国银河证券	76.75	87.56	89.17	84.49
13	申银万国证券	76.18	88.97	87.87	84.34

排名	名称	iBrand	iSite	iPower	综合得分
14	华西证券	76.93	88.96	86.77	84.22
15	长城证券	76.51	87.59	88.37	84.16
16	财达证券	76.77	88.19	87.24	84.07
17	方正证券	76.90	85.45	89.67	84.01
18	光大证券	76.76	85.95	89.19	83.97
19	湘财证券	76.60	86.46	88.65	83.90
20	东方证券	76.49	86.24	88.54	83.76
21	兴业证券	74.79	86.32	79.66	80.26
22	宏源证券	73.81	86.17	79.52	79.83
23	中金公司	73.33	86.13	77.75	79.07
24	安信证券	73.32	85.93	77.72	78.99
25	齐鲁证券	73.29	85.96	74.89	78.05
26	东吴证券	73.49	83.36	77.29	78.05
27	东兴证券	72.53	85.86	75.65	78.01
28	财通证券	73.17	83.07	77.56	77.93
29	东莞证券	73.21	85.28	75.21	77.90
30	东北证券	72.56	82.93	78.21	77.90
31	华鑫证券	73.30	82.70	77.68	77.89
32	华福证券	73.29	82.67	77.62	77.86
33	国元证券	72.73	85.05	75.78	77.85
34	中银国际证券	72.63	85.68	75.09	77.80
35	国海证券	72.55	85.60	75.17	77.77
36	国联证券	72.65	85.13	75.49	77.76
37	西南证券	73.23	82.51	77.43	77.72
38	国都证券	72.53	85.53	75.09	77.72
39	新时代证券	72.61	84.96	75.37	77.65
40	浙商证券	72.65	84.41	75.62	77.56
41	太平洋证券	73.09	82.57	76.95	77.54
42	华泰联合证券	71.98	85.38	75.21	77.52
43	华融证券	72.46	85.03	74.87	77.45
44	山西证券	71.91	83.92	76.35	77.39
45	信达证券	72.76	84.34	74.88	77.33
46	中原证券	72.74	84.36	74.81	77.30
47	东海证券	72.93	83.63	75.32	77.29
48	民生证券	72.89	82.54	76.43	77.29
49	众成证券	72.76	83.75	75.34	77.28
50	华创证券	72.58	84.52	74.36	77.15
51	大同证券	72.95	82.26	76.17	77.13

续表

排名	名称	iBrand	iSite	iPower	综合得分
52	渤海证券	72.42	84.20	74.73	77.12
53	恒泰证券	72.03	83.87	75.44	77.11
54	广州证券	72.87	84.60	73.83	77.10
55	联讯证券	72.61	84.28	74.36	77.08
56	金元证券	71.98	84.94	74.28	77.07
57	西藏同信证券	72.92	81.78	76.39	77.03
58	宏信证券	72.47	83.98	74.58	77.01
59	华安证券	72.74	83.82	74.47	77.01
60	西部证券	72.44	84.67	73.88	77.00
61	华林证券	72.98	83.56	74.27	76.94
62	德邦证券	72.93	83.26	74.43	76.87
63	中国民族证券	72.41	83.42	74.71	76.85
64	华龙证券	72.00	84.89	73.34	76.74
65	江海证券	72.58	82.31	75.26	76.72
66	华宝证券	72.61	82.15	75.37	76.71
67	五矿证券	72.28	83.45	74.27	76.67
68	英大证券	72.55	81.65	75.64	76.61
69	中信证券(山东)	72.88	81.54	75.36	76.59
70	首创证券	72.48	81.80	74.93	76.40
71	世纪证券	72.45	81.90	74.82	76.39
72	财富证券	72.83	80.52	75.75	76.37
73	中投证券	72.62	81.30	74.98	76.30
74	中山证券	72.47	81.97	74.22	76.22
75	上海证券	72.29	82.05	74.31	76.22
76	南京证券	72.63	80.92	75.09	76.21
77	国开证券	72.60	80.67	75.32	76.20
78	中航证券	71.76	80.86	75.88	76.17
79	摩根士丹利华鑫证券	73.04	80.95	74.48	76.16
80	万和证券	72.31	81.76	74.37	76.15
81	天风证券	72.08	82.38	73.59	76.02
82	厦门证券	72.98	81.73	73.27	75.99
83	日信证券	72.47	80.60	74.89	75.99
84	银泰证券	72.52	79.92	75.37	75.94
85	第一创业	72.27	80.12	75.24	75.88
86	第一创业摩根大通证券	72.77	80.57	74.22	75.85
87	瑞银证券	72.96	81.12	73.47	75.85
88	高盛高华证券	72.17	81.38	73.89	75.81
89	中邮证券	72.84	80.03	74.48	75.78

续表

排名	名称	iBrand	iSite	iPower	综合得分
90	长江承销	72.71	81.79	72.62	75.71
91	瑞信方正证券	72.18	79.69	75.25	75.71
92	开源证券	72.75	80.15	74.18	75.69
93	爱建证券	72.31	80.39	74.38	75.69
94	天源证券	72.26	79.53	75.29	75.69
95	诚浩证券	72.82	80.48	73.68	75.66
96	国盛证券	72.19	80.78	73.97	75.65
97	北京高华证券	72.74	79.53	74.43	75.57
98	长江证券	71.98	79.77	74.86	75.54
99	大通证券	72.42	79.34	74.66	75.47
100	红塔证券	72.01	79.76	74.36	75.38

互联网金融袭来看看证券公司们到底在忙些什么?

从2014年到2015年，证券公司在互联网证券方面的尝试主要集中在以下几个方面：网上开户、开设网上商城售卖理财产品、与互联网公司合作导入流量，这些举措都使得证券公司的服务离目标客户更近、更便利。

就网上开户而言，现在许多证券公司都提供7×24小时的网上开户服务，比如国金证券的"佣金宝"、中信建投的"108秘书"等，这些应用省去了之前要开户进行证券交易必需要去证券公司办理一系列手续的繁冗流程，只需通过身份证、基本资料填写、视频认证、绑定银行卡即可完成开户。

开设网上商城方面，有如国泰君安的君弘金融商城，银河证券网上商城和长城证券网上商城等，这使得过去通过电话或者现场咨询才能获得的产品信息更加公开透明，在互联网上可以更加方便地获取。

在与互联网公司合作导入流量方面，比如中信证券与腾讯公司合作，接入腾讯自选股APP，通过腾讯的APP导入流量。华泰证券携手网易，中山证券联合金融界，广发证券与新浪签署战略合作协议，东吴证券与同花顺深入合作，大智慧收购湘财证券，东方财富网收购同信证券、太平洋证券与京东旗下的网银在线签约，等等，这些都使得证券公司可以借助互联网的渠道更大范围、更精准地接触到目标客户。

站在大数据风口最大限度的挖掘用户价值

社交网络、电子商务、第三方支付、搜索引擎等互联网技术形成的大量数据产生价值，云计算、遗传算法、行为分析理论等更使数据挖掘和分析成为可能，数据将是金融的重要战略资产。

同时，以大数据为代表的新技术也将成为证券研究的重要支撑。站在大数据的风口浪尖，纵观国外市场，已经有一些金融机构开始借助大数据分析预测未来。如2012年5月18日，社交媒体监测平台DataSift监测了Facebook IPO当天Twitter上的情感倾向与Facebook股价波动的关联，Twitter准确预测了Facebook上市当天股价的走势，即Twitter上每一次情感倾向的转向都会影响Facebook股价的波动，延迟情况只有几分钟到二十多分钟。

目前，虽然大数据预测还存在诸多问题，但这丝毫不影响其巨大的价值，证券公司拥抱大数据，从中挖掘更多有价值的信息并提供更好的服务，已经成为未来发展的重要趋势。未来券商的价值将更多通过充分挖掘互联网客户数据资源，并开发、设计针对性满足客户个性化需求的证券产品或服务来创造和实现价值，从而实现"长尾效应"。

创新构建鲶鱼生态圈

互联网金融正在冲击着包括证券行业在内的非银行业，并倒逼全行业从上而下进行市场化改革。当前券商触网模式多样，创新迭出，但仍需要注重回归金融本质，强化金融服务。互联网金融平台的最大核心竞争力在于客户流量，流量创造价值，而流量是否能成功变现，关键在于用户体验。好的用户体验能够实现长期有效的客户变现；相反，损害客户价值的用户体验不能使变现持久。

中国证券行业长期以来的产品同质化严重，盈利模式比较单一。互联网技术的快速发展和渗入，将促使中国证券行业的竞争日趋激烈，最终形成几家"大型综合+众多小而美"券商的产业格局。随着国家政策的逐步放开，互联网企业凭借其强大的技术实力和庞大的用户群纷纷跨界进军金融行业，阿里巴巴推出的阿里金融、亚马逊推出的"AmazonLending"、京东商城推出的供应链金融等，同时腾讯、东方财富网、大智慧等公司也对证券业务蠢蠢欲动，原本毫不相关的企业却成为了强大的竞争对手，这无疑将加剧证券行业的竞争。

美国证券公司业务转型模式在这样的环境下，大型证券公司将凭借资金、技术等优势加大并购整合力度，做大做强；而中小型证券公司则需要抓紧转型，走差异化道路，借助互联网技术进行商业创新，实现弯道超车。

纵观国内，从各大券商制度架构看，不少机构已经出现了部门大调整，加大对网络金融服务的投入，意图通过标准化互联网服务吸引众多在线客户。早在2013年5月，国泰君安开始业务布局，将零售客户全部取消，以网络金融部全部替代，同时推出手机移动端平台。2014年海通证券调整部门架构，设立零售与网络金融部，推动整个互联网业务发展，并建立内部多个部门支持配合。除此之外，太平洋证券、财富证券、中投证券、中山证券等都筹建了网络金融事业部，搭建互联网端。

马云曾经发过一条微博，很多行业的创新都是因为外行人的进入所引发的。外行人不仅仅是搅局，而是共同创造一个未来。相比而言，互联网企业在思维半径、开放态度更具优势，同时部分大型互联网企业在客户和资金方面更甚于大部分券商。在证券领域，券商相对于互联网企业，尚不足以树立起绝对的竞争壁垒。

如果证券公司要想在新一轮金融业竞争中获得重要筹码，应尽快捆绑大中型互联网企业，引入互联网的思维模式和战略构想，并借助客户、数据、系统等各方面资源开展业务。

互联网金融倒逼证券业重新洗牌

互联网金融未来的发展应该涵盖以下方面，或者说这几大动向将真正改变证券业的商业模式：

一是证券销售的电商化，这不仅是销售渠道在形式上的扩展，更是充分发挥互联网平台的优势，致力于解决证券公司产品创新能力与社会投融资需求不匹配的问题。

二是互联网融资，包括近年来兴起的"人人贷"和"众筹"模式。这两者是对企业融资和证券发行方式的创新，但在当前我国的法律框架内都面临着制度缺失、法律地位有待明确的问题，存在着极大的法律和金融风险。然而，证券公司和监管机构在发展互联网融资方面是大有可为并且应该当仁不让的。证券公司完全有条件借鉴互联网融资的一些思路，发挥已有的品牌、服务能力、监管环境等多方面的优势，充分利用互联网平台挖掘小微企业的融资需求并匹配个人的投资需求。与此同时繁荣柜台市场，提升证券公司在整个金融体系中的地位。

三是互联网证券交易，这不仅仅是指一般狭义理解的网上股票交易经纪，即券商以互联网作为工具向客户提供经纪服务，更多是指不需要借助经纪商或做市商等中介机构，通过网络直接撮合证券交易，相当于虚拟的证券交易所。这也是当前我国的国情和监管体制所不允许的。

基于互联网，追求更高效率、更低成本的场外证券交易方式的兴起是必然趋势。面对未来券商乃至互联网公司可能的竞争，居安思危、未雨绸缪是交易所明智的选择。从市场长远发展角度考虑，鼓励证券交易方式的技术创新及交易市场的良性竞争将是必然。

毋庸置疑，互联网带来的不仅是更多的好处，随之而来的还有风险。毕竟券商们内部的数据都放在互联网上，如何保证用户数据不泄露仍然是个挑战，此外还有金融产品的投资风险。

2015互联网+保险公司TOP74

2015年，腾讯被传或将联手中信国安成立国内首家互联网寿险公司"和泰人寿"，可能成为继阿里、腾讯、平安成立"众安保险"之后，由互联网公司发起设立的国内第二家纯互联网保险公司，一定程度上反映出互联网+保险行业的潜力。

在"互联网+"的号召下，各行各业纷纷加入互联网化的大潮，金融行业尤其明显。在线支付、P2P、众筹、互联网银行等互联网+金融业态，非常普遍。

互联网+保险发展亦如是。公开数据显示，2014年互联网保险保费收入近860亿元，互联网财产保险保费收入突破500亿元。2015年上半年，保费收入仍保持高速增长。

2015互联网+保险公司TOP74

排名	名称	iBrand	iSite	iPower	综合得分
1	平安保险	96.06	91.20	95.33	95.50
2	中国人保	93.83	90.93	90.10	94.78
3	太平洋保险	94.58	92.65	86.69	93.60
4	中国人寿	93.27	90.55	94.20	93.09
5	泰康人寿	91.03	89.35	97.31	91.49
6	新华保险	91.84	88.28	86.81	90.98
7	安邦保险	92.18	83.71	83.37	90.45
8	中国太平	91.22	85.13	89.12	90.40
9	阳光保险	87.37	89.73	92.52	88.12
10	生命人寿	88.29	80.32	85.94	87.26
11	中华保险	84.28	86.13	82.02	84.24
12	和谐健康保险	82.80	78.28	79.57	82.03
13	国华人寿	80.43	87.20	81.16	81.18
14	中国大地保险	79.01	87.19	81.42	80.07
15	中邮人寿	80.00	84.96	73.80	79.88
16	中国信保	75.83	86.42	88.95	78.20
17	建信人寿	75.97	84.96	81.15	77.39
18	天安保险	75.41	79.30	81.15	76.37
19	华泰保险	72.50	86.17	83.37	74.95
20	华夏人寿	72.39	86.80	83.37	74.93
21	前海人寿	72.28	85.28	83.01	74.65
22	合众人寿	72.50	88.22	72.86	74.11
23	农银人寿	72.85	82.58	73.41	73.88

排名	名称	iBrand	iSite	iPower	综合得分
24	民生保险	70.17	86.38	84.06	73.18
25	百年人寿	69.87	90.81	78.55	72.83
26	正德人寿	70.19	82.11	81.11	72.47
27	永安保险	70.18	80.36	82.31	72.41
28	中银保险	66.34	83.05	98.16	71.19
29	华安保险	67.63	82.08	81.18	70.43
30	英大（英大财险、英达人寿）	69.87	76.20	57.21	69.24
31	利安人寿	66.52	78.28	74.58	68.50
32	都邦保险	64.00	82.45	81.85	67.63
33	紫金财产	61.70	89.36	88.98	67.19
34	永诚保险	64.06	77.24	81.10	67.08
35	国元农业	64.02	76.76	81.20	67.01
36	幸福人寿	63.00	83.70	81.15	66.89
37	中融人寿	65.35	84.81	57.21	66.48
38	鼎和财产	60.56	86.42	76.44	64.73
39	长安责任保险	58.55	87.85	84.41	64.07
40	光大永明	59.13	85.98	81.19	64.02
41	安华农业	62.78	79.30	57.21	63.88
42	信达保险	59.48	75.19	78.87	62.99
43	浙商保险	60.00	75.03	73.72	62.88
44	弘康人寿	59.48	70.06	81.95	62.79
45	长城人寿	59.13	82.08	71.08	62.62
46	中石油专属保险	58.35	67.23	91.29	62.53
47	众安保险	57.28	71.08	90.18	61.95
48	渤海保险	57.28	89.84	71.37	61.95
49	安诚财产	56.21	76.98	81.13	60.78
50	安信农业	57.31	73.01	75.69	60.72
51	民安保险	56.20	69.73	81.13	60.05
52	长江财险	55.12	88.89	57.21	58.71
53	华农保险	53.18	73.11	75.05	57.36
54	锦泰保险	55.16	70.06	57.21	56.86
55	泰山财险	52.88	69.05	75.13	56.72
56	中煤保险	54.14	68.37	57.21	55.87
57	鑫安汽车	52.09	68.51	57.21	54.24
58	华汇人寿	51.05	68.63	57.21	53.42
59	上海人寿	47.52	90.76	57.21	52.81
60	诚泰保险	50.04	68.81	57.21	52.63
61	国联人寿	47.02	69.64	78.01	52.38

续表

排名	名称	iBrand	iSite	iPower	综合得分
62	华海财产	48.02	68.47	71.05	52.37
63	信泰人寿	45.11	86.00	76.77	52.37
64	珠江人寿	42.51	89.21	81.17	51.05
65	昆仑健康	46.28	82.87	57.21	51.03
66	吉祥人寿	44.13	82.58	74.45	51.01
67	恒邦保险	48.02	67.27	57.21	50.86
68	中原农业	47.02	74.95	57.21	50.83
69	东吴人寿	43.26	84.87	71.26	50.22
70	燕赵财险	47.02	67.65	57.21	50.10
71	北部湾保险	46.09	72.09	57.21	49.80
72	富德产险	46.28	69.73	57.21	49.72
73	中路保险	47.02	61.00	57.21	49.44
74	众诚保险	44.13	72.09	57.21	48.23

规模+营利能力

从保费收入具体来看，2015年1月至7月，平安保险、中国人寿、中国人保原保险保费收入均超过2300亿元，位列前三甲。太平洋保险原保险保费收入1291.61亿元，位列第四，新华保险原保险保费收入800.36亿元，位列第五。中国太平原保险保费收入649.02亿元，紧随其后。

从盈利能力来看，2014年，平安保险净利199.64亿元，居国内保险公司之首，中国人寿和中国人保净利分别为122.71亿元和149.72亿元。泰康人寿净利67.99亿元，太平洋保险净利49.03亿元。值得注意的是，安邦保险，净利达174.65亿元，仅次于平安保险。安邦保险主要产品包括机动车辆保险、企业财产保险、意外伤害保险、责任保险和农业保险，其中，机动车辆保险和农业保险分别贡献47.63亿元和1.07亿元的原保险保费收入，企业财产保险和责任保险分别贡献1.077亿元和0.797亿元的承保利润。

大家正跑步进入互联网+，构建"互联网+保险"场景和生态

从行业格局来看，一方面是保险公司积极拥抱互联网，一方面是互联网企业逐渐渗透保险领域。有着扎实金融背景的平安保险可谓传统保险行业践行"互联网+"的典范。在推进互联网金融的道路上，平安集团坚持广撒网的策略，涉足了众筹、医疗健康、房产O2O等新兴模式。

2015年7月，平安创新投资基金被曝战略参投滴滴打车。平安集团副总经理兼首席保险业务执行官李源祥表示，借助移动互联和现代科技，将探索更丰富的"互联网+保险"模式。构建"互联网+保险"场景和生态，寻求战略合作，是平安保险实现"互联网+"的

重要途径。

面对"互联网+"的时代机遇，保险业老牌巨头中国人寿也不甘落后。2013年，中国人寿斥资10亿成立电商公司，试水电商；2015年，中国人寿2亿美元入股Uber，涉足打车行业。2015年初中国人寿董事长杨明生表示，中国人寿将"深入推进创新驱动发展战略"。中国人保也在加速互联网转型，近期中国人保入股蚂蚁金服进行战略合作，并计划成立互联网金融服务公司，推动"互联网+金融"的融合与发展，未来，还将与大型互联网公司在业务和投资方面进行更多的合作。太平洋保险则正在申请第三方支付牌照，试图从在线支付切入拓展互联网金融业务。然而保险公司的"互联网+"之路并非一帆风顺。2015年初，新华保险亦欲战略引资阿里进行合作，但或因战略不合而作罢。

同时，面对互联网保险这块市场较大的蛋糕，互联网企业自然也会察觉到。2013年9月，由蚂蚁金服、腾讯、中国平安等为主发起设立的国内首家纯互联网保险公司众安保险获批开业，阿里为最大股东。众安保险不设分支机构，承保、理赔等服务全程通过互联网实现。2014年双十一，众安保险保费超1亿。2014财年，众安保险净利润2727.72万元。2015年1月至7月，众安保险原保险保费收入为9.17亿元，截至2015年7月末，众安保险累计服务客户超3亿，累计保单数超21.8亿。众安保险也在一定程度上发扬了互联网创新精神，近日首推智能健康险，并与大疆合作推出无人机机损保险服务，与"法大大"法务平台推出低至9块钱的"维小宝"法律维权保险产品。作为一家成立仅2年的互联网保险公司，这样的业绩还是不错的，也体现出互联网保险是有前景的。

互联网企业腾讯也在谋求开展互联网保险业务。据观察，腾讯有可能联手中信国安成立国内首家互联网寿险公司"和泰人寿"，拟通过大数据等互联网技术探索互联网保险的场景化。

百度也没有缺席互联网保险。2014年4月，百度手机卫士携手众安保险推出国内首个专为App定制的安全保障类保险"百付安"；2014年10月，百度金融与生命人寿保险合作推出互联网保险理财产品"百赚365"。

什么是未来

2015年8月，Uber中国曾被曝获得10亿美元新融资，百度、中信银行、国寿、平安保险等参投，无论这是主观臆测，还是客观反推。

作为历史已经非常悠久的金融服务业或金融产品，保险关乎的是国计民生。哪里是信用和快乐的中心，哪里就是世界的中心。

不论是传统保险的转型还是"互联网+"的进入，互联网+保险就是彼此插上翅膀，使一切资源流向它该去的地方，势必会产生充满生机和创新的新行业或新行为，在竞争、合作中走向更大的繁荣。

第一，共享是未来。第二，安全是未来。第三，合理是未来。

2015互联网+期货公司TOP100

期货，是指以某种大宗产品或金融资产为标的标准化可交易合约。其中大宗商品既可以是玉米、小麦、大豆、棉花等农产品，也可以是铜、铝、锌、黄金、白银等金属，还可以是原油、煤炭、铁矿石、天然橡胶等能源产品。金融资产包括股票、债券等。由此，期货分为商品期货和金融期货两种，其中商品期货又分为农产品期货、金属期货、能源期货；金融期货则主要有股指期货、利率期货、外汇期货等。期货交易具有规避风险、套期保值等功能。

2015互联网+期货公司TOP100

排名	名称	iBrand	iSite	iPower	综合得分
1	中信期货有限公司	98.33	97.44	98.95	98.84
2	海通期货有限公司	97.06	96.18	98.82	98.60
3	国泰君安期货有限公司	97.02	96.14	98.63	98.43
4	永安期货股份有限公司	95.18	94.32	98.36	98.00
5	银河期货有限公司	95.90	95.03	98.18	97.91
6	广发期货有限公司	95.01	94.15	97.93	97.60
7	光大期货有限公司	94.46	93.60	97.61	97.25
8	国信期货有限责任公司	94.85	94.00	97.51	97.20
9	中粮期货有限公司	95.48	94.62	97.40	97.16
10	申银万国期货有限公司	89.44	88.63	97.80	96.92
11	南华期货股份有限公司	96.78	95.91	96.72	96.68
12	浙商期货有限公司	91.23	90.41	97.27	96.62
13	方正中期期货有限公司	94.30	93.44	96.90	96.60
14	鲁证期货股份有限公司	96.24	95.37	96.53	96.46
15	华泰长城期货有限公司	86.56	85.77	97.55	96.41
16	万达期货股份有限公司	92.84	92.00	96.64	96.22
17	长江期货有限公司	95.41	94.55	96.21	96.09
18	中国国际期货有限公司	97.44	96.56	95.96	96.06
19	招商期货有限公司	86.29	85.51	97.15	96.02
20	五矿期货有限公司	92.57	91.70	96.38	95.96
21	瑞达期货股份有限公司	96.42	95.54	95.89	95.90
22	中信建投期货有限公司	96.05	95.18	95.50	95.51
23	新湖期货有限公司	92.26	91.42	95.62	95.24
24	东海期货有限责任公司	91.35	90.52	95.33	94.89

排名	名称	iBrand	iSite	iPower	综合得分
25	金瑞期货有限公司	87.92	87.12	95.66	94.85
26	弘业期货股份有限公司	96.16	95.29	94.56	94.68
27	安信期货有限责任公司	94.03	93.18	94.77	94.65
28	国投中谷期货有限公司	85.02	84.25	95.49	94.40
29	一德期货有限公司	95.14	94.28	93.88	93.96
30	格林大华期货有限公司	84.27	83.50	94.93	93.83
31	宏源期货有限公司	93.86	93.01	93.62	93.60
32	上海中期期货有限公司	83.79	83.03	94.50	93.39
33	中投天琪期货有限公司	83.23	82.48	94.33	93.18
34	国海良时期货有限公司	88.38	87.58	93.56	93.00
35	浙江中大期货有限公司	81.22	80.49	93.90	92.60
36	兴证期货有限公司	85.78	85.00	93.31	92.52
37	大地期货有限公司	88.82	88.02	92.27	91.89
38	上海东证期货有限公司	84.33	83.56	92.72	91.84
39	迈科期货经纪有限公司	84.23	83.46	92.65	91.77
40	国联期货有限责任公司	90.90	90.08	91.69	91.57
41	宝城期货有限责任公司	93.41	92.57	91.36	91.52
42	中钢期货有限公司	89.18	88.38	91.81	91.51
43	北京首创期货有限责任公司	89.05	88.25	90.63	90.43
44	徽商期货有限责任公司	94.09	93.24	89.50	89.92
45	成都倍特期货经纪有限公司	85.73	84.95	90.21	89.72
46	国贸期货经纪有限公司	89.76	88.95	89.75	89.71
47	信达期货有限公司	87.31	86.52	89.89	89.59
48	中银国际期货有限责任公司	96.66	95.79	88.65	89.41
49	中融汇信期货有限公司	82.85	82.10	89.92	89.18
50	海航东银期货有限公司	83.58	82.82	89.63	88.99
51	新纪元期货有限公司	84.38	83.61	89.27	88.74
52	东吴期货有限公司	88.21	87.41	88.82	88.72
53	华安期货有限责任公司	93.15	92.31	88.12	88.58
54	美尔雅期货经纪有限公司	84.21	83.45	88.36	87.91
55	华西期货有限责任公司	85.37	84.60	87.93	87.64
56	中辉期货经纪有限公司	89.30	88.49	86.99	87.18
57	安粮期货有限公司	84.13	83.37	87.50	87.12
58	上海大陆期货有限公司	85.20	84.43	87.28	87.03
59	平安期货有限公司	90.18	89.35	86.72	87.02
60	道通期货经纪有限公司	79.55	78.53	87.75	86.88
61	招金期货有限公司	93.09	92.25	86.21	86.86
62	广州期货有限公司	96.91	96.04	85.63	86.71

续表

排名	名称	iBrand	iSite	iPower	综合得分
63	国元期货有限公司	83.97	83.21	86.87	86.54
64	中衍期货有限公司	92.19	90.35	85.96	86.49
65	锦泰期货有限公司	85.32	84.55	86.55	86.39
66	金谷期货有限公司	77.54	76.84	86.95	85.97
67	英大期货有限公司	86.84	86.06	85.90	85.95
68	东兴期货有限责任公司	87.49	86.70	85.75	85.88
69	建信期货有限责任公司	85.53	84.76	85.87	85.80
70	中航期货有限公司	89.47	88.66	84.98	85.39
71	瑞银期货有限责任公司	97.69	96.81	84.00	85.32
72	上海东亚期货有限公司	83.48	82.73	85.56	85.31
73	冠通期货有限公司	86.12	85.34	85.22	85.27
74	浙江新世纪期货有限公司	83.18	82.43	85.45	85.19
75	天风期货有限公司	74.74	74.07	86.16	84.98
76	上海浙石期货经纪有限公司	79.97	79.24	85.50	84.91
77	财富期货有限公司	85.13	84.36	84.85	84.84
78	渤海期货有限公司	86.44	85.65	84.63	84.77
79	大越期货有限公司	84.43	83.66	84.80	84.72
80	铜冠金源期货有限公司	69.30	68.67	86.39	84.65
81	云晨期货有限责任公司	82.24	82.59	84.65	84.43
82	金鹏期货经纪有限公司	81.31	80.58	84.75	84.37
83	西南期货有限公司	71.77	71.12	85.80	84.36
84	华鑫期货有限公司	81.94	81.20	84.39	84.11
85	文峰期货有限公司	78.92	78.21	84.50	83.91
86	同信久恒期货有限责任公司	93.43	92.59	82.89	83.90
87	金石期货有限公司	76.50	75.80	84.69	83.84
88	兴业期货有限公司	86.52	85.73	83.55	83.81
89	乾坤期货有限公司	73.13	72.47	85.00	83.78
90	和合期货经纪有限公司	76.96	76.27	84.55	83.76
91	华融期货有限责任公司	84.56	83.79	83.65	83.70
92	金元期货有限公司	80.25	79.52	83.82	83.43
93	大连良运期货经纪有限公司	78.61	77.89	83.95	83.38
94	中原期货有限公司	83.53	82.77	83.27	83.26
95	摩根大通期货有限公司	91.81	90.98	82.35	83.25
96	混沌天成期货有限公司	63.18	62.61	85.38	83.13
97	上海中财期货有限公司	76.12	75.63	83.60	82.83
98	华龙期货有限公司	66.17	65.50	84.70	82.81
99	上海通惠期货有限公司	68.49	67.87	84.21	82.61
100	深圳金汇期货经纪有限公司	67.87	67.26	83.90	82.27

期货历史可追溯到古代由粮栈、粮市发展起来的商品信贷及远期合约制度。1990年，郑州粮食批发市场获批掀开了我国现代期货市场发展的序幕。经过二十几年的发展，目前，已经建立了上海期货交易所、大连商品交易所、郑州商品交易所、中国金融期货交易所四大期货交易所。2006年，中国金融期货交易所推出"沪深300股指期货"，标志着中国首个股指期货的诞生；2011年，大连商品交易所推出世界首个焦炭期货合约；2012年郑州商品交易所推出首个玻璃期货合约；2014年，我国推出聚丙烯、热轧卷板、晚籼稻、铁合金、玉米淀粉等期货新品；今年，原油期货也有望上市。随着市场经济的推进和改革创新的深化，中国期货市场正逐步与国际市场接轨。

2014年，新"国九条"发布，从战略层面对中国期货行业发展进行了指导，描绘了中国期货行业发展蓝图。新"国九条"允许证券公司、基金公司、期货公司、证券投资咨询公司等以外的其他金融机构以及大型现货企业、民营资本进入期货行业，打破了长期存在于期货行业的准入壁垒，促进期货行业业务创新和充分竞争，激发行业发展活力。2014年底，证监会公开《境外交易者和境外经纪机构从事境内特定品种期货交易管理暂行办法（征求意见稿）》，广纳社会意见。该办法预示着中国期货市场将加强国际化。

目前，我国C级以上的期货公司共152家，既有银行、保险、证券等金融机构背景的期货公司，又有商品背景的期货公司。2014年9月，五矿期货有限公司合并经易期货经纪有限公司；2014年12月，中信证券旗下中信期货合并中信新际期货。

互联网金融的发展对期货行业提出了新的挑战，但更重要的是孕育了新的机遇。无论是挑战还是机遇，都会促使传统期货业务和服务进行转型和创新，以适应及引领互联网的时代潮流，发挥规模效应，提升行业效率。我们认为，未来中国期货市场必将通过行业整合和兼并重组走向集约化，期货公司也将告别单一化、同质化，加强差异化竞争，形成中国期货市场新格局。互联网思维不属于当下定义的互联网产业，而是属于各行各业，所有思维超前的比如期货行业优秀者将是互联网时代产业的真正领导者。

2015互联网+信托TOP68

信托是一种理财方式，更是一种金融制度，虽不常出现在公众视野中，但已然成长为金融业的柱石，与银行、保险、证券一起构成了现代金融体系。

2015年8月24日，中国信托业协会对外公布《中国信托业2014年度社会责任报告》。全方位展示了中国信托业的发展。报告显示截至2014年底，中国信托业共有68家信托公司，广泛分布在国内28个省、自治区或直辖市，信托资产规模达13.98万亿元，同比增长28.14%，固定资产规模达3586亿元，同比增长24.89%。全行业实际缴纳国家各项税款231亿元，同比增长10.67%。

本榜亦以信托公司的产品收益率、兑付能力、互联网创新等作为衡量信托公司综合实力的重要指标，对中国各大信托公司2015年整体状况进行归纳梳理，为用户详细解读中国信托业发展格局。

2015互联网+信托TOP68

排名	名称	iBrand	iSite	iPower	综合得分
1	中信信托	95.90	99.85	82.00	91.53
2	中融信托	87.98	94.00	86.10	89.03
3	兴业信托	77.74	87.81	97.80	88.79
4	大业信托	91.50	95.00	74.30	85.67
5	中诚信托	80.32	83.06	90.40	85.17
6	华润信托	79.36	72.81	57.60	84.73
7	华宝信托	73.44	79.83	96.00	84.38
8	建信信托	89.64	93.46	73.10	84.17
9	北方信托	79.48	83.57	87.10	83.76
10	外贸信托	99.00	72.74	80.40	83.68
11	华能信托	97.90	72.18	81.40	83.61
12	山东信托	71.96	80.80	92.20	82.63
13	交银国际信托	72.13	87.20	86.90	82.56
14	四川信托	96.00	71.09	80.80	82.51
15	中航信托	85.10	71.05	89.10	82.49
16	五矿信托	77.84	71.76	93.80	82.40
17	平安信托	75.44	97.33	76.20	82.31
18	英大信托	70.39	70.13	99.90	82.12
19	长安信托	91.00	93.43	66.80	82.05

排名	名称	iBrand	iSite	iPower	综合得分
20	粤财信托	94.00	81.36	73.10	81.85
21	昆仑信托	73.98	86.43	84.20	81.80
22	渤海信托	77.78	89.23	78.90	81.66
23	国元信托	71.21	77.10	87.70	81.37
24	新华信托	77.36	70.99	91.80	81.23
25	中海信托	70.63	70.51	97.00	81.14
26	国投泰康信托	72.58	85.63	83.70	80.95
27	中铁信托	70.64	70.44	96.10	80.76
28	西藏信托	72.68	82.53	85.00	80.56
29	华鑫信托	87.58	70.37	82.80	80.51
30	中江信托	71.34	73.26	92.80	80.50
31	新时代信托	73.98	92.66	76.10	80.43
32	云南信托	72.36	70.46	92.30	79.77
33	安信信托	71.62	79.23	85.90	79.62
34	北京信托	73.32	76.13	86.40	79.40
35	百瑞信托	71.77	79.33	84.90	79.29
36	中原信托	75.16	70.16	90.30	79.12
37	厦门信托	73.12	80.10	82.80	79.09
38	上海信托	92.50	70.08	73.10	78.92
39	方正东亚信托	72.18	84.20	79.90	78.87
40	重庆信托	72.23	74.23	87.20	78.82
41	中投信托	70.42	73.33	89.20	78.81
42	江苏信托	71.84	80.56	82.70	78.80
43	金谷信托	90.70	73.40	73.90	78.79
44	天津信托	74.52	72.36	86.40	78.62
45	华融信托	70.94	78.06	84.40	78.46
46	陕国投	71.90	70.58	89.10	78.38
47	光大兴陇信托	70.79	71.33	89.00	78.24
48	陆家嘴信托	74.02	75.50	82.40	77.82
49	湖南信托	75.54	73.23	82.90	77.79
50	苏州信托	72.22	82.27	76.90	77.12
51	山西信托	71.05	71.17	85.80	76.99
52	华信信托	82.92	75.70	73.10	76.83
53	中泰信托	81.02	73.77	75.70	76.72
54	西部信托	74.10	82.07	72.20	75.73
55	中粮信托	74.72	82.87	71.70	75.72
56	华澳信托	71.63	75.84	78.30	75.56
57	吉林信托	75.54	77.13	74.10	75.44

续表

排名	名称	iBrand	iSite	iPower	综合得分
58	国民信托	74.96	80.93	71.30	75.29
59	民生信托	73.32	70.61	79.60	75.02
60	东莞信托	71.50	71.09	79.70	74.66
61	紫金信托	72.04	78.67	73.10	74.45
62	爱建信托	71.64	74.83	75.70	74.22
63	国联信托	73.78	83.67	62.90	72.40
64	杭州工商信托	96.60	73.83	52.60	72.17
65	浙金信托	72.88	72.75	66.30	70.21
66	万向信托	72.88	71.41	66.00	69.69
67	长城新盛信托	73.24	73.33	62.40	68.93
68	华宸信托	77.64	71.83	58.10	68.08

以信相托

信托即信用委托，是一种以信用为基础的法律行为，一般涉及到三方面当事人，即投入信用的委托人，受信于人的受托人，以及受益于人的受益人。

信托在20世纪初开始传入中国，在21世纪70年代兴起，现代化后信托融入金融，成为了金融领域中最令人信服的服务商，扮演着主动将拥有富余财富的人和需要财富的人连接起来的角色。一方面为委托人实现着管理好委托财产，为受益人创造价值；另一方面利用自己的优势，主动地将整个社会的财富融通起来，履行着让财富和谐分布的使命。

信托公司是一个有别于银行、证券公司、保险公司的"受人之托，代人理财"的财产管理。由委托人依照契约或遗嘱的规定，为自己或第三者（即受益人）的利益，将财产上的权利转给受托人（自然人或法人），受托人按规定条件和范围，占有、管理、使用信托财产，并处理其收益。信托公司以受托管理资产为主业，是专业化的财产管理机构，是贷款市场上灵活的融资机构、也是资本市场上的机构投资者和投资银行。

信托业务集合资金一般有两种方式，第一种是社会公众或者社会不特定人群作为委托人，以购买标准的、可流通的、证券化合同作为委托方式，由受托人统一集合管理信托资金的业务；第二种由具有风险识别能力、能自我保护并有一定的风险承受能力的特定人群或机构为委托人，以签订信托合同的方式作为委托方式，由受托人集合管理信托资金的业务。无论那一种都是以信任为基石而建立。

得人之信，受人之托，履人之嘱，代人理财是所有信托公司的义务，而随着时代的发展，信托向金融倾斜，信托公司承担的不仅仅是受信理财的责任，还有金融的使命。

互联网创新变更行业格局

互联网为一向滞缓的信托业带来了新局面，部分信托公司开始对互联网信托业务进行了一定的尝试与布局，虽然多数局限于信托产品预约、财富活动的预热、产品流转等，但越来越多的信托公司开始引入借助互联网完成经营目的。也有部分公司进行互联网业务创新，如中信信托发行了消费信托。个别公司还有设立互联网金融部或打造互联网金融平台体系的规划，但考虑到成本问题，选择与互联网公司合作的方式开展互联网信托亦不失为明智之举。互联网的发展亦使得信托行业迎来变局。

信托作为传统金融行业，在互联网金融的后端上有一定的优势。随着客户需求多元化发展，信托和其他传统金融一样通过互联网化来寻求创新发展，逐步向互联网金融的前端延伸。

而互联网金融对于信托行业的创新，业务发展都提供了更多的可能性，目前，信托已经发展成为金融行业的第二大子行业，在互联网金融已成燎原之势的背景下，信托业发展互联网金融已成趋势。

2015互联网+公募基金TOP100

由于2015年上半年中国股市行情的相对增长势态，投资者借"基"入市的热情也呈现出高涨。基金公司的管理费收入因而水涨船高。据观察，其中的94家公募基金公司的2483只盈利基金在2015年上半年总收入8000多亿元，其中股票型基金占据公募基金盈利和的89.33%。

2015互联网+公募基金TOP100

排名	名称	iBrand	iSite	iPower	综合得分
1	华夏基金	96.02	89.64	98.23	96.61
2	天弘基金	91.04	94.02	97.71	96.15
3	嘉实基金	90.34	89.77	97.18	95.04
4	南方基金	90.83	92.6	96.07	94.76
5	广发基金	89.75	93.82	94.56	93.72
6	易方达基金	90.17	90.75	94.68	93.41
7	工银瑞信基金	93.66	92.59	92.31	92.55
8	博时基金	82.18	89.25	95.23	92.37
9	中银基金	89.87	93.93	89.62	90.30

续表

排名	名称	iBrand	iSite	iPower	综合得分
10	大成基金	87.03	90.11	89.91	89.50
11	上投摩根基金	90.43	94.97	88.03	89.43
12	银华基金	89.91	89.01	89.18	89.26
13	汇添富基金	87.87	87.36	89.29	88.78
14	华安基金	87.92	87.4	88.27	88.08
15	中邮创业基金	88.16	91.31	87.29	88.02
16	富国基金	92.67	89.03	85.32	86.98
17	招商基金	85.76	88.31	86.71	86.80
18	建信基金	87.59	89.31	85.89	86.65
19	国泰基金	86.87	88.41	82.82	84.26
20	农银汇理基金	83.67	85.88	83.87	84.14
21	景顺长城基金	89.44	76.56	83.97	83.67
22	融通基金	85.7	88.45	82.1	83.59
23	国投瑞银基金	89.34	86.5	81.56	83.46
24	诺安基金	83.35	87.52	82.23	83.19
25	交银施罗德基金	87.23	77.31	83.17	82.9
26	华宝兴业基金	87.71	92.13	79.03	82.27
27	长盛基金基金	83.29	79.71	81.98	81.83
28	泰达宏利基金	87.71	79.65	79.58	80.81
29	华泰柏瑞基金	88.94	79.74	79.28	80.79
30	兴业全球基金	91.49	91.88	75.99	80.69
31	长城基金	88.05	87.63	77.59	80.66
32	国联安基金	88.01	90.04	75.72	79.71
33	万家基金	84.19	79.51	78.38	79.42
34	华融证券基金	88.35	77.79	77.38	79.08
35	鹏华基金	77.06	88.51	76.29	78.23
36	海富通基金	89.19	87.42	73.85	78.18
37	东证资管	78.2	77.28	78.33	78.15
38	华商基金	86.43	88.34	74.19	78.14
39	银河基金	86.31	88.75	73.64	77.80
40	信诚基金	82.02	78.43	76.52	77.63
41	申万菱信基金	87.37	89.17	73.07	77.63
42	山西证券基金	88	78.84	75.13	77.61
43	光大保德信基金	86.56	88.6	73.32	77.59
44	宝盈基金	84	88.49	72.59	76.68
45	长信基金	87.01	86.87	72.27	76.67
46	中海基金	79.5	87.38	73.32	76.35
47	民生加银基金	87.08	78.77	73.19	76.11

排名	名称	iBrand	iSite	iPower	综合得分
48	浦银安盛基金	86.14	87.5	69.85	74.94
49	九泰基金	72.8	78.95	74.29	74.76
50	中欧基金	86.14	75.96	71.89	74.63
51	金鹰基金	81.86	87.61	70.01	74.42
52	新华基金	88.52	79.3	70.19	74.30
53	摩根士丹利华鑫基金	80.81	87.78	70.01	74.29
54	东吴基金	86.29	79.57	69.48	73.51
55	国寿安保基金	75.11	76.74	72.03	73.19
56	汇丰晋信基金	86.32	77.62	69.29	73.09
57	国海富兰克林基金	77.59	76.58	71.29	73.02
58	东方基金	90.05	75.97	68.19	72.63
59	平安大华基金	87.67	95.43	64.39	72.53
60	安信基金	78.24	79.15	69.83	72.48
61	中加基金	84.83	78.2	66.94	71.31
62	泰信基金	81.39	76.21	67.73	71.05
63	国金通用基金	89.01	79.07	64.48	70.34
64	天治基金	82.64	78.19	65.88	70.24
65	华富基金	77.28	76.24	67.28	70.12
66	信达澳银基金	82.76	77.11	64.97	69.45
67	泰康资产基金	83.77	94.33	60.87	69.32
68	益民基金	76.25	80.14	64.71	68.75
69	财通基金	87.16	79.6	62.19	68.54
70	鑫元基金	78.29	76.48	64.19	68.14
71	东海基金	76.88	73.88	62.86	66.61
72	诺德基金	75.06	73.21	63.29	66.54
73	华润元大基金	77.49	78.09	61.39	66.31
74	长安基金	78.35	76.28	60.6	65.61
75	富安达基金	78.04	72.83	61.18	65.45
76	德邦基金	69.5	73.04	62.88	65.39
77	永赢基金	71.33	72.77	62.47	65.34
78	江信基金	71.24	74.21	61.83	65.09
79	国开泰富基金	72.43	77.06	60.73	64.93
80	前海开源基金	83.66	87.4	55.81	64.72
81	中融基金（原道富基金）	72.73	79.31	59.62	64.54
82	兴业基金	91.16	74.85	55.81	63.96
83	东兴证券	90.98	74.12	55.78	63.81
84	金元顺安基金	72.24	72.71	59.89	63.66
85	上银基金	89.05	79	54.81	63.57

续表

排名	名称	iBrand	iSite	iPower	综合得分
86	浙商基金	77.38	73.09	58.31	63.38
87	北信瑞丰基金	77.46	79.44	56.72	63.23
88	中金基金	78.04	77.02	56.72	62.96
89	创金合信基金	77.1	75.99	56.72	62.66
90	方正富邦基金	77.87	75.85	56.28	62.45
91	浙商资管基金	71.09	86.71	55.28	62.36
92	红塔红土基金	74.73	76	56.72	62.31
93	红土创新基金	72.66	79.6	56.13	62.13
94	西部利得基金	70.07	77.2	57.12	62.07
95	金信基金	71.19	72.37	57.89	62.05
96	新沃基金	72.84	72.34	57.53	62.04
97	圆信永丰基金	72.64	73.65	56.83	61.72
98	英大基金	71.29	72.58	57.2	61.62
99	泓德基金	69.96	76.94	56.25	61.41
100	中原英石基金	69.39	75.28	56.72	61.40

管理资金资产规模和利润收入颜值以天弘基金、华夏基金为代表。一部分由银行直接发起设立或控股的合资基金管理公司，如工银瑞信、建信基金、农银汇理等凭借标准化的业务流程、专业或先进的经验和技术，在基金市场中也占据着核心地位和价值。而另一部分基金公司为了扩大市场影响力和份额规模，也在加速接轨互联网或与其他经济业态相融合。

互联网时代，大数据基金是这两年基金业炒得较为火热的创新方式，主要是指资本市场可以通过大数据应用对投资者行为做出更精准的分析，从而有效预测市场情绪，获取超额收益。2014年，广发基金与百度的合作打响大数据基金头炮；2015年，除了新增南方、博时、大成、天弘、中欧、鹏华、嘉实等将近十家试水者之外，产品发行的速度和数量均在今年明显上升。

同时，经过长时间的准备和酝酿，中邮创业基金已于近期完成上市前股份改革工作，有望成为中国首支挂牌新三板的公募基金。挂牌公募若用股本金去投资，收益或将更为可观，对基金企业进一步加大创新具有重要影响；对投资方而言，这也意味着更多的散户有了参与新三板投资的渠道。

创新和结构转型仍是今后基金市场的核心特征和趋势。或许今后，公募基金的购买渠道会逐渐迁移至互联网P2P平台或其他，亦或许，随着股市等其他投资环境的变化，公募基金的产品结构会更加丰富完整，满足更多投资者的多样需求。

时代在变迁，i的力量将开始引领基金业。

2015互联网+私募基金TOP100

从"幕后"到"台前"，私募基金正走向"阳光"

在20世纪90年代，"私募股权投资"是一个极小众且带着神秘色彩的概念。随着近些年中国经济的快速增长和新技术、新产业的不断萌生，一批具有较大发展潜力的高科技企业如雨后春笋般涌现，借着这一股兴起之势，大量投资经营者投身于私募领域，创建风险投资基金（私募股权投资基金的一种表现形式）或风投企业。除此之外，私募基金还包括私募房地产投资基金、私募股权投资基金。

虽然更高的收益率、更有针对性的产品以及更强的自由性（相对于公募基金）使私募基金广受圈内人的欢迎，但在这20多年的发展中，私募基金也经历着长时间身处"幕后"的阵痛与挣扎。2013年6月，私募基金终于迎来了走上"台前"的发展良机。因为新《基金法》正式实施，私募基金被纳入法律监管范畴。半年多后，《私募投资基金管理人登记和基金备案办法》正式对外公布实施，这意味着私募基金将由游击队正式转为正规军。如今，私募基金逐步发展壮大，已经成为中国证券市场一支不可忽视的力量，私募基金也由灰色地带真正走向"阳光"。

私募机构摩肩接踵，目前从事私募股权投资基金的机构8000多家

其中获得中国证券基金业协会颁发的登记证书，也就是具有独立法律意义的私募机构有近1000家。庞大而耀眼的数字虽折射出社会及私募行业的进步，但其背后则是竞争更为紧张激烈的格局与环境。特别是在今年上半年的证券牛市中，私募基金的管理规模急剧扩张，很多公司的资产规模在半年时间里增长了2~3倍，甚至有越来越多的私募机构竞相奔赴新三板。

十年的蜕变，中国私募基金已经步入"加速度"发展轨道，一个持续、健康的私募行业"新生态"也将日渐形成。

2015互联网+私募基金TOP100

排名	名称	iBrand	iSite	iPower	综合得分
1	红杉资本股权投资管理（天津）有限公司	76.08	72.21	94.79	88.60
2	金石投资有限公司	81.42	63.92	95.35	88.55
3	上海重阳投资管理有限公司	81.21	63.84	95.38	88.52

续表

排名	名称	iBrand	iSite	iPower	综合得分
4	北京恒天财富投资管理有限公司	76.87	81.97	92.37	88.48
5	上海景林资产管理有限公司	74.38	67.99	95.69	88.34
6	淡水泉(北京)投资管理有限公司	85.46	76.34	91.33	88.20
7	上海六禾投资有限公司	95.37	73.66	88.11	87.03
8	东航金控有限责任公司	75.32	58.00	95.43	86.80
9	敦和资产管理有限公司	72.13	58.80	95.79	86.69
10	昆吾九鼎投资管理有限公司	71.36	74.43	92.60	86.69
11	鼎晖股权投资管理（天津）有限公司	72.19	95.68	87.38	86.35
12	弘毅投资管理(有限合伙)	73.15	52.10	95.50	85.64
13	深圳市创新投资集团有限公司	81.52	53.50	93.37	85.61
14	信达资本管理有限公司	71.60	62.07	93.45	85.47
15	广发信德投资管理有限公司	81.11	61.63	91.46	85.43
16	广东中科招商创业投资管理有限责任公司	73.07	92.26	86.60	85.42
17	光大金控（上海）投资管理有限公司	78.81	59.10	92.37	85.35
18	泰康资产管理有限责任公司	83.76	61.40	90.38	85.04
19	上海泽熙投资管理有限公司	72.61	61.91	92.60	85.00
20	硅谷天堂资产管理集团股份有限公司	96.04	57.20	00.57	84.99
21	国投创新投资管理有限公司	74.14	63.42	91.87	84.94
22	新开发创业投资管理有限公司	74.76	52.80	93.28	84.43
23	广州越秀产业投资管理有限公司	95.00	53.20	88.46	84.15
24	建银国际（控股）有限公司	71.16	66.00	90.70	84.06
25	歌斐资产管理有限公司	74.00	59.80	91.41	84.06
26	博弘数君（天津）资产管理有限公司	73.15	64.81	90.35	83.94
27	上海理成资产管理有限公司	93.76	66.90	85.15	83.70
28	北京乐瑞资产管理有限公司	66.57	61.06	91.96	83.52
29	海宁拾贝投资管理合伙企业（有限合伙）	67.13	61.70	91.68	83.50
30	江苏高科技投资集团有限公司	72.95	71.21	88.05	83.26
31	中发君盛（北京）投资管理有限公司	64.79	63.60	91.38	83.22
32	国开投资发展基金管理（北京）有限责任公司	85.47	56.10	88.30	83.05
33	北京鹏扬投资管理有限公司	71.09	61.31	90.20	83.00
34	北京艾亿新融资本管理有限公司	71.59	61.21	90.00	82.92
35	广东新价值投资有限公司	81.41	64.43	86.78	82.62
36	北京盛世宏明投资基金管理有限公司	71.14	67.39	88.05	82.41
37	平安罗素投资管理（上海）有限公司	71.74	51.60	90.58	81.91
38	上海磐石投资有限公司	81.21	61.20	86.15	81.67
39	黄河三角洲产业投资基金管理有限公司	69.31	61.92	88.18	81.41
40	上海混沌道然资产管理有限公司	71.97	71.88	85.01	81.08
41	海通开元投资有限公司	68.37	59.70	88.14	80.91

排名	名称	iBrand	iSite	iPower	综合得分
42	上海朱雀投资发展中心(有限合伙)	73.48	64.22	85.60	80.58
43	上海复星创富投资管理有限公司	72.28	61.44	86.41	80.55
44	深圳市金中和投资管理有限公司	73.22	65.68	84.96	80.31
45	深圳厚德前海基金管理有限公司	62.94	61.01	88.03	80.21
46	天津渤海海胜股权投资基金管理有限公司	68.01	52.10	88.37	79.88
47	北京星石投资管理有限公司	71.76	65.93	84.49	79.80
48	嘉实资本管理有限公司	63.09	53.20	88.66	79.51
49	北京鼎萨投资有限公司	73.78	58.90	85.08	79.46
50	上海博道投资管理有限公司	72.23	58.40	85.39	79.37
51	上海鼎锋资产管理有限公司	73.38	64.14	83.80	79.29
52	深圳市鼎诺投资管理有限公司	72.95	64.68	83.64	79.19
53	上海证大投资管理有限公司	78.98	69.19	81.38	79.19
54	上海涌峰投资管理有限公司	71.88	62.25	84.15	79.02
55	深圳民森投资有限公司	72.13	59.30	83.33	78.05
56	中国银河投资管理有限公司	84.61	68.15	78.50	77.86
57	万博兄弟资产管理（北京）有限公司	77.48	63.73	80.97	77.86
58	北京君联资本管理有限公司	71.48	71.14	80.59	77.81
59	深圳市前海赤子之心资本管理有限公司	64.05	61.00	84.33	77.79
60	上海从容投资管理有限公司	73.94	42.00	85.87	77.50
61	上海高毅资产管理合伙企业（有限合伙）	62.31	41.00	88.37	77.36
62	苏州高新创业投资集团有限公司	73.21	61.16	80.88	76.77
63	上海世诚投资管理有限公司	92.12	73.08	74.00	76.58
64	北京和聚投资管理有限公司	73.16	65.74	79.35	76.38
65	上海尚雅投资管理有限公司	72.80	68.87	78.58	76.26
66	久银投资基金管理有限公司	62.05	72.26	80.15	76.25
67	招商湘江产业投资有限管理公司	63.94	65.28	81.07	76.13
68	东源（天津）股权投资基金管理有限公司	74.26	56.30	80.31	75.80
69	上海合晟资产管理有限公司	65.46	61.77	80.95	75.75
70	深圳清水源投资管理有限公司	72.67	61.77	78.89	75.39
71	深圳市明曜投资管理有限公司	72.36	63.56	78.45	75.30
72	富舜投资管理咨询（上海）有限公司	71.14	53.90	80.34	74.99
73	上海常春藤资产管理有限公司	64.43	51.10	82.30	74.94
74	上海博颐投资管理有限公司	68.17	61.58	78.98	74.75
75	暖流资产管理有限公司	69.09	55.60	80.00	74.70
76	苏州元禾控股有限公司	71.50	71.84	75.84	74.59
77	杭州龙旗科技有限公司	67.79	55.90	80.00	74.55
78	深圳菁英时代基金管理股份有限公司	82.75	63.54	74.68	74.22
79	北京源乐晟资产管理有限公司	72.08	71.35	74.98	74.00

续表

排名	名称	iBrand	iSite	iPower	综合得分
80	上海和熙投资管理有限公司	66.41	48.00	80.60	73.58
81	深圳和聚基金管理有限公司	81.13	58.40	75.03	73.45
82	通用（北京）投资基金管理有限公司	96.23	71.60	68.33	73.01
83	华夏未来资本管理有限公司	72.91	61.30	75.41	72.92
84	招商昆仑股权投资管理有限公司	72.07	59.00	76.08	72.92
85	北京颉昂投资管理有限公司	64.24	68.33	75.43	72.69
86	上海淘利资产管理有限公司	66.67	62.85	75.60	72.35
87	上海泓湖投资管理有限公司	71.31	42.00	78.99	72.29
88	深圳展博投资发展有限公司	71.81	63.43	74.26	72.27
89	上海汇利资产管理有限公司	71.41	71.06	72.57	72.17
90	北京神农投资管理有限公司	72.05	71.01	72.15	71.96
91	青岛以太投资管理有限公司	72.20	55.90	75.22	71.87
92	上海国富投资管理有限公司	65.83	58.50	75.98	71.84
93	上海弘尚资产管理中心（有限合伙）	65.40	46.00	78.60	71.73
94	深圳中睿合银投资管理有限公司	72.20	67.63	71.24	70.84
95	上海久富资产管理有限公司	71.88	72.46	70.10	70.72
96	上海聚益投资有限公司	66.29	62.50	73.33	70.65
97	上海以太投资管理有限公司	71.15	46.00	75.67	70.54
98	深圳市泰瓴资产管理有限公司	63.39	55.40	75.00	70.32
99	上海申毅投资有限公司	66.87	51.90	75.00	70.32
100	上海明河投资管理有限公司	66.05	61.81	72.27	69.77

　　一部分"纯熟派"，如鼎晖投资、昆吾九鼎等，资金管理规模或发行实力占据一定优势。但从横向来看，私募基金这几年尤其在实施登记备案制后，无论在派别、种类、手法上都越来越多元化，后起之秀不仅会有更多的空间和机会拼得自己的一席之地，更重要或具有决定意义的将是依靠新型创新、"互联网+"建设能力和不一样的品牌建构方法论，在未来大放异彩。阳光私募势必将在投资证券的大集体中树起一面大旗，并结出更多的不同以往的硕果。

03 | 一般制造业

2015互联网+服装衣帽制作企业TOP100

面对竞争渠道的压力和越来越挑剔的消费者,服装制造企业试图通过降低价格来达到减少库存的目的,愈发艰难。比起其他行业,服装业求新求变的速率明显快得多。从设计到制造,再到销售,每一节的服务都需跟得上消费者对于创新的需求。

快时尚消费品领域,商家一改往日一季一新的理念,提出多款、少量策略,即使在同一季也不断推出新产品,迎合消费者期望换新的心理欲望,也易培养品牌用户的忠诚度。大数据时代,几乎每个门店都安装较全面的信息系统,实现实时的产品、服务信息互通,以便服装生产企业随时完备和控制销售体系。作为众所周知的关键要素——品牌定位,生产者的敏感度理应远远高于消费者,这给企业的经营者提出更高要求。市场经济下,市场信息总是首先体现在不易察觉的方面,敏感的决策者洞察这种变化,在最短时间内调整品牌营销策略,继而适应了即将发生的,大面积的消费者行为的转变。

2015互联网+服装衣帽制作企业TOP100

排名	名称	iBrand	iSite	iPower	综合得分
1	海澜集团有限公司	83.35	94.63	97.72	91.90
2	新兴际华集团有限公司	87.69	86.71	95.59	90.00
3	雅戈尔集团股份有限公司	82.98	87.67	97.00	89.22
4	红豆集团有限公司	87.12	86.27	93.59	88.99
5	杉杉控股有限公司	83.06	83.76	98.00	88.27
6	九牧王股份有限公司	81.47	85.08	96.97	87.84
7	利郎集团股份有限公司	76.55	91.90	90.29	86.25
8	伟星集团有限公司	71.92	85.21	99.12	85.42
9	报喜鸟集团有限公司	78.36	78.57	97.10	84.68
10	浙江森马服饰股份有限公司	81.10	86.13	86.31	84.51
11	东莞市搜于特服装股份有限公司	78.47	82.40	92.28	84.38
12	鲁泰纺织股份有限公司	78.05	87.00	87.39	84.15
13	波司登股份有限公司	77.02	77.64	97.67	84.11
14	新郎希努尔集团股份有限公司	76.02	84.21	90.14	83.46
15	朗姿股份有限公司	75.55	90.09	83.78	83.14
16	山东如意科技集团有限公司	81.96	83.14	82.53	82.54
17	黑牡丹集团进出口有限公司	75.27	81.28	90.26	82.27
18	维格娜丝时装股份有限公司	73.04	82.02	89.42	81.49
19	浙江乔治白服饰股份有限公司	75.43	76.32	88.46	80.07

排名	名称	iBrand	iSite	iPower	综合得分
20	大杨集团有限责任公司	83.76	76.38	79.28	79.81
21	美特斯邦威服饰股份有限公司	81.23	78.03	79.94	79.73
22	步森集团有限公司	66.24	78.56	93.79	79.53
23	太平鸟集团有限公司	71.40	88.82	76.26	78.83
24	即发集团有限公司	57.80	86.00	91.35	78.38
25	福建柒牌集团有限公司	74.33	87.06	73.62	78.34
26	劲霸男装（上海）有限公司	71.11	89.38	72.46	77.65
27	中国服装股份有限公司	83.67	60.00	86.31	76.66
28	安莉芳（上海）有限公司	82.63	60.00	85.84	76.16
29	虎都（中国）实业有限公司	77.21	63.96	85.49	75.55
30	达利（中国）有限公司	72.03	81.00	73.58	75.54
31	雅鹿集团股份有限公司	72.56	69.59	83.60	75.25
32	陕西伟志集团股份有限公司	72.49	72.54	80.41	75.15
33	江苏华瑞国际实业集团有限公司	71.05	70.00	83.31	74.79
34	巴龙国际集团有限公司	53.65	84.11	86.10	74.62
35	鸭鸭股份公司	55.66	84.94	82.54	74.38
36	真维斯服饰（中国）有限公司	73.28	73.62	74.90	73.93
37	江苏东渡纺织集团有限公司	71.10	75.23	73.11	73.15
38	北京爱慕内衣有限公司	71.26	85.48	62.62	73.12
39	山东南山纺织服饰有限公司	69.71	72.46	75.17	72.45
40	南极人（上海）股份有限公司	71.76	68.30	77.24	72.43
41	太子龙控股集团有限公司	71.55	66.00	77.18	71.58
42	深圳玛丝菲尔时装股份有限公司	64.48	72.30	76.30	71.03
43	江苏虎豹集团有限公司	71.22	66.52	75.26	71.00
44	宁波狮丹努集团有限公司	67.55	65.31	79.23	70.70
45	罗蒙集团股份有限公司	75.88	65.52	69.70	70.37
46	青岛红领集团有限公司	69.94	61.80	77.38	69.71
47	江苏澳洋纺织实业有限公司	48.00	80.97	77.67	68.88
48	万事利集团有限公司	71.33	69.59	63.44	68.12
49	山东省标志服装股份有限公司	71.39	58.63	74.33	68.12
50	常州华利达服装集团有限公司	64.46	64.08	75.14	67.89
51	山东仙霞服装有限公司	75.29	51.26	77.00	67.85
52	法派集团有限公司	67.12	60.02	76.02	67.72
53	欣贺股份有限公司	71.27	60.11	71.55	67.64
54	浙江金三发集团有限公司	65.11	65.65	70.71	67.16
55	山东傲饰集团有限公司	46.30	81.65	73.04	67.00
56	武汉红人实业集团股份有限公司	61.33	73.14	65.99	66.82
57	深圳影儿时尚集团有限公司	73.27	59.23	66.66	66.39

续表

排名	名称	iBrand	iSite	iPower	综合得分
58	浙江神鹰集团有限公司	48.30	72.00	77.66	65.99
59	山东舒朗服装服饰股份有限公司	71.11	62.41	63.56	65.69
60	地素时尚股份有限公司	71.00	62.24	63.33	65.52
61	江苏玉人服装有限公司	74.22	48.00	74.28	65.50
62	浙江华城实业投资集团有限公司	61.09	63.31	70.61	65.00
63	红黄蓝集团有限公司	71.78	48.00	74.63	64.80
64	湖南东方时装有限公司	71.15	48.00	74.37	64.51
65	富绅集团有限公司	63.95	57.00	70.56	63.84
66	宜禾股份有限公司	63.31	54.00	71.54	62.95
67	比音勒芬服饰股份有限公司	48.90	65.29	73.30	62.50
68	鑫缘茧丝绸集团股份有限公司	76.22	48.00	62.31	62.18
69	山东岱银纺织集团股份有限公司	74.67	50.23	60.62	61.84
70	河南省雪鸟实业有限公司	61.84	62.57	60.13	61.51
71	浙江巴贝领带有限公司	69.43	51.06	62.31	60.93
72	宁波博洋服饰有限公司	72.43	48.00	60.71	60.38
73	宁波培罗成集团有限公司	71.16	48.00	61.97	60.38
74	浙江华联集团有限公司	72.53	48.00	60.16	60.23
75	四川琪达实业集团有限公司	45.90	69.54	64.39	59.94
76	深圳华丝企业股份有限公司	51.72	69.86	57.04	59.54
77	江苏三润服装集团股份有限公司	42.60	69.42	65.86	59.29
78	浙江敦奴联合实业股份有限公司	67.68	58.68	51.18	59.18
79	北京雪莲集团有限公司	47.70	63.32	65.27	58.76
80	北京卓文时尚纺织股份有限公司	65.87	48.00	61.55	58.47
81	爱伊美集团有限公司	44.60	66.51	63.62	58.24
82	郑州领秀服饰有限公司	63.27	51.01	59.07	57.78
83	汉帛（中国）有限公司	57.07	48.00	67.69	57.59
84	江苏华佳控股集团有限公司	61.49	48.00	62.59	57.36
85	安正时尚集团股份有限公司	55.11	48.00	67.44	56.85
86	北京威克多制衣中心	54.52	59.78	54.48	56.26
87	云南奥斯迪实业有限公司	62.30	48.00	56.33	55.54
88	深圳市兴泰季候风服饰有限公司	49.70	58.22	58.65	55.52
89	艾莱依集团有限公司	46.90	64.51	51.96	54.46
90	浙江加佳领带服装有限公司	51.45	51.18	58.69	53.77
91	榆林市七只羊服饰有限责任公司	62.90	48.00	50.38	53.76
92	湖南派意特服饰有限公司	58.06	48.00	54.69	53.58
93	郑州市娅丽达服饰有限公司	55.30	54.29	51.10	53.56
94	江西回圆服饰有限公司	54.76	48.00	57.70	53.49
95	青岛雪达集团有限公司	48.35	55.89	53.65	52.63

排名	名称	iBrand	iSite	iPower	综合得分
96	汇孚集团有限公司	54.57	50.27	52.00	52.28
97	依文服饰股份有限公司	50.54	48.00	57.27	51.94
98	雷迪波尔服饰股份有限公司	47.10	48.00	58.26	51.12
99	威兰西（中国）服饰有限公司	52.84	48.00	51.79	50.88
100	迪尚集团有限公司	51.61	56.55	43.63	50.60

互联网颠覆生活，对于生产者和供应方，尤为是讲究宣传策略的时代。时尚产业更甚，适合品牌价值和体现品牌内涵的营销方式，能在短时间内，拉近与消费者的距离，融入消费者的消费行为习惯，通过口碑传播得到更多人的认可，比如，小米式的营销，或是聚美优品最初营销的成功。

如何做好线下与线上的结合是服装企业的发展方向，体验式消费具有先入为主的优势。用户体验的好坏决定了其最终是否购买，迫使服装企业重新审视传统模式的弊端。9月末，国内女装品牌拉夏贝尔800多家门店接入支付宝，显现了服装O2O的趋势。互联网的快速发展，让传统服装业备受冲击，不少企业在网购的热潮中陷入困局。若能将支付移动化，可把部分流量从线上导入线下。据悉，支付宝提供给国际一线品牌和国内高端集团商户的整体解决方案，不仅解决了整体支付的闭环，也将协助品牌商户完成线下和线上会员的打通。

值得注意的是，并不是技术完全替代手工就是行业发展的终极目标。服装行业，手工往往更能体现一种情怀，如对古老工艺的传承，刺绣和织造等。行业的发展应是循序渐进、细分的过程。业内人士认为：今后的服装趋势很可能是围绕消费者需求的定制式生产。将一部分的人工以现代科技代替，一部分的传统精工得以保留，为消费需求提供助力。但营销方式和线下体验店推广上，则应适应互联网时代的购物形态，不断完善体验式服务。

2015互联网+体育用品业TOP100

2012年后，体育用品业开始进入彻底的变革期。同为制造业的一部分，体育用品企业也面临着向"智造"转变。2015年，求变中的企业将产品差异化战略的核心瞄准体育用品的智能化，智能穿戴的运动装备正在悄然改变人们的生活方式。

2015年8月8日，李宁在李宁公司成立25周年之际表示，冬奥会的申办成功为体育用品业带来新的机遇，同时，宣布重启口号"一切皆有可能"，标志着李宁公司由传统的体育装备供应商向"互联网＋运动生活体验"服务提供商转变。在此之前，李宁已着手融入智能化体育产品行列。2015年7月，李宁公司携手华米科技发布两款智能跑鞋。一个是在传统体育用品领域，占据重要市场份额的国民品牌，一个是拥有独特互联网思维的创新型企业，两者的结合将有利于李宁公司在互联网化的市场环境中，调整体育用品企业的服务方向。

品牌定位模糊、产品同质化严重是体育用品业面临的普遍问题。而互联网恰恰是善于提供创意和革新的驱动力，实体与虚拟创意的结合是未来制造业的突破口。

2014年10月，国务院发布《关于加快发展体育产业促进体育消费的若干意见》，将体育产业定义为绿色产业、朝阳产业，并确定"2025年体育产业总规模超过5万亿元"的目标。可见，目前发展动力不够、产品缺乏"时代感"的体育用品行业有着巨大的发展前景，亟待在短时间内尽快完善运营策略。

2015互联网+体育用品业TOP100

排名	名称	iBrand	iSite	iPower	综合得分
1	李宁有限公司	95.88	81.87	99.81	92.52
2	安踏体育用品有限公司	96.07	81.21	99.93	92.40
3	中国动向集团有限公司	97.64	85.11	93.34	92.03
4	特步国际控股有限公司	81.49	90.06	93.15	88.23
5	匹克体育用品有限公司	88.60	83.06	92.27	87.98
6	三六一度国际有限公司	91.69	75.53	92.80	86.67
7	福建德尔惠体育用品有限公司	99.24	75.80	84.61	86.55
8	鸿星尔克体育用品有限公司	94.04	71.34	86.97	84.12
9	贵人鸟体育用品有限公司	92.17	65.02	89.90	82.36
10	康威体育用品有限公司	93.72	66.83	83.28	81.28
11	泰山体育器材集团有限公司	74.49	70.50	97.73	80.91
12	中山广盛运动器材有限公司	75.36	73.86	93.04	80.75
13	明安运动器材(东莞)有限公司	56.23	81.52	98.13	78.63

排名	名称	iBrand	iSite	iPower	综合得分
14	乔山健康科技(上海)有限公司	64.21	71.35	97.04	77.53
15	徐州军霞健身器材有限公司	83.69	64.56	83.85	77.37
16	山东霸纳斯渔具有限公司	83.55	52.89	95.07	77.17
17	南通华亮健身器材有限公司	79.32	58.02	93.37	76.90
18	山东环球渔具股份有限公司	65.33	63.01	99.39	75.91
19	奇利田高尔夫用品(深圳)有限公司	70.23	68.05	88.18	75.49
20	上海红双喜股份有限公司	76.02	53.90	91.79	73.90
21	上海骐鸿运动用品有限公司	65.11	67.30	87.01	73.14
22	东莞联欣运动器材有限公司	74.26	61.69	83.42	73.12
23	惠阳国威运动器材有限公司	83.12	61.27	74.33	72.91
24	江西舒美特运动健身器材有限公司	69.23	54.73	91.09	71.68
25	南通凯旋体育用品有限公司	68.12	71.94	73.23	71.10
26	南京胜利体育用品实业有限公司	69.23	70.37	73.51	71.04
27	青岛鲜宇体育用品有限公司	66.23	68.97	77.44	70.88
28	宁波中源渔具有限公司	77.63	57.92	71.26	68.94
29	杭州泛亚休闲用品有限公司	75.12	61.39	67.77	68.09
30	青岛天宇渔具有限公司	75.12	53.80	70.50	66.47
31	宁波昌隆健身器材有限公司	78.02	56.66	63.76	66.15
32	朗美（厦门）健身器材有限公司	65.46	64.63	67.44	65.84
33	荣成市朱瑞钓具有限公司	55.55	52.80	81.78	63.38
34	东莞冠贺运动器材有限公司	46.95	63.69	74.63	61.76
35	威海海威渔具有限公司	65.06	52.13	65.96	61.05
36	力侑运动器材(深圳)有限公司	57.26	61.63	62.63	60.51
37	佛山市顺德区奥玛健身器材制造有限公司	65.16	57.44	58.43	60.34
38	山东汇康运动器材有限公司	46.22	73.75	60.37	60.11
39	东莞飞达鞋业有限公司	58.16	56.57	62.42	59.05
40	福建省舒华体育用品有限公司	75.86	53.75	47.03	58.88
41	山东天成运动设施有限公司	64.16	57.86	53.27	58.43
42	江苏金陵体育器材股份有限公司	61.60	48.50	61.49	57.20
43	郴州联和体育器材有限公司	53.35	60.32	57.13	56.93
44	富国运动器材（东莞）有限公司	55.11	55.27	59.66	56.68
45	南通怡达运动用品有限公司	52.16	54.56	60.00	55.57
46	青岛美中达渔具有限公司	61.46	52.08	53.16	55.57
47	金常盛体育用品(深圳)有限公司	61.13	61.13	43.48	55.25
48	青岛思顺渔具制造有限责任公司	65.16	44.80	55.28	55.08
49	青岛高丽体育用品有限公司	54.44	57.25	53.17	54.95
50	青岛新新体育用品有限公司	47.56	62.25	50.71	53.51
51	山西澳瑞特健康产业股份有限公司	51.08	64.74	43.06	52.96

续表

排名	名称	iBrand	iSite	iPower	综合得分
52	广州钜东娱乐用品有限公司	51.11	62.00	43.34	52.15
53	洪进(北京)体育用品有限公司	45.02	71.02	40.00	52.01
54	东莞源泰运动器材有限公司	44.44	59.98	51.12	51.85
55	荣成市海升体育用品有限公司	56.26	43.80	53.66	51.24
56	东莞太联运动器材有限公司	54.33	51.02	48.16	51.17
57	文登三养钓具有限公司	48.02	53.54	50.94	50.83
58	厦门群鑫机械工业有限公司	40.01	61.90	50.48	50.80
59	发美利健康器械(上海)有限公司	55.02	51.00	43.89	49.97
60	上海荣泰健身科技发展有限公司	41.06	58.43	49.76	49.75
61	东莞惠丰鞋业有限公司	44.33	52.86	50.55	49.25
62	永基体育用品(天津)有限公司	49.12	54.04	44.20	49.12
63	中山黄龙运动器材有限公司	44.26	58.23	44.69	49.06
64	永康市天鑫健身休闲用品有限公司	49.21	57.64	39.72	48.86
65	厦门纬嘉运动器材有限公司	46.16	54.43	44.91	48.50
66	浙江双超运动器材有限公司	44.12	51.13	49.36	48.20
67	扬州久扬渔具有限公司	40.24	61.45	42.00	47.90
68	营口荣睐常思缝制品有限公司	17.00	43.60	32.59	47.66
69	文登大山钓具有限公司	50.55	41.80	49.52	47.29
70	东莞大扬运动器材有限公司	43.03	57.76	40.36	47.05
71	烟台金岛渔具有限公司	41.66	57.77	41.11	46.85
72	茂名擎海运动器材有限公司	45.26	49.30	45.09	46.55
73	咸宁昌荣体育制品有限公司	46.33	51.92	41.01	46.42
74	上海日樱运动用品有限公司	44.15	46.10	46.98	45.74
75	厦门元保运动器材有限公司	47.68	48.27	40.76	45.57
76	青岛东成高尔夫有限公司	50.77	46.14	39.00	45.30
77	文登美皓渔具有限公司	51.26	43.80	40.33	45.13
78	杭州加贸运动器材有限公司	52.98	51.23	30.44	44.88
79	常州高达体育用品有限公司	45.19	38.44	48.57	44.07
80	美家龙（龙岩）健身器材有限公司	44.16	40.32	46.88	43.79
81	东莞广德运动用品有限公司	40.46	57.79	32.68	43.64
82	九江思麦博运动器材有限公司	44.19	39.96	44.00	42.72
83	威海润兴渔具有限公司	35.19	49.30	42.51	42.33
84	广州市淦维体育用品有限公司	47.69	47.20	31.22	42.04
85	威海新江友渔具有限公司	39.05	51.42	35.02	41.83
86	东莞巨佑体育用品有限公司	38.99	52.94	31.14	41.02
87	海德运动器材(惠州)有限公司	33.04	48.57	41.21	40.94
88	石狮市非凡运动器材有限公司	35.16	37.99	49.27	40.81
89	天津市兴凯体育器械有限公司	34.03	41.60	45.11	40.25

排名	名称	iBrand	iSite	iPower	综合得分
90	山东凤凰健身器材有限公司	45.50	34.20	39.45	39.72
91	南通爱浪运动服饰有限公司	35.16	40.70	41.96	39.27
92	杭州铂泰运动器材有限公司	38.99	36.50	39.85	38.45
93	东莞利达运动用品有限公司	36.23	37.86	38.00	37.36
94	福建(长泰)星泰体育用品有限公司	33.26	45.04	33.44	37.25
95	东莞龙鑫运动用品有限公司	32.09	55.41	23.63	37.04
96	福建元吉体育用品有限公司	49.67	21.39	36.56	35.87
97	达宇运动器材有限公司	33.24	52.23	20.76	35.41
98	舒城县太阳体育用品有限公司	38.67	46.32	20.44	35.14
99	广州市大欣利运动用品有限公司	33.09	50.67	20.97	34.91
100	广州市双鱼体育用品集团有限公司	32.07	51.42	20.46	34.65

体育用品业发展，面临几个选择。首先是品牌战略的精准制定。互联网+大趋势下，虽然更多面对的是年轻群体，但随着全民运动风潮的兴起，不同年龄段的人群开始认识并接受智能设备。企业应及时找准当前市场环境下，品牌自身的市场选择，以多层次的产品结构应对经济大环境的波动，改变"以不变应万变"的销售模式。其次，加快线上、线下的融合。O2O为传统企业带来的益处不容置疑，尽管无法预测O2O能在企业的发展历程中，扮演多久的桥梁，至少当前是与消费者加强沟通，不可或缺的手段。

其中最重要的一点，当属立足产品，即"回归根本"。营销是种手段，是加强外界交流的方式。真正能加强用户粘性，提升购买欲望的还要回到产品本身。"人性化"思潮下，更多制造企业开始思考获取优质用户的途径。唯有开发出满足当下消费需求，集中精力解决人们日常运动中遇到的迫切问题，利用好数据、信息、智能技术等外因，才能实现智能化的有效转变，创造更长远的品牌价值。

同时，体育用品业不得不面对的是，运动领域不比社交或衣、食、住、行。互联网试图改变各个传统行业的同时，作为企业也应冷静思考，这种"智能穿戴风"持续的时间问题，加强创新力的后续动力，才能在面对新的市场行为中，得到有效应对。

2015互联网+机床制造TOP100

工业水平看装备制造业，装备制造业水平看机床。这句话被多少次质疑后，却是一次次被验证。机床被称为"工业之母"，工业中的所有模块零件都由它生产出来，而产品质量直接制约着我国工业发展水平线。自"中国制造2025"推出以来，制造业的转型全方位开启，而机床行业则是真正被推到风口浪尖。同时"互联网+"大步跨进各种行业，并以自己的力量改变着他们的生产方式、产业结构，"互联网+行业"已经成为像机床这样传统行业的重要突破口。

本榜所涉企业是国内机床行业中，产品设计、设备制造、维修服务三个方面为主营业务的企业。

2015互联网+机床制造TOP100

排名	名称	iBrand	iSite	iPower	综合得分
1	沈阳机床集团	91.08	92.79	90.11	91.33
2	大连机床集团	87.83	89.56	89.73	89.04
3	齐重数控装备股份有限公司	88.71	88.90	88.24	88.62
4	齐二机床集团有限公司	91.62	86.35	87.64	88.54
5	北京第一机床厂	92.01	85.67	87.60	88.43
6	济南一机床集团	87.62	87.59	87.34	87.52
7	济南二机床集团	89.76	85.57	86.81	87.38
8	汉川数控机床股份公司	89.07	84.23	86.47	86.59
9	秦川机床集团有限公司	85.79	87.11	86.22	86.37
10	天水星火机床有限责任公司	88.45	85.35	84.99	86.26
11	青海华鼎重型机床有限责任公司	84.24	88.20	84.71	85.72
12	江苏新瑞机床集团有限公司	89.24	83.08	84.24	85.52
13	重庆机床（集团）有限责任公司	88.50	83.62	84.17	85.43
14	四川长征机床集团有限公司	86.26	85.81	83.88	85.32
15	云南CY集团有限公司	86.65	84.55	83.68	84.96
16	桂林机床股份有限公司	88.68	81.97	83.67	84.77
17	武汉重型机床集团有限公司	80.43	89.68	83.61	84.57
18	上海电气机床集团	88.04	81.21	83.46	84.24
19	中国机床总公司	92.26	76.33	83.22	83.94
20	北京机电研究所	85.28	82.86	82.88	83.67
21	北京市机电研究院	86.09	81.86	82.99	83.65
22	北京第三机床厂	87.77	79.72	83.12	83.54

排名	名称	iBrand	iSite	iPower	综合得分
23	天津第一机床总厂	83.85	83.70	82.47	83.34
24	宝鸡机床集团有限公司	85.94	82.08	81.67	83.23
25	威海华东数控股份有限公司	82.88	83.57	82.95	83.13
26	江苏亚威机床股份有限公司	85.86	81.19	81.68	82.91
27	山东威达机械股份有限公司	83.27	83.98	81.23	82.83
28	烟台市铸造机械厂	85.92	79.44	82.79	82.72
29	北京华德液压工业集团有限责任公司	80.01	84.85	82.24	82.37
30	山东鲁南机床有限公司	78.66	82.40	82.07	81.04
31	安阳鑫盛机床股份有限公司	78.62	80.40	81.80	80.27
32	沧州重型机械制造（集团）有限责任公司	93.35	63.69	82.17	79.74
33	苏州新火花机床有限公司	75.17	87.51	76.31	79.66
34	深圳市华亚数控机床有限公司	76.91	81.21	80.41	79.51
35	长治钢铁(集团)锻压机械制造有限公司	78.25	78.95	81.11	79.44
36	安阳锻压机械工业股份有限公司	76.54	84.70	76.48	79.24
37	沧州鑫丰机床附件制造有限公司	76.60	81.17	79.90	79.22
38	荣成锻压机床有限公司	77.22	79.86	80.09	79.06
39	北京元茂兴控制设备技术有限责任公司	74.68	82.86	79.43	78.99
40	天津市名光锻压机床开发有限公司	69.57	89.17	78.22	78.99
41	河北省深州市精密机床附件厂	76.56	79.96	79.72	78.75
42	山东宁联机械制造有限公司	74.95	81.14	79.29	78.46
43	安徽省华夏机床制造有限公司	77.32	78.17	79.83	78.44
44	山东永华机械有限公司	76.25	79.09	79.62	78.32
45	保定维尔铸造机械股份有限公司	75.18	79.81	79.22	78.07
46	山东鲁信高新技术产业有限公司	72.86	82.48	78.79	78.04
47	北京珍宝智能机器技术有限责任公司	73.95	80.18	79.04	77.72
48	烟台开发区博森机床辅机有限公司	73.26	80.23	78.50	77.33
49	山东省泗水县机床附件厂	84.19	63.29	81.48	76.32
50	长治市众维机床制造有限公司	72.58	78.61	77.51	76.23
51	天津市天锻压力机有限公司	74.32	75.48	78.27	76.02
52	长治市智业机床有限公司	73.84	75.92	77.96	75.91
53	滕州鲁锻数控机床有限公司	71.99	78.53	77.05	75.86
54	石家庄力神锻压机床有限公司	75.02	72.73	78.02	75.26
55	泰安华鲁锻压机床有限公司	67.04	81.99	76.32	75.12
56	山东高密锻压机械制造有限公司	71.67	76.47	76.98	75.04
57	天仪数控机械股份有限公司	76.30	67.68	77.68	73.89
58	天津市华蓝堡机械制造有限公司	68.03	77.46	76.15	73.88
59	天津市天门精机公司	68.03	77.46	76.12	73.87
60	珠江机床有限公司	62.09	76.03	83.28	73.80

续表

排名	名称	iBrand	iSite	iPower	综合得分
61	淄博中威电加工机床有限公司	67.26	78.11	75.90	73.76
62	北京京仪世纪电子股份有限公司	70.67	73.17	76.55	73.46
63	山东泰安博大数控机床有限公司	62.86	83.72	73.43	73.34
64	山东临沂金星机床有限公司	65.28	79.85	74.53	73.22
65	深圳市伽蓝数控机床有限公司	74.28	67.51	76.97	72.92
66	北京航天机床数控系统集团公司	73.12	68.77	76.83	72.91
67	山西省第二锻压机床有限责任公司	68.03	75.04	75.52	72.86
68	山东工具制造有限公司	67.81	75.48	74.80	72.70
69	保定向阳航空精密机械有限公司	77.16	63.26	77.09	72.50
70	北京机床电器有限责任公司	68.58	72.84	74.62	72.01
71	安阳机床电器有限公司	71.54	67.42	76.28	71.75
72	天津市第二机床有限公司	61.98	79.68	71.63	71.10
73	山西省忻州锻压机床厂	72.34	63.13	76.09	70.52
74	山东省高密锻压机床股份有限公司	63.74	74.16	71.53	69.81
75	莱州市义盛精密机床附件有限公司	65.50	70.53	72.11	69.38
76	保定倍力精密机械有限公司	70.61	62.56	74.17	69.11
77	北京市京良机械制造有限公司	67.92	66.34	73.07	69.00
78	山东聊城锻压机床厂	61.54	76.03	69.41	68.99
79	烟台第二机床附件厂	70.45	62.45	74.05	68.98
80	北京长空机械公司	65.39	69.54	71.82	68.92
81	山东省诸城锻压机床股份有限公司	69.90	62.24	73.20	68.45
82	山东博机集团公司	63.96	71.63	69.56	68.38
83	深圳市隆盛数控机床设备有限公司	68.47	62.26	72.84	67.86
84	蓬莱宝力士工具有限公司	68.36	62.39	72.61	67.79
85	山东省海阳市锻压机床厂	67.92	62.20	71.88	67.33
86	沧州市运东东风机床附件有限公司	60.32	72.51	68.94	67.26
87	河北省大城县矩形金属软管厂	67.92	61.53	71.32	66.92
88	山东省招远市机床附件厂	67.92	61.40	71.16	66.83
89	河南省安阳机床集团有限责任公司	67.92	61.11	70.93	66.65
90	邯郸市冀南机械设备有限公司	67.70	60.91	70.27	66.29
91	荣成第二锻压机床厂	64.18	64.83	69.38	66.13
92	河北省泊头市量具厂	64.18	60.07	68.83	64.36
93	青岛达美精密机械有限公司	58.36	67.29	67.23	64.29
94	东光县华北锻压机床厂	56.41	69.32	66.52	64.08
95	郑州北方机床有限公司	63.30	59.88	68.76	63.98
96	山东济宁大象机械集团公司	63.08	58.90	68.60	63.53
97	廊坊锻压机床厂	62.31	58.63	68.34	63.09
98	山西陵川机床厂	60.83	58.13	66.81	61.92

排名	名称	iBrand	iSite	iPower	综合得分
99	河北省保定冲剪机床厂	60.16	57.38	65.95	61.16
100	河北省沧州市长城机床配件厂	57.62	56.35	65.57	59.85

一、逆转高端市场劣势，需要更多先觉者

中国是机床生产世界第一大国，同时也是高端机床进口世界第一大国——这反映着中国机床行业的一个现状：高端失势，低端过剩。

根据最新数据显示，在中国的机床进口国中，日本和德国占到56%左右。其中高端数控机床，日德占70%；钻攻中心，日本占100%；卧式加工中心，日德占72%以上；立式加工中心，日德占64%。这些比较重要的机床类型，我国与国外先进国家还有很大差距，甚至有些机床零件，都在依赖进口。而另一个数据，2014年中国机床行业亏损企业高达50%，这更直面表现出我国机床行业的严峻形态。

沈阳机床一直是我国机床的龙头企业，也是行业转型的先觉与先行者。今年4月，在北京举办的全球四大机床展览之一中国国际机床展览会上，沈阳机床展示了"云制造"的"i平台"的实际应用部分，通过手机远程遥控，用户就可以监测并操控机床生产的全过程。此外其备受关注的i5智能机床以及制定"i5战略"，正是迎合智能化、个性化、网络化特色"互联网+"应用的体现。

机床与互联网的结合，将是一个长久持续的过程；互联网的再造能力将赋予企业更多创新性挑战，这不是一家两家企业能够探索完的道路，需要我们整个行业齐肩并进，摸索出真正适合中国机床行业形态，可以快速赶超国外的创新之路。

二、"从硬到软"——产品营销也在经历这个过程

互联网的快速发展已经超乎我们的预料，甚至不能想象下一秒会变成什么样子，对我们生活最大的改变之一是，我们已经主动或被动地进入了一个被电商颠覆的时代。

机床产品的营销，也在经历和其行业一样的过程——从硬到软。与普通的商品相比，工业产品进行互联网销售困难重重，工业品的销售要尊重产品的本质，工业品需要客户开发，方案提供，现场服务，售后保障，持续的改善，不是一蹴而就的事。构建机床销售良好的生态环境，促进行业利益优化，这也是对互联网+机床转型中具有重大意义的一项内容。

结语

互联网+机床，需要对传统行业从生产形态、行业形态、经济形态三方面的改变，这也是自身、社会、国家三个高度的战略思考。中国制造2025扬帆起航，我们也将对机床行业展现更多关注。

2015互联网+家具业TOP100

与许多其他传统行业相比，家具业的"互联网+"过程显得有些迟缓，但好在起步虽慢，也仍在亦步亦趋地随着时代前进。本榜单通过对国内各家具企业的综合考察，以求通过此次排行可大致展现在"互联网+"时代各家具企业发展情况。

2015互联网+家具业TOP100

排名	名称	iBrand	iSite	iPower	综合得分
1	全友家私有限公司	89.09	95.90	98.90	97.40
2	北京曲美家具集团股份有限公司	98.89	87.91	95.24	91.58
3	红苹果家具公司	92.90	88.92	95.42	92.17
4	美克集团	95.90	89.18	89.37	89.28
5	香港皇朝家私集团	97.92	71.99	97.75	84.87
6	宜家集团	90.90	78.07	98.15	00.11
7	明珠家具股份有限公司	93.91	71.36	96.12	83.74
8	双叶家具实业有限公司	95.90	68.32	96.18	82.25
9	成都市双虎实业有限公司	75.91	92.17	91.01	91.59
10	广东联邦家私集团有限公司	65.92	98.52	93.23	95.87
11	北京金隅天坛家具股份有限公司	65.92	98.51	93.21	95.86
12	佛山市阿里顺林家具有限公司	77.91	91.19	86.16	88.68
13	北京赛益世装饰材料有限公司	79.91	89.89	85.13	87.51
14	佛山中至信家具有限公司	77.91	90.90	85.88	88.39
15	北京世纪百强家具有限责任公司	70.91	94.16	88.92	91.54
16	深圳市左右家私有限公司	85.90	82.49	83.19	82.84
17	厦门金牌橱柜股份有限公司	73.91	89.42	88.21	88.81
18	广州尚品宅配家居股份有限公司	58.93	98.30	93.00	95.65
19	鼎盛家具集团	97.89	56.58	94.60	75.59
20	三有家具有限公司	57.93	97.98	92.68	95.33
21	平安家具有限公司	76.91	88.24	83.13	85.68
22	北京利丰家具制造有限公司	67.92	92.32	87.05	89.69
23	亚振家具股份有限公司	73.91	88.80	83.59	86.19
24	上海太亿企业股份有限公司	65.92	92.69	87.40	90.05
25	佛山市前进家具有限公司	67.92	89.55	88.28	88.91
26	深圳市仁豪家具发展有限公司	64.92	91.98	86.69	89.34
27	浙江永艺家具股份有限公司	69.92	87.43	86.17	86.80
28	荣麟创意（北京）商业连锁有限公司	68.92	89.90	84.64	87.27

排名	名称	iBrand	iSite	iPower	综合得分
29	上海艺尊轩红木家具有限公司	63.92	91.76	86.47	89.12
30	北京元亨利硬木家具有限公司	67.92	87.44	86.17	86.80
31	台升国际集团	69.92	88.32	83.07	85.70
32	万恒通集团	68.92	88.82	83.55	86.19
33	江西维平创业家具实业有限公司	69.92	88.14	82.90	85.52
34	河南帝皇家具有限公司	58.93	93.22	87.92	90.57
35	佛山市南海树和家具有限公司	58.93	92.88	87.58	90.23
36	深圳市米兰家居有限公司	68.92	87.59	82.33	84.96
37	城市之窗家具有限公司	48.94	97.32	92.02	94.67
38	联乐集团	69.92	85.87	82.01	83.94
39	广州市欧林家具有限公司	56.93	92.82	87.52	90.17
40	震旦（中国）有限公司	77.91	80.63	78.44	79.54
41	迪信家具（香港）有限公司	58.93	90.91	85.61	88.26
42	南京金榜麒麟床具有限公司	53.93	92.80	87.50	90.15
43	廊坊华日家具股份有限公司	58.93	90.19	84.90	87.54
44	宁波百汇家具有限公司	67.92	82.33	81.32	81.83
45	宁波富邦家具（集团）有限公司	74.91	80.31	76.00	78.15
46	东莞市华辉家具实业有限公司	36.95	98.17	92.87	95.52
47	佛山市斯帝罗兰实业发展有限公司	53.93	88.91	83.61	86.26
48	好事达(福建)股份有限公司	43.94	93.22	87.92	90.57
49	深圳长江家具有限公司	55.93	83.85	82.57	83.21
50	广东优派家私集团有限公司	71.91	73.63	76.43	75.03
51	大自然家居（中国）有限公司	39.95	92.62	87.32	89.97
52	百利集团	81.90	57.12	78.23	67.68
53	大连华丰家具集团有限公司	66.92	77.31	72.20	74.75
54	穗宝集团	43.94	88.80	83.50	86.15
55	宫廷壹号国际集团	35.95	92.64	87.34	89.99
56	东莞市红旗家具有限公司	43.94	87.91	82.61	85.26
57	浙江利豪家具有限公司	37.95	89.26	83.96	86.61
58	深圳市宜安经典家具有限公司	39.95	87.72	82.42	85.07
59	顾家家居股份有限公司	77.91	56.87	74.15	65.51
60	东方百盛家具（有限）公司	77.91	56.33	73.92	65.13
61	易郡美家家具有限公司	76.91	56.27	72.72	64.50
62	青岛一木集团公司	75.91	54.64	72.34	63.49
63	鸿盛家具（福建）有限公司	75.91	54.31	72.24	63.28
64	年年红家具(国际)集团	75.91	54.13	72.08	63.11
65	光明集团股份有限公司	57.93	73.81	68.78	71.30
66	澳美世家家具（深圳）有限公司	38.95	82.06	76.76	79.41

续表

排名	名称	iBrand	iSite	iPower	综合得分
67	东莞市长实家具有限公司	61.92	67.75	67.18	67.47
68	慕思寝室用品有限公司	59.93	67.31	59.88	63.60
69	广东省宜华木业股份有限公司	46.94	88.69	47.10	67.90
70	北京杰德家具公司	65.92	52.34	62.21	57.27
71	浙江川洋家私有限公司	66.92	50.15	62.72	56.43
72	诺梵（上海）办公系统有限公司	65.92	51.61	62.23	56.92
73	迦南家具有限公司	66.92	49.42	62.92	56.17
74	罗曼迪卡家具有限公司	65.92	50.88	62.29	56.58
75	成都天子集团有限公司	67.92	47.23	63.71	55.47
76	花为媒集团	37.95	73.01	67.71	70.36
77	香港好风景国际集团	66.92	48.69	62.96	55.82
78	中山市东成家具有限公司	67.92	46.50	63.79	55.14
79	上海新冠美家具有限公司	66.92	47.96	63.25	55.60
80	浙江圣奥家具制造有限公司	67.92	45.77	63.96	54.86
81	皇家家具实业有限公司	63.92	53.07	59.65	56.36
82	河北蓝鸟家具股份有限公司	68.92	42.55	64.73	53.64
83	东莞市中艺实业有限公司	67.92	44.01	64.18	54.10
84	中山四海家具制造有限公司	67.92	43.28	64.58	53.93
85	合肥皖宝集团	68.92	41.82	65.01	53.42
86	祥利集团	69.92	39.64	65.65	52.64
87	北京猫王家具有限公司	69.92	38.91	66.35	52.63
88	湖南梦洁新材料科技有限公司	68.92	41.09	65.01	53.05
89	德兴发(集团)有限公司	68.92	40.36	65.04	52.70
90	沈阳宏发企业集团家具有限公司	60.92	54.53	56.75	55.64
91	上海航管红木家具有限公司	60.92	53.80	57.12	55.46
92	江苏斯可馨家具股份有限公司	59.93	55.26	55.63	55.44
93	香港富运家私集团	57.93	56.72	54.48	55.60
94	成都帝标家具制造有限公司	57.93	55.99	54.56	55.27
95	武汉超凡家具制造有限公司	56.93	57.63	52.64	55.14
96	富宝沙发制造有限公司	57.93	54.72	54.22	54.47
97	佛山市美神实业发展有限公司	56.93	56.91	52.86	54.88
98	泉州市蔚林木业有限公司	56.93	56.18	53.07	54.62
99	上海申美沙发有限公司	56.93	55.45	53.36	54.40
100	深圳市嘉豪何室实业有限公司	50.93	56.78	46.81	51.80

家具业的寒冬

家具业从2014年开始，整个行业利润增长效率低过往年，发展速度明显放缓。一部分人认为家具业迎来的寒冬完全是受房地产业不景气的影响，若房地产不回暖，家具业也不容乐观。家具业作为房地产的下游产业，其发展的确受房地产业影响，但并非绝对影响。家具业近年来的"寒冬"，除受房地产业影响外，还受自身发展模式影响，并且是非常重要的影响。

作为一个独立的行业，家具业发展如若完全依附于另一产业，那其发展模式是不完善、不健全的。互联网时代来临，传统产业受到冲击，这并非是一种新兴事物对原有事物的取代或消灭，而仅仅是一种时代助力，时代已至，不仅是生物需要进化，人类所创造的各产业也需要进化。

传统家具业的销售模式较为落后，在渠道建设及管理、营销网络等运营内功方面较为脆弱，可以说全部火力集中在线下，如何销售全看经销商自己运营，类似漫天散种，但种子长得好不好，如何长，都要看种子自己的了。

此外，传统家具业与其说是面向消费者，不如说是面向各厂商，消费者的选择是以厂商给出的选项中选择。而这种本末倒置的销售关系注定无法在互联网时代里继续稳步向前。

家具业的寒冬来自于外界，更来自于其自身，寒冬将至，如何强大自身，抵御严寒，成为各家具厂商需要首先思考的问题。

"互联网+"下的家具业进化论

互联网思维与传统行业思维最大区别在于，互联网思维是以用户为中心，即以最终消费者为服务核心。这种以"人"为中心的思维模式自我更新升级能力强，更易顺应市场变幻。当家具业按照传统发展模式发展开始出现衰退迹象时，行业会不由自主地选择吸纳新鲜元素与助其自身改善境况，而当下的选择便是互联网。

已有一些家具企业开始尝试结合互联网思维，从厂家向消费者权利转移。如有别于提供成品家具的公司，一些厂家专攻家具定制，根据消费者的需求个性化定制，按需生产，这就减少了库存仓储运输等成本。家具定制极大满足了消费者不断高涨的个性化需求，同时又因定制一般会设有定金交付规定，资金压力较低，企业门槛相对较低，从而也便减轻行业运营重量。

走个性化定制路线的家具企业，出货量与盈利也许无法与几十年的大型家具厂商相比，但其在良好的运行下，也可走出一条全新而又积极的发展道路。如家具定制的典型代表尚品宅配，已连续多年保持着50%以上的高速增长

除了家具定制，另一互联网特性尽显的家具行业新兴产物是家具电商。家具不同于一般商品，产品体积大、重量重，售后与运送以及用户体验服务都相对较难运行，这也是大多家具企业对电商敬而远之的主要原因。不过，虽然看起来困难重重，但仍有有些"吃螃蟹"的人做出了勇敢的尝试。如林氏木业、全友家具等家具电商，均在线上取得

了非常优秀的销售成绩，在去年的双十一中，林氏木业、全友家具电商在天猫的销量分别进入排行榜的第四位和第十位。

家具业的"互联网+"之路还很漫长，但只要正确跟随市场变幻，把握互联网思维的人本特质，那么属于家具业的"互联网+"便会实现。

04 生物化工

2015互联网+生物制药企业TOP100

我们需要什么？我们需要那些能改变生活和给生活以改变的信息。我们怎么获得？互联网已经不知不觉成为必选。

在这个时代，因为互联网，再偏门的学科也能绽放光彩，再晦涩的行业也能被大众触摸——或许这就是信息大爆炸的真正意义所在。

什么是生物制药？生物制药是指利用生物活体来生产药物的方法，如利用转基因玉米生产人源抗体、转基因牛乳腺表达人α1抗胰蛋白酶等。生物制药重要吗？据统计，目前全世界的医药品已有一半是生物合成的，它将广泛用于治疗癌症、艾滋病、冠心病、贫血、发育不良、糖尿病等多种疾病。医药上已应用的抗生素绝大多数来自微生物，如红霉素，注射用的青霉素等。

或许你听过这些但并不了解，或许你根本没听过，但这又有什么关系，不仅大众在寻求信息的多样化，生物制药企业也在寻求转型，或许不远的未来，生物制药企业不只是为完成制药这一目的，更重要的是根据自身品牌的价值向社会传递能量。

2015互联网+生物制药企业TOP100

排名	名称	iBrand	iSite	iPower	综合得分
1	中国北京同仁堂（集团）有限责任公司	98.12	93.64	86.35	92.70
2	中国生物制药有限公司	97.42	92.87	86.47	92.26
3	云南白药集团股份有限公司	97.91	92.50	86.36	92.26
4	贵州百灵企业集团制药股份有限公司	96.64	92.34	86.02	91.67
5	北京天坛生物制品股份有限公司	96.54	92.29	85.55	91.46
6	哈药集团有限公司	96.14	91.99	85.45	91.19
7	云南沃森生物技术股份有限公司	95.75	91.93	84.33	90.67
8	科兴控股生物技术有限公司	95.35	91.69	83.57	90.20
9	华兰生物工程股份有限公司	94.96	91.51	80.22	88.89
10	九芝堂股份有限公司	94.56	91.33	80.12	88.67
11	辽宁成大生物股份有限公司	94.17	91.15	80.04	88.45
12	桂林三金药业股份有限公司	93.77	90.97	80.01	88.25
13	重庆智飞生物制品股份有限公司	93.38	90.79	79.92	88.03
14	江西江中制药（集团）有限责任公司	92.98	90.61	79.85	87.81
15	诺和诺德(中国)制药有限公司	92.59	90.43	79.78	87.60
16	华润三九医药股份有限公司	92.19	90.25	79.71	87.38
17	上海莱士血液制品股份有限公司	91.79	90.07	79.64	87.17

排名	名称	iBrand	iSite	iPower	综合得分
18	江苏恒瑞医药股份有限公司	91.40	89.89	79.57	86.95
19	上海复星医药（集团）股份有限公司	91.00	89.71	79.49	86.73
20	上海医药集团股份有限公司	90.61	89.53	79.42	86.52
21	广州白云山医药集团股份有限公司	90.21	89.34	79.35	86.30
22	天士力制药集团股份有限公司	89.82	89.16	79.28	86.09
23	桂林集琦生化有限公司	89.53	88.98	79.21	85.91
24	华东医药股份有限公司	89.82	88.80	79.14	85.92
25	东阿阿胶股份有限公司	88.81	88.62	79.07	85.50
26	中源协和干细胞生物工程股份公司	88.67	88.44	79.00	85.37
27	深圳信立泰药业股份有限公司	88.31	88.26	78.93	85.17
28	中山大学达安基因股份有限公司	87.95	88.08	78.86	84.96
29	北京双鹭药业股份有限公司	87.60	87.90	78.78	84.76
30	恒康医疗集团股份有限公司	87.24	87.72	78.71	84.56
31	通化东宝药业股份有限公司	86.88	87.54	78.64	84.35
32	海南海药股份有限公司	86.52	87.36	78.57	84.15
33	广西梧州中恒集团股份有限公司	86.16	87.18	78.50	83.95
34	康恩贝集团有限公司	85.81	87.00	78.43	83.75
35	葵花药业集团	85.45	86.82	78.36	83.54
36	漳州片仔癀药业股份有限公司	85.09	86.64	78.29	83.34
37	亚泰(集团)股份有限公司	84.73	86.46	78.22	83.14
38	深圳市海普瑞药业股份有限公司	84.37	86.28	78.15	82.93
39	内蒙古金宇集团股份有限公司	84.01	86.10	78.07	82.73
40	浙江华海药业股份有限公司	83.66	85.92	78.00	82.53
41	深圳翰宇药业股份有限公司	83.30	85.74	77.93	82.32
42	天津中新药业集团股份有限公司	82.94	85.56	77.86	82.12
43	浙江新和成股份有限公司	82.58	85.38	77.79	81.92
44	长春高新技术产业（集团）股份有限公司	82.22	85.20	77.72	81.71
45	浙江海翔药业股份有限公司	81.87	85.02	77.65	81.51
46	贵州益佰制药股份有限公司	81.51	84.84	77.58	81.31
47	贵州信邦制药股份有限公司	81.15	84.66	77.51	81.10
48	天津红日药业股份有限公司	80.79	84.48	77.44	80.90
49	西藏奇正藏药股份有限公司	80.43	84.30	77.36	80.70
50	丽珠医药集团股份有限公司	80.07	84.12	77.29	80.49
51	江苏吴中医药集团有限公司	80.04	83.94	77.22	80.40
52	上海科华生物工程股份有限公司	79.92	83.76	77.15	80.28
53	华北制药集团有限责任公司	78.59	83.57	77.08	79.75
54	江苏康缘药业股份有限公司	78.44	83.39	77.01	79.61
55	江苏恩华药业股份有限公司	78.29	83.21	76.94	79.48

续表

排名	名称	iBrand	iSite	iPower	综合得分
56	广州市香雪制药股份有限公司	78.25	83.03	76.87	79.38
57	深圳海王集团股份有限公司	77.61	82.85	76.80	79.09
58	浙江医药股份有限公司	77.24	82.67	76.73	78.88
59	华润双鹤药业股份有限公司	76.88	82.49	76.65	78.68
60	舒泰神(北京)生物制药股份有限公司	76.52	82.31	76.58	78.47
61	吉林紫鑫药业股份有限公司	76.15	82.13	76.51	78.27
62	北京赛升药业股份有限公司	75.79	81.95	76.44	78.06
63	上海现代制药股份有限公司	75.43	81.77	76.37	77.86
64	北大国际医院集团西南合成制药股份有限公司	75.06	81.59	76.30	77.65
65	亚宝药业集团股份有限公司	74.70	81.41	76.23	77.45
66	山东沃华医药科技股份有限公司	74.34	81.23	76.16	77.24
67	株洲千金药业股份有限公司	73.97	81.05	76.09	77.04
68	正大制药集团	73.61	80.87	76.02	76.83
69	浙江海正药业股份有限公司	73.25	80.69	75.94	76.63
70	健民药业集团股份有限公司	72.88	80.51	75.87	76.42
71	阜丰集团有限公司	72.52	80.33	75.80	76.22
72	东北制药集团股份有限公司	72.16	80.15	75.73	76.01
73	金陵药业股份有限公司	71.79	79.97	75.66	75.81
74	吴忠仪表有限责任公司	71.43	79.79	75.59	75.60
75	天津力生制药股份有限公司	71.07	79.61	75.52	75.40
76	太极集团有限公司	70.70	79.43	75.45	75.19
77	内蒙古福瑞医疗科技股份有限公司	70.34	79.25	75.38	74.99
78	华药集团三精制药有限公司	69.31	79.07	75.31	74.56
79	岳阳兴长石化股份有限公司	69.01	78.89	75.23	74.38
80	太极集团重庆桐君阁药厂有限公司	68.59	78.71	75.16	74.15
81	湖南汉森制药股份有限公司	68.25	78.53	75.09	73.96
82	福安药业(集团)股份有限公司	67.89	78.35	75.02	73.75
83	安徽安科生物工程（集团）股份有限公司	67.53	78.17	74.95	73.55
84	美罗药业股份有限公司	67.17	77.99	74.88	73.34
85	诚志股份有限公司	66.81	77.80	74.81	73.14
86	广东太安堂药业股份有限公司	66.45	77.62	74.74	72.94
87	精华制药集团股份有限公司	66.09	77.44	74.67	72.73
88	渤海水业股份有限公司	65.73	77.26	74.60	72.53
89	海南康芝药业股份有限公司	65.37	77.08	74.52	72.33
90	成都华神集团股份有限公司	65.01	76.90	74.45	72.12
91	广东嘉应制药股份有限公司	64.65	76.72	74.38	71.92
92	辅仁药业集团医药股份有限公司	64.29	76.54	74.31	71.71
93	北京利德曼生化股份有限公司	63.93	76.36	74.24	71.51

排名	名称	iBrand	iSite	iPower	综合得分
94	江西博雅生物制药股份有限公司	63.57	76.18	74.17	71.31
95	金花企业（集团）股份有限公司	63.09	76.04	74.09	71.07
96	河南羚锐制药股份有限公司	62.85	75.82	74.03	70.90
97	沈阳三生制药有限责任公司	62.49	75.64	73.96	70.70
98	北京北陆药业股份有限公司	62.13	75.46	73.89	70.49
99	江苏四环生物股份有限公司	61.77	75.28	73.81	70.29
100	浙江钱江生物化学股份有限公司	60.65	74.90	72.85	69.47

近20年来，以基因工程、细胞工程、酶工程为代表的现代生物技术迅猛发展，人类基因组计划等重大技术相继取得突破，现代生物技术在医学治疗方面广泛应用，生物医药产业化进程明显加快，21世纪世界医药生物技术的产业化正逐步进入投资收获期。

数据显示，中国从事生物技术产业研究、开发、生产和经营的人数仅相当于美国生物技术产业人数的1/4。巨大的市场空白推动着中国生物制药产业快速发展。而除了市场的推动外，政策对行业发展形成有利支撑。20世纪90年代以来，我国生物制药行业取得了突发猛进的发展，企业对生物制药的投入以年均25%的速度递增。

市场预计到2020年，全球生物技术药物将占全部药品销售收入比重的三分之一以上。其中，到2015年，中国生物医药市场有望达到1000亿美元。生物医药已被我国确定为"战略性新兴产业"，在国民经济中具有战略地位。中国生物医药市场的巨大潜力吸引众多跨国大型药企介入，同时也创造了更多投资机会。

随着生物制药行业竞争的不断加剧，大型生物制药企业间并购整合与资本运作日趋频繁，国内优秀的生物制药生产企业愈来愈重视对行业市场的研究，特别是对企业发展环境和客户需求趋势变化的深入研究。正因为如此，一大批国内优秀的生物制药品牌迅速崛起，逐渐成为生物制药行业中的翘楚！

在这之中，互联网以大部分人都没有注意的方式影响着生物制药产业，也影响着我们的生活。

2015互联网+化工TOP100

　　人类与化工的关系十分密切，在现代生活中，几乎随时随地都离不开化工产品，从衣、食、住、行等物质生活到文化艺术、娱乐等精神生活，都需要化工产品为之服务。有些化工产品在人类发展历史中，起着划时代的重要作用。它们的生产和应用，甚至代表着人类文明的一定历史阶段。

　　化学工业、化学工程、化学工艺都简称为化工。化学工业包括石油化工、农业化工、化学医药、高分子、涂料、油脂等。它们出现于不同历史时期，各有不同涵义，却又关系密切，相互渗透，具有连续性，并在其发展过程中被赋予新的内容。

　　人类早期的生活更多地依赖于对天然物质的直接利用。渐渐地这些物质的固有性能满足不了人类的需求，于是产生了各种加工技术，有意识有目的地将天然物质转变为具有多种性能的新物质，并且逐步在工业生产的规模上付诸实现。

　　广义地说，凡运用化学方法改变物质组成或结构、或合成新物质的，都属于化学生产技术，也就是化学工艺，所得的产品被称为化学品或化工产品。早期生产化学品的是手工作坊，后演变为工厂，并逐渐形成一个特定的生产部门，即化学工业。

　　随着生产力的发展，有些生产部门，如冶金、炼油、造纸、制革等，已作为独立的生产部门从化学工业中划分出来。当大规模石油炼制工业和石油化工蓬勃发展之后，以化学、物理学、数学为基础并结合其他工程技术，研究化工生产过程的共同规律，解决生产规模放大和大型化中出现的诸多工程技术问题的学科化学工程诞生并得到迅速地发展，从而将化学工业生产提高到一个新水平，从经验的或半经验的状态进入到理论和预测的新阶段。

　　现在，互联网席卷了全球，化学工业也没能"幸免"。

　　当前，对于大多数化工企业而言，"互联网+"还只是一个高大上的概念而已。尽管政府在不断加大力度倡导和推进"中国制造2025"战略，媒体也是浓墨重彩地将"互联网+传统产业"描绘得前程似锦，还有一些互联网界的大佬们预言，互联网将颠覆许多传统行业，可是具体到化工行业，目前大部分企业对"互联网+"的认识和思考并不深入。一些企业觉得互联网离他们还很远，一些企业认为做一个企业网站或是在淘宝上开个网店就算是"互联网+"了。"互联网+"到底是什么？企业能做些什么？又该从何做起？业内绝大多数企业依然感到茫然不知所措。

2015互联网+化工TOP100

排名	名称	iBrand	iSite	iPower	综合得分
1	中国化工集团公司	98.32	77.93	96.70	90.98
2	湖北宜化集团有限责任公司	92.39	82.73	95.77	90.30
3	云天化集团有限责任公司	81.56	96.05	92.62	90.08
4	山东东明石化集团有限公司	88.29	89.28	92.62	90.06
5	上海华谊（集团）公司	88.30	88.51	92.94	89.92
6	恒力石化（大连）有限公司	91.87	85.07	92.48	89.81
7	江阴澄星实业集团有限公司	89.54	86.65	92.39	89.53
8	山东京博控股股份有限公司	84.82	91.74	92.00	89.52
9	山东华泰集团有限公司	90.12	86.15	91.83	89.37
10	山东海科化工集团	88.11	88.10	91.75	89.32
11	中国万达集团	86.74	88.04	91.71	88.83
12	神华集团有限责任公司	89.38	84.58	92.43	88.80
13	利华益集团股份有限公司	80.66	94.65	90.39	88.57
14	华勤橡胶工业集团有限公司	92.80	82.77	90.02	88.53
15	亚邦投资控股集团有限公司	91.70	83.84	89.97	88.50
16	山西阳煤化工投资有限责任公司	81.17	94.67	89.51	88.45
17	中化国际（控股）股份有限公司	91.01	83.03	89.06	87.70
18	宁夏宝塔石化集团有限公司	87.97	85.97	88.70	87.55
19	滨化集团股份有限公司	86.09	88.31	88.15	87.52
20	辽宁华锦化工（集团）有限责任公司	90.42	83.98	87.88	87.43
21	山东晨曦集团有限公司	85.54	88.32	88.01	87.29
22	山东金岭集团有限公司	84.62	89.88	87.13	87.21
23	荣盛石化股份有限公司	83.69	90.59	86.76	87.01
24	贵州开磷（集团）有限责任公司	87.93	86.03	86.38	86.78
25	中国庆华能源集团有限公司	80.23	93.33	86.01	86.52
26	山东华星石油化工集团有限公司	92.09	81.51	85.63	86.41
27	山东金诚石化集团有限公司	76.27	89.02	95.26	86.85
28	江苏三房巷集团有限公司	95.91	78.90	84.88	86.56
29	山东玉皇化工有限公司	89.52	85.50	84.51	86.51
30	恒逸石化股份有限公司	83.13	91.62	84.13	86.29
31	山东昌邑石化有限公司	79.44	95.18	83.76	86.12
32	河北金锐鑫海化工有限公司	89.48	85.42	83.38	86.09
33	天津渤天化工有限责任公司	87.21	87.79	83.01	86.00
34	瓮福（集团）有限责任公司	82.92	91.68	82.64	85.75
35	旭阳控股有限公司	92.48	82.23	82.26	85.66
36	浙江桐昆集团股份有限公司	85.89	87.98	81.89	85.25

续表

排名	名称	iBrand	iSite	iPower	综合得分
37	山东汇丰石化集团有限公司	96.35	77.87	81.51	85.25
38	江苏新海石化有限公司	85.66	88.60	81.14	85.13
39	新疆天业（集团）有限公司	87.11	87.61	80.76	85.16
40	宜昌兴发集团有限责任公司	85.38	89.56	80.39	85.11
41	巨化集团公司	88.75	86.32	80.01	85.03
42	中策橡胶集团有限公司	84.72	89.94	79.93	84.86
43	浙江恒业成有机硅有限公司	90.76	83.26	79.91	84.65
44	洪业化工集团股份有限公司	78.15	95.13	79.90	84.39
45	云南煤化工集团有限公司	83.97	89.31	79.90	84.39
46	内蒙古双欣能源化工有限公司	94.13	80.00	78.84	84.32
47	江苏金浦集团有限公司	85.00	88.83	78.70	84.18
48	万华化学集团股份有限公司	86.23	87.86	78.43	84.17
49	山东东岳集团化工有限公司	90.83	83.20	78.31	84.11
50	红太阳集团有限公司	89.69	84.13	78.22	84.01
51	正和集团股份有限公司	89.79	83.04	78.01	83.61
52	山东垦利石化集团有限公司	81.97	91.20	77.63	83.60
53	广东湛化股份有限公司	82.60	90.71	77.30	83.36
54	河南晋开化工投资控股集团有限责任公司	85.46	87.09	77.12	83.22
55	富海集团有限公司	90.65	81.97	76.87	83.16
56	厦门正新橡胶工业有限公司	91.33	80.04	76.62	82.66
57	三角集团有限公司	74.07	96.83	76.37	82.42
58	玲珑集团有限公司	92.05	78.39	76.11	82.18
59	中化弘润石化有限公司	90.36	80.04	75.86	82.09
60	逸盛大化石化有限公司	87.52	82.88	75.61	82.00
61	山东寿光鲁清石化有限公司	96.50	73.98	75.36	81.94
62	广州金发科技股份有限公司	86.51	84.03	75.11	81.88
63	东辰控股集团有限公司	84.54	85.33	74.85	81.57
64	翔鹭石化股份有限公司	88.85	81.07	74.60	81.51
65	山东信发化工有限公司	89.58	79.25	74.35	81.06
66	神华集团煤制油包头煤化工公司	85.03	83.52	74.10	80.88
67	河北诚信有限责任公司	81.72	85.85	73.85	80.47
68	山东永泰化工有限公司	89.98	77.20	73.59	80.26
69	兴达投资集团有限公司	90.21	75.03	73.34	79.53
70	浙江龙盛集团股份有限公司	88.71	76.47	73.09	79.42
71	山东金茂纺织化工集团有限公司	89.71	75.09	72.84	79.21
72	山东联盟化工集团有限公司	79.37	85.30	72.58	79.08
73	佳通轮胎（中国）投资有限公司	85.10	79.42	72.33	78.95
74	神马实业股份有限公司	82.10	80.95	72.08	78.38

排名	名称	iBrand	iSite	iPower	综合得分
75	瑞星集团有限公司	87.42	74.21	71.83	77.82
76	开滦能源化工股份有限公司	81.44	78.73	71.58	77.25
77	大连福佳·大化石油化工有限公司	85.60	74.56	71.32	77.16
78	山东恒源石油化工股份有限公司	74.99	84.98	71.07	77.01
79	福建永荣控股集团有限公司	70.24	88.21	70.82	76.42
80	金正大生态工程集团股份有限公司	79.59	79.09	70.57	76.42
81	东华能源股份有限公司	82.85	74.74	70.31	75.97
82	内蒙古黄河能源科技集团有限责任公司	71.86	78.67	74.06	74.87
83	鲁西化工集团股份有限公司	88.63	63.80	69.81	74.08
84	盘锦和运实业集团有限公司	77.38	74.41	69.56	73.78
85	唐山三友集团有限公司	83.41	68.63	69.31	73.78
86	山东万达宝通轮胎有限公司	71.68	78.61	69.05	73.11
87	新疆中泰（集团）有限责任公司	87.09	63.09	68.80	72.99
88	天津大沽化工股份有限公司	71.15	77.45	68.55	72.38
89	南通化工轻工股份有限公司	77.19	71.00	68.30	72.16
90	上海和氏璧化工有限公司	70.01	75.20	68.05	71.08
91	珠海碧辟化工有限公司	76.64	63.76	67.79	69.40
92	山西焦化集团有限公司	80.20	60.09	67.54	69.28
93	广东华润涂料有限公司	64.28	75.44	67.29	69.00
94	河北三高农业开发集团有限公司	70.39	66.22	67.04	67.88
95	晋煤金石化工投资集团有限公司	70.95	62.16	66.78	66.63
96	天津天女化工集团股份有限公司	69.88	62.91	66.53	66.44
97	湖北三宁化工股份有限公司	65.47	66.73	66.28	66.16
98	赛轮金宇集团股份有限公司	66.26	65.11	66.03	65.80
99	立邦涂料（中国）有限公司	67.95	63.38	65.78	65.70
100	兴源轮胎集团有限公司	62.78	67.55	65.52	65.29

本榜单以化工企业信息化程度为参考标准，为该行业的互联网化提供可借鉴的标杆企业。

事实上，"互联网+"对于化工企业的改造并不会像消费品零售行业那样翻天覆地，也绝非做个网站、开个网店那么简单。业内专家表示，"互联网+"化工的核心将会围绕电子商务、互联网金融服务、智能制造、数字工厂等展开，随着互联网战略的推进，还会有诸如协同创新、重构产业生态环境等更为广泛和深入的推动力不断地被挖掘出来。

或许可这样认为，在化工产业张开双臂拥抱互联网时，不能过度夸大"互联网+"的作用，更不能将其视为行业摆脱困境的唯一途径。毕竟互联网带给化工行业的是新业态、新模式，但却无法改变化工行业满足社会对化学品需求的本质，而为社会提供有质量保证的化工产品，满足各行各业以及百姓的日常需求才是化工行业最为核心的价值所在。即使是融合了"互联网+"的新模式，化工企业的核心业务仍然是做好产品、满足社会需求、服务好百姓生活。

05 | 工矿能源

🌐 2015互联网+采矿业TOP100

地大物博的中国，拥有丰富的矿产资源，从传统的煤炭、石油、天然气到稀有的有色金属，在矿产资源的储量和种类方面均居世界前列，为我国国防事业、社会经济、尖端科技的发展和进步提供了资源保障。目前，我国已经形成了一条集矿产采集、加工制造、销售于一体的完整产业链，以中石油、中石化等大型国有集团为代表携手具有地方特色的中小型采矿企业，共同打造一条可持续发展的能源产业发展道路，完善产业结构。

满足自需的同时加强国际间产业合作

国土资源部副部长汪民在中国——东盟矿业合作论坛开幕式上表示当前国际矿产仍处于低迷态势，波动加剧，投资、融资不容乐观，当前形势下，如何进一步深化改革，加强创新与合作，加快推动矿业复苏、增长和转型发展是东盟国家共同面临的课题。矿产资源是一个世界问题，对于矿产企业而言，首先要立足国内，继续开展找矿突破，提升能源资源的保障能力，同时坚持对外开放，欢迎外商投资中国的矿产开发，也支持中国企业对外开展负责任的、可持续的矿业项目合作。

2015互联网+采矿业TOP100

排名	名称	iBrand	iSite	iPower	综合得分
1	中国石油天然气股份有限公司	96.01	95.31	99.56	96.96
2	中国神华能源股份有限公司	92.43	94.72	99.47	95.54
3	中石化石油工程技术服务股份有限公司	88.80	97.15	99.38	95.11
4	包头钢铁（集团）有限责任公司	90.46	95.52	99.26	95.08
5	中国石油化工股份有限公司	90.34	95.91	98.45	94.90
6	宝钢集团有限公司	85.29	95.51	98.23	93.01
7	中国中煤能源股份有限公司	83.54	97.72	97.56	92.94
8	中海油田服务股份有限公司	86.02	94.69	97.45	92.72
9	中国铝业股份有限公司	88.39	92.37	97.37	92.71
10	紫金矿业集团股份有限公司	89.10	91.90	96.56	92.52
11	洛阳栾川钼业集团股份有限公司	83.96	95.77	96.45	92.06
12	江西铜业集团公司	85.82	92.30	96.23	91.45
13	永泰能源股份有限公司	80.85	97.37	95.98	91.40
14	陕西煤业股份有限公司	84.30	92.10	95.97	90.79

排名	名称	iBrand	iSite	iPower	综合得分
15	新兴际华集团有限公司	87.08	89.06	95.96	90.70
16	兖州煤业股份有限公司	78.02	97.68	95.89	90.53
17	海洋石油工程股份有限公司	81.34	94.37	95.76	90.49
18	武汉钢铁集团公司	81.24	93.53	95.74	90.17
19	中国五矿集团公司	81.16	93.50	94.98	89.88
20	鞍钢股份有限公司	78.31	96.28	94.78	89.79
21	广汇能源股份有限公司	84.90	90.25	93.68	89.61
22	唐山钢铁股份有限公司	83.84	88.67	93.56	88.69
23	申能股份有限公司	88.83	82.27	92.45	87.85
24	莱芜钢铁股份有限公司	72.66	94.36	92.36	86.46
25	济南钢铁股份有限公司	72.40	93.74	91.29	85.81
26	攀钢集团攀枝花钢钒有限公司	81.28	83.19	90.17	84.88
27	攀钢集团钒钛资源股份有限公司	81.15	81.80	89.89	84.28
28	国投新集能源股份有限公司	78.10	84.70	89.56	84.12
29	海南矿业股份有限公司	72.45	91.76	87.52	83.91
30	山东黄金矿业股份有限公司	81.96	82.47	86.49	83.64
31	山西太钢不锈钢股份有限公司	72.00	89.39	86.23	82.54
32	金堆城钼业股份有限公司	75.91	85.55	85.29	82.25
33	北京首钢股份有限公司	85.34	74.14	84.12	81.20
34	广东韶钢松山股份有限公司	78.20	80.92	84.09	81.07
35	建新矿业股份有限责任公司	73.45	85.33	83.56	80.78
36	山西潞安环保能源开发股份有限公司	71.56	84.77	82.56	79.63
37	七台河宝泰隆煤化工股份有限公司	76.49	80.96	81.38	79.61
38	冀中能源集团有限责任公司	81.53	76.23	80.56	79.44
39	冀中能源股份有限公司	81.28	71.78	79.86	77.64
40	柳州钢铁股份有限公司	71.26	78.97	80.23	76.82
41	厦门钨业股份有限公司	71.28	79.38	79.56	76.74
42	云南铜业(集团)有限公司	81.54	70.94	77.56	76.68
43	本溪钢铁（集团）有限责任公司	81.42	70.41	76.65	76.16
44	阳泉煤业(集团)股份有限公司	81.48	69.25	75.98	75.57
45	江苏常铝铝业股份有限公司	58.68	88.19	79.24	75.37
46	山西西山煤电股份有限公司	61.10	86.44	78.12	75.22
47	中国南玻集团股份有限公司	79.80	65.98	78.26	74.68
48	洲际油气股份有限公司	65.14	80.10	78.35	74.53
49	西部矿业股份有限公司	81.86	66.62	74.21	74.23
50	马鞍山钢铁股份有限公司	83.89	66.48	71.36	73.91
51	云南驰宏锌锗股份有限公司	71.55	73.70	73.12	72.79
52	重庆钢铁（集团）有限责任公司	76.85	67.64	72.14	72.21

续表

排名	名称	iBrand	iSite	iPower	综合得分
53	贵州盘江精煤股份有限公司	61.11	79.90	75.56	72.19
54	吉林吉恩镍业股份有限公司	72.07	69.62	73.56	71.75
55	内蒙古霍林河露天煤业股份有限公司	78.26	62.24	74.12	71.54
56	四川西部资源控股股份有限公司	63.73	74.01	71.45	69.73
57	河南大有能源股份有限公司	77.17	62.25	68.24	69.22
58	云南锡业股份有限公司	82.60	55.41	66.56	68.19
59	中国有色金属建设股份有限公司	72.44	62.19	67.15	67.26
60	甘肃刚泰控股(集团)股份有限公司	74.24	59.00	66.89	66.71
61	平顶山天安煤业股份有限公司	81.47	52.52	63.59	65.86
62	北京中科三环高技术股份有限公司	59.82	67.88	69.31	65.67
63	广钢股份有限公司	44.90	80.25	70.84	65.33
64	焦作万方铝业股份有限公司	71.39	58.37	65.21	64.99
65	南京钢铁股份有限公司	75.85	53.24	64.38	64.49
66	四川宏达股份有限公司	84.90	46.35	60.45	63.90
67	中金黄金股份有限公司	81.17	48.98	60.89	63.68
68	山东南山铝业股份有限公司	81.60	46.76	60.85	63.07
69	河北钢铁集团邯钢公司	71.45	55.76	61.05	62.02
70	抚顺特殊钢股份有限公司	67.28	58.15	62.22	62.55
71	武汉凯迪电力股份有限公司	69.08	55.90	60.69	61.89
72	陕西炼石有色资源股份有限公司	58.63	63.47	61.98	61.36
73	大同煤业股份有限公司	73.57	50.32	59.29	61.06
74	金诚信矿业管理股份有限公司	71.52	50.84	59.56	60.64
75	山煤国际能源集团股份有限公司	71.65	50.72	59.16	60.51
76	北京昊华能源股份有限公司	71.84	50.58	58.75	60.39
77	太原煤气化股份有限公司	64.67	55.52	60.56	60.25
78	湖南黄金股份有限公司	67.68	54.15	58.89	60.24
79	甘肃靖远煤电股份有限公司	71.30	49.24	59.46	60.00
80	北京华泰中昊投资集团有限公司	57.10	63.57	59.15	59.94
81	银泰资源股份有限公司	45.80	70.67	62.12	59.53
82	宁波韵升股份有限公司	72.45	48.58	57.56	59.53
83	内蒙古包钢稀土高科技股份有限公司	61.31	54.38	61.85	59.18
84	上海大屯能源股份有限公司	72.72	49.21	54.98	58.97
85	山西兰花科技创业股份有限公司	68.89	50.73	56.75	58.79
86	山西兰花科技创业股份有限公司	68.89	50.02	56.23	58.38
87	河南中孚实业股份有限公司	71.18	46.87	55.59	57.88
88	葫芦岛锌业股份有限公司	81.18	36.88	54.68	57.58
89	赤峰吉隆黄金矿业股份有限公司	71.93	44.81	55.76	57.50
90	山西通宝能源股份有限公司	71.17	45.11	55.68	57.32

排名	名称	iBrand	iSite	iPower	综合得分
91	盛达矿业股份有限公司	72.02	44.39	55.49	57.30
92	河北丰汇集团投资有限公司	47.36	68.39	55.89	57.21
93	北京海港投资发展有限公司	44.20	66.50	60.78	57.16
94	安阳钢铁股份有限公司	74.46	41.82	53.79	56.69
95	内蒙古远兴能源股份有限公司	66.65	47.39	55.46	56.50
96	浙江华友钴业股份有限公司	67.04	46.65	55.48	56.39
97	宁夏恒力钢丝绳股份有限公司	71.21	40.96	54.87	55.68
98	云南铝业股份有限公司	57.72	52.34	56.56	55.54
99	河南神火煤电股份有限公司	57.90	48.20	56.11	54.07
100	西安通源石油科技股份有限公司	57.97	50.34	52.31	53.54

当前我国的主要矿产资源供需形势正在发生重大结构性转变，一方面，需求的增长放缓，供需矛盾减弱，资源环境已到极限，经济发展正从资源不足为主要问题向加工产能过剩转变。1～7月，我国化学矿采选业累计存货67.2亿元，同比增加16.1%，其中农业类的有机肥料置存较为严重。未来5～10年，我国将面临迎接资源需求峰值与产业转型的双重压力。

地方特色的矿业可持续发展策略

同时，我国也在不断地发现和采掘新的矿产能源，据悉，自2011年至今，广东省共投资19亿元致力于矿产资源的勘探工作，历经四年，共发现大型矿产6处、中型矿产地25处、小型矿产地17处。得益于我国如此丰富的矿产储量，地区的矿产企业也在不断地发展。

江西省赣州市被誉为"世界钨都"，近年来，赣州市确立了全国稀有金属产业基地的发展定位，深入推进优势矿产业加快向高端化、集团化发展，不断挖掘钨资源的附加价值，提高钨矿的利用率。在产业优化升级的同时，章源钨业还积极尽心地履行保护生态环境的责任，以科技创新带动环境保护。

结语

借势国家"互联网+"政策，我国的矿产企业能够通过网络促进矿产的开发和销售，加快促进产业转型，坚持可持续发展的战略，提高产品的附加价值，满足国家对矿产能源的基本需求，同时坚持改革开放，加强国际企业间的合作交流，共同推动矿产行业的进一步发展。

2015互联网+能源TOP100

如今，互联网已逐渐成为各行各业的动力引擎，依托互联网技术优势，打造"互联网+"新行业形态，已成为很多传统行业的前进方向。

能源行业作为国民经济的重要支撑部分，在万物互联的大趋势下如何顺应潮流，无疑再次成为关注重点。能源行业如何与互联网实现融合，一方面是能源行业通过运用驾驭互联网工具，实现能源+互联网；另一方面则是新认识、新理论与互联网的结合，促进能源行业的革新变化，即互联网+能源。

2015互联网+能源TOP100

排名	名称	iBrand	iSite	iPower	综合得分
1	中国石油化工集团公司	94.35	86.82	92.15	91.11
2	国家电网公司	93.92	85.32	91.89	90.38
3	中国石油天然气集团公司	90.70	89.66	89.42	89.93
4	中国海洋石油总公司	87.36	91.39	86.63	88.46
5	中国中化集团公司	89.75	89.17	86.12	88.35
6	中国核工业集团公司	89.68	88.00	85.71	87.80
7	中国南方电网有限责任公司	87.16	89.81	85.06	87.34
8	神华集团有限责任公司	84.56	89.59	84.83	86.33
9	中国华能集团公司	87.63	86.29	84.67	86.20
10	中国电力建设集团有限公司	86.94	85.83	84.51	85.76
11	山西焦煤集团有限责任公司	85.99	84.84	83.84	84.89
12	冀中能源集团有限责任公司	91.61	79.26	83.71	84.86
13	中国航空油料集团公司	88.61	82.33	83.58	84.84
14	中国核工业建设集团公司	87.65	82.92	83.41	84.66
15	大同煤矿集团有限责任公司	85.06	85.78	82.77	84.54
16	中国华信能源有限公司	85.89	84.75	82.58	84.41
17	中国国电集团公司	81.40	89.14	82.31	84.28
18	中国华电集团公司	88.71	81.31	82.22	84.08
19	山西潞安矿业（集团）有限责任公司	89.67	79.84	82.15	83.89
20	中国长江三峡集团公司	81.85	87.24	82.07	83.72
21	河南能源化工集团责任有限公司	83.37	85.59	82.02	83.66
22	山东能源集团有限公司	90.74	77.74	81.98	83.49
23	山西晋城无烟煤矿业集团有限责任公司	88.78	79.36	81.27	83.14
24	陕西延长石油（集团）有限责任公司	87.10	81.14	81.06	83.10

排名	名称	iBrand	iSite	iPower	综合得分
25	晋能有限责任公司	81.28	87.04	80.92	83.08
26	中国能源建设集团有限公司	88.83	79.66	80.66	83.05
27	中国大唐集团公司	81.28	86.13	80.53	82.65
28	开滦（集团）有限责任公司	84.36	82.25	80.15	82.25
29	中国煤炭科工集团有限公司	86.16	79.29	80.11	81.85
30	中国电力投资集团公司	81.53	82.24	80.02	81.26
31	山西阳泉煤业(集团)有限责任公司	83.24	79.69	79.51	80.81
32	陕西煤业化工集团有限责任公司	94.13	68.43	78.91	80.49
33	中国平煤神马能源化工集团有限责任公司	78.13	83.26	79.57	80.32
34	山西煤炭进出口集团有限公司	87.04	81.74	71.98	80.25
35	国家开发投资公司	81.36	81.88	77.33	80.19
36	浙江省能源集团有限公司	83.07	81.71	75.09	79.96
37	兖矿集团有限公司	85.50	81.58	72.61	79.90
38	重庆市能源投资集团公司	83.10	76.88	79.59	79.86
39	中国节能环保集团公司	74.11	95.33	69.81	79.75
40	北京能源投资（集团）有限公司	81.56	83.09	74.51	79.72
41	中国中煤能源集团有限公司	83.00	84.20	71.54	79.58
42	利华益集团股份有限公司	82.21	79.62	76.36	79.40
43	申能（集团）有限公司	92.12	74.68	70.83	79.21
44	山西省国新能源发展集团有限公司	85.65	72.08	79.25	78.99
45	上海电气（集团）总公司	86.10	71.29	77.61	78.33
46	淮北矿业（集团）有限责任公司	84.84	72.95	76.71	78.17
47	中国东方电气集团有限公司	75.20	81.25	77.53	77.99
48	广东省粤电集团有限公司	81.45	74.14	78.02	77.87
49	内蒙古电力（集团）有限责任公司	81.32	72.50	79.29	77.70
50	新疆广汇实业投资（集团）有限责任公司	81.62	76.83	73.84	77.43
51	盾安控股集团有限公司	83.90	71.70	76.48	77.36
52	中国广核集团有限公司	76.50	81.39	73.29	77.06
53	淮南矿业(集团)有限责任公司	83.25	67.09	78.69	76.34
54	皖北煤电集团有限责任公司	81.53	73.19	73.97	76.23
55	中电控股有限公司	81.39	67.93	79.14	76.15
56	华润电力控股有限公司	80.71	69.20	77.46	75.79
57	山东京博控股股份有限公司	82.11	72.18	72.48	75.59
58	珠海振戎公司	76.75	71.57	78.35	75.56
59	广西投资集团有限公司	77.21	71.68	77.29	75.39
60	万达控股集团有限公司	75.78	77.29	72.52	75.20
61	上海人民企业（集团）有限公司	83.17	73.67	68.23	75.02
62	光汇石油（控股）有限公司	75.21	72.45	76.39	74.68

续表

排名	名称	iBrand	iSite	iPower	综合得分
63	大连西太平洋石油化工有限公司	84.56	63.66	73.23	73.82
64	新华联集团有限公司	70.82	73.38	76.66	73.62
65	北方华锦化学工业股份有限公司	72.93	71.95	75.87	73.58
66	黑龙江龙煤矿业控股集团有限责任公司	72.61	73.30	74.58	73.50
67	云南省能源投资集团有限公司	84.92	75.26	60.06	73.41
68	郑州煤炭工业(集团）有限责任公司	79.04	75.45	65.41	73.30
69	福建省能源集团有限责任公司	85.37	73.86	59.33	72.85
70	亿利资源集团有限公司	73.53	74.32	70.52	72.79
71	天津百利机电控股集团有限公司	71.99	67.10	77.21	72.10
72	广东振戎能源有限公司	63.57	72.01	79.48	71.69
73	南方石化集团有限公司	74.41	62.39	77.89	71.56
74	江西省能源集团公司	75.22	78.78	60.31	71.44
75	山东东明石化集团有限公司	74.02	62.97	76.93	71.31
76	绿地能源集团有限公司	68.84	67.14	77.84	71.27
77	新疆特变电工集团有限公司	72.07	71.19	70.16	71.14
78	内蒙古鄂尔多斯投资控股集团有限责任公司	68.61	68.43	76.13	71.06
79	荣盛石化股份有限公司	76.55	71.34	65.10	71.02
80	恒逸石化股份有限公司	77.19	67.64	68.19	71.01
81	宏华集团有限公司	62.48	71.27	78.96	70.90
82	北京控股集团有限公司	79.78	59.72	72.56	70.69
83	宁夏宝塔石化集团有限公司	72.66	71.35	67.22	70.41
84	新澳集团股份有限公司	61.68	72.36	77.15	70.40
85	人民电器集团有限公司	71.47	73.16	65.86	70.16
86	天津能源投资集团有限公司	78.64	65.25	63.89	69.26
87	山东海科化工集团有限公司	69.43	66.48	69.05	68.32
88	北京京煤集团有限责任公司	82.11	63.16	59.49	68.25
89	山东金诚石化集团有限公司	72.77	64.09	67.54	68.13
90	旭阳控股有限公司	71.97	71.42	60.92	68.10
91	云南煤化工集团有限公司	72.11	71.44	59.86	67.80
92	杭州锦江集团有限公司	70.19	70.91	61.86	67.65
93	山东华星石油化工集团有限公司	71.94	71.43	58.86	67.41
94	宝胜集团有限公司	71.51	71.68	58.62	67.27
95	山东焦化集团有限公司	61.48	75.68	64.28	67.15
96	沂州集团有限公司	65.83	67.08	64.11	65.67
97	河南神火集团有限公司	74.50	58.30	62.56	65.12
98	内蒙古伊泰集团有限公司	75.29	58.27	61.04	64.87
99	徐州矿务集团有限公司	72.65	60.91	58.71	64.09
100	中球冠集团有限公司	70.51	61.02	59.66	63.73

大象的战略与小鱼的活法

能源行业因其本身的特殊性，一直处于半封闭状态，国有企业始终是行业龙头，民营与外企也始终难以产生太强的竞争力。而在这个体型庞大的"大象"转身的过程中，却为企业带来了一切可能。

中石化很早就对于传统行业未来的发展形态进行了思考，并提出未来将以非油品业务为主营业务的理念。石油一类非可再生能源产品终将被人类耗尽，及早寻找可再生代替能源或者从商品提供商转型为综合服务商是传统能源企业必然选择的道路。"互联网+"时代正是一个数据、业务、资源大综合的时代。

在2014年8月27日，中石化与腾讯签订合作协议，两家企业将在业务的开发推广、移动支付、媒介宣传、O2O业务、地图导航、用户忠诚度管理、大数据应用与交叉营销等领域探索开展合作；2015年中石化又与阿里巴巴合作，将对石油产业链进行大数据分析并且形成基于云的业务系统。

电能是与我们现代生活最紧密贴切的能源，也是与互联网最易形成智能化的能源领域。国家电网今年与腾讯合作，正式实施"互联网+电网"战略，整合电力用户大数据资源，力求打造依托互联网的智能家庭电力生活。现在上网交个电费油费都已轻松实现，你能想象在未来会是怎样改变的吗？

在行业改革潮流浪尖上，行业大鳄如同巨轮，有吨位、动力优势；与此相比，那些"小鱼企业"就如一艘小艇，简捷轻快，如能顺应潮流也可以急速前行。

新奥集团是一家以清洁能源开发利用为主要事业领域的民营企业。从2010年开始，新奥集团开始研究如何将云计算运用到企业应用中；2011年新奥集团与IBM合作搭建云平台；2013年新奥集团完成云平台智能化调度，规划企业混合云构架。新奥集团作为一家传统能源领域企业，接纳、学习、跟随互联网思维，结合自身组织思考互联网业务创新问题。这使得整个企业拥有更年轻的姿态，以此来面对源于互联网中的无限机遇。

回归本质，重新赋予"能源"商品属性

目前有如石油、电力这样的能源市场仍是产品供应商占据着主导地位。区域市场甚至可能被一家垄断，市场走向并不遵循供求关系的先决条件。能源被开发或者生产出来，再流通到用户手中，这已经形成了一个商品产业链，现在只是由于一些特殊因素，将能源本身商品的属性剥夺了。而能源互联网的到来与新型能源不断地被开发利用，必将催生更多新型供能主题与供能模式，垄断形式被打破，"能源"也终将重赋予商品属性。

我们拿最常用的电力能源举例。上面文章中提到，现在我们可以在网上缴纳电费，然而这种能源的购买方式只是能源供货商为你提供的一种快捷通道，而通道的导向仍是

单向的，这并不能称之为能源互联网。互联网具有共享性，信息与资源都可以被你接收使用。当实现能源与互联网的融合，你可以在网上选择购买不同供货商的电力能源，先购买后使用，将能源生产权利过渡到能源消费层上。

结语

互联网能改变很多东西不是因为它是一种工具，而是它可能对整个社会某个角度的主流意识（或认知）带来一种新的定义。一方面，能源互联网+互联网能源将成为各行各业显性的基础动力，能源行业的发展方向既由自然科学引导，也由越来越大的圈子引导。另一方面，从来不掀大风大浪的能源行业也将迎来激烈的竞争，这是历史上从未有过的。

2015互联网+环保TOP100

这是一穹蔚蓝的天；

这是一片青草与紫罗兰放歌的大地；

这是一群享有着自由生命的牛羊和人；

道一声珍重：这是我们的家园。

保护环境已经成为这一世纪的主题，而自"互联网+"冲击各个传统行业后，环保行业也由内到外发生了很大改变，内在是行业的开始迎合互联网思维，在以移动互联网为新引擎下寻找实现"弯道超车"的突破口；外在是人们接收环保讯息的形式与政府对待"环保互联网"新形态的态度。国家设计制定的"互联网+"生态战略，不仅是一次传统行业的升级，更是要把此变成新的经济产业形态。当大众的物质生活得到大幅改善后，环境保护越来越多为人们所关注。

本榜主要是针对国内环保行业中，材料设备与污染处理两个方面为主营业务的企业。通过对这些环保企业的营收状况、业务规模、日平均污染处理情况等多种因素的考查，能体现企业使命、对社会的责任以及品牌美誉度等多个维度，从而反映出企业在"互联网+"时代下的综合能力。

2015互联网+环保TOP100

排名	名称	iBrand	iSite	iPower	综合得分
1	中国节能环保集团公司	92.81	91.72	95.26	93.26
2	福建龙净环保股份有限公司	89.29	90.16	94.14	91.20
3	中国光大国际有限公司	90.65	89.45	92.45	90.85
4	上海城投控股股份有限公司	92.80	85.14	91.73	89.89
5	同方环境股份有限公司	89.74	85.96	90.11	88.60
6	桑德环境资源股份有限公司	86.06	89.43	89.46	88.32
7	北京首创股份有限公司	83.71	89.69	89.23	87.54
8	杭州锦江集团有限公司	82.34	89.75	89.22	87.10
9	天洁集团有限公司	89.61	80.82	89.17	86.53
10	重庆水务集团股份有限公司	82.88	87.55	89.14	86.52
11	格林美股份有限公司	88.39	81.20	88.91	86.17
12	中电投远达环保(集团)股份有限公司	78.94	89.76	88.48	85.73
13	北京碧水源科技股份有限公司	82.06	86.20	88.45	85.57
14	北京中科通用能源环保有限责任公司	78.81	87.55	88.05	84.80
15	北京三聚环保新材料股份有限公司	83.12	82.48	88.01	84.54
16	武汉凯迪电力股份有限公司	82.17	83.36	87.85	84.46
17	浙江菲达环保科技股份有限公司	81.88	83.25	87.78	84.30
18	成都市兴蓉环境股份有限公司	89.48	73.22	87.72	83.47
19	瀚蓝环境股份有限公司	79.03	83.57	87.44	83.35
20	天津泰达环保有限公司	84.81	77.54	87.35	83.23
21	创元科技股份有限公司	79.85	82.19	87.27	83.10
22	东江环保股份有限公司	77.15	84.71	87.05	82.97
23	天津创业环保集团股份有限公司	89.19	72.09	86.83	82.70
24	浙江众合科技股份有限公司	75.57	84.98	86.77	82.44
25	烟台龙源电力技术股份有限公司	72.19	88.07	86.64	82.30
26	中材节能股份有限公司	81.21	78.85	86.52	82.19
27	江西洪城水业股份有限公司	78.94	80.24	86.45	81.88
28	广东长青(集团)股份有限公司	77.75	81.51	85.64	81.63
29	山东山大华特科技股份有限公司	83.88	74.82	85.42	81.37
30	北京清新环境技术股份有限公司	77.53	80.23	84.26	80.67
31	聚光科技(杭州)股份有限公司	81.24	74.21	84.10	79.85
32	绿色动力环保集团股份有限公司	83.34	72.06	84.09	79.83
33	浙江德创环保科技股份有限公司	80.59	74.82	83.53	79.65
34	博天环境集团股份有限公司	83.77	70.83	84.08	79.56
35	北京源莱天地环保科技有限公司	73.14	81.21	83.49	79.28
36	北京万邦达环保技术股份有限公司	75.72	78.43	83.43	79.19

续表

排名	名称	iBrand	iSite	iPower	综合得分
37	江苏新中环保股份有限公司	81.37	72.90	82.71	78.99
38	深圳市能源环保有限公司	77.17	76.59	82.86	78.87
39	安徽盛运环保(集团)股份有限公司	79.69	72.81	84.03	78.84
40	武汉三镇实业控股股份有限公司	74.25	77.52	83.93	78.57
41	中国博奇环保科技股份有限公司	65.56	86.53	83.53	78.54
42	永清环保股份有限公司	72.43	80.06	83.00	78.50
43	徐州科融环境资源股份有限公司	72.33	79.74	82.81	78.29
44	联合水务有限公司	67.00	87.10	80.67	78.26
45	黑龙江国中水务股份有限公司	81.39	72.79	80.36	78.18
46	江苏天雨环保集团有限公司	84.45	73.13	76.31	77.96
47	江苏江南水务股份有限公司	69.42	82.49	81.59	77.83
48	浙江富春江环保热电股份有限公司	74.77	75.53	82.74	77.68
49	兴源环境科技股份有限公司	72.94	77.01	82.50	77.48
50	上海开能环保设备股份有限公司	76.79	81.52	73.75	77.35
51	江苏维尔利环保科技股份有限公司	74.34	76.70	78.65	76.56
52	河南中材环保有限公司	72.11	77.50	79.42	76.34
53	无锡雪浪环境科技股份有限公司	81.03	73.33	74.20	76.19
54	河北先河环保科技股份有限公司	81.45	72.19	74.41	76.02
55	北京雪迪龙科技股份有限公司	72.17	73.87	81.26	75.77
56	厦门三维丝环保股份有限公司	79.37	73.38	74.54	75.76
57	天津膜天膜科技股份有限公司	75.39	76.51	75.24	75.71
58	湘潭电化科技股份有限公司	75.04	72.53	79.31	75.63
59	安徽国祯环保节能科技股份有限公司	79.23	72.38	74.95	75.52
60	中原环保股份有限公司	81.81	64.87	77.62	74.77
61	中电环保股份有限公司	77.44	68.96	77.71	74.70
62	宇泉环保设备有限公司	79.00	72.66	72.35	74.67
63	天壕节能科技股份有限公司	76.12	73.16	74.48	74.59
64	金达莱环保股份有限公司	73.47	79.72	70.36	74.52
65	洁华控股股份有限公司	75.47	71.40	76.48	74.45
66	广州市怡文环境科技股份有限公司	71.90	81.18	69.48	74.19
67	浙江东方环保设备有限公司	66.99	74.24	81.32	74.18
68	科林环保装备股份有限公司	78.30	70.05	74.05	74.13
69	深圳市家乐士净水科技有限公司	71.48	79.03	71.48	74.00
70	浦华环保有限公司	71.44	75.82	74.26	73.84
71	湖南凯美特气体股份有限公司	76.18	72.47	72.62	73.76
72	宇星科技发展（深圳）有限公司	71.79	73.68	72.45	72.64
73	浙江旺能环保股份有限公司	78.00	71.68	67.99	72.56
74	河南清水源科技股份有限公司	73.67	68.46	74.25	72.13

排名	名称	iBrand	iSite	iPower	综合得分
75	重庆三峰卡万塔环境产业有限公司	71.79	75.14	68.56	71.83
76	西安西矿环保科技有限公司	71.42	71.88	72.15	71.82
77	神雾环保技术股份有限公司	72.14	69.74	73.01	71.63
78	浙江伟明环保股份有限公司	73.27	61.94	78.66	71.29
79	北京丽都水处理工程有限公司	66.94	72.93	73.64	71.17
80	扬州澄露环境工程有限公司	68.39	73.76	71.12	71.09
81	武汉宇虹环保产业发展有限公司	71.09	78.12	62.47	70.56
82	浙江雷凤环保科技有限公司	65.42	76.31	69.00	70.24
83	北京环科环保技术公司	89.85	62.20	58.24	70.10
84	兴邦环保集团	70.83	65.51	73.12	69.82
85	北京龙碧源水处理设备有限公司	71.52	71.02	66.63	69.72
86	北京永新环保有限公司	71.45	75.67	61.30	69.47
87	北京朗新明环保科技有限公司	71.54	74.14	60.18	68.62
88	海诺尔环保产业股份有限公司	72.84	61.85	70.57	68.42
89	福州金源泉科技有限公司	62.16	78.44	63.61	68.07
90	江苏凌志环保有限公司	62.36	75.86	65.84	68.02
91	恒泰环保设备有限公司	67.58	68.69	65.84	67.37
92	江苏科行环境工程技术有限公司	63.38	77.75	59.43	66.85
93	浙江中科兴环能设备有限公司	60.57	73.30	65.26	66.38
94	北京格林雷斯环保科技有限公司	63.11	67.63	64.82	65.19
95	金隅红树林环保技术公司	64.42	72.07	57.42	64.64
96	浙江洁达环保集团有限公司	61.23	73.95	57.85	64.34
97	青山绿野环保科技公司	56.12	73.89	59.62	63.21
98	北京朗森环境科技有限公司	62.17	64.39	61.86	62.81
99	珠海经济特区联谊机电工程有限公司	66.41	57.62	64.13	62.72
100	北京燕京水处理技术有限责任公司	58.45	57.35	68.69	61.50

突破"重资产+B2B"顽隅，加速"触网"

　　环保企业中设备制造以及工程实施类所占比例很大，这些企业与互联网较难产生联系，甚至有些企业为了保护自身的市场资源，背对大众视野，将自己围于一隅。而这就像以前我们说到的问题——盘子太小，难成气候。

　　桑德环境在迎接"环保互联网"方面做得较为出色，针对于环卫，桑德环境利用"互联网技术+机械化储运"，力图将传统环卫的收集、分类、运输、归纳、处理环节扁平化和精细化。当这套系统覆盖范围不断扩大之后，再将建立一个互联网环卫渠道，优化了垃圾收储的各环节，并形成一个收储闭环。利用这个闭环，桑德在确立再生资源领域市场地位的同时，也实现了垃圾收运与再生资源回收渠道的高度整合。

正如桑德环境那样，传统行业与互联网的结合，不是无从下手，而是要找到互联网战略的聚焦入口。简单点说环保行业与互联网的结合是顺应潮流引导，环保企业在急需突破"重资产+B2B"自身结构顽隔的同时，更要突破心中的围城。

重塑行业市场化——数据为王

环保行业并不是原始劳动下直接产生的行业，而是在人类活动过程中被不断衍生出来的。环保问题也总是在被大家开始为之焦虑后才想起，在初见效果后又容易被大家遗忘。这也反映了环保行业在大众事业中一个半隐藏的特性。

另一方面，环境数据有一定的专业性，一般大众即使获知一些环境数据，也难以很直观的对应到自己所感知的环境状况，因而环保部门公布的一些环境数据既调动不起百姓对环境问题的关注度，也难以对环保企业产生成效价值。企业的创新思维得不到充分滋养，环保行业发展遭遇了阻滞。

我国环保事业越做越大，但效果并未见到多大改变。究其原因是运营成本较大，收益不成比例，未形成合理化的市场管理机制，并且信息的不公开，社会关注点不集中，无强度，也难以产生利他之心。

然而互联网是公开的，是共享的，信息可以被查询、拷贝，它是整合资源的最有效的途径，运用互联网方式能够聚集大量低成本的人力物力，这会有效解决这一问题。正如这几年兴起的大数据，环保企业可以建立自己的数据资源。以水务行业举例，水务环保企业可以将技术应用到乡镇水库、城市小企业等，然后采集他们的数据。当数据集中起来后，这不仅可以为企业以后发展带来指向性作用，也可以利用共享资源加大企业之间的合作，互利双赢。

总结

环境是我们赖以生存的根本，我们要对自己负责，更要对人类后续繁衍创造好的条件。环保事业中心的还是由人为向导，在互联网+时代，人之间交流联系更为紧密，互联网无形中产生了一股巨大的凝聚力。借助"互联网"这一新引擎，环保行业必将产生质的飞跃。

2015互联网+节能服务TOP100

　　早在十几年前，互联网还是一个新生儿，而如今他已经成长为涉及各个领域、链接所有行业的庞然大物。而"互联网+"的出现更是将社会资源进行整合更加有效的利用起来，使互联网的创新成果和社会各领域深度结合起来。尤其是遇到节能这样本身覆面多个领域的行业，两者结合将展现翻天覆地的改变。

　　节能不同于环保。环保的对象是环境，分为污染的治理与环境的修复两方面；节能更针对于能源，要从减少能源浪费与废能源回收利用入手。中国以往经济的高速发展，一方面是国家明智的策略选择，另一方面则是以大量的能源消耗为代价。甚至有一种说法：中国几十年后将成为世界上最穷的国家。和百姓过日子一样，能源储备是我们国家的家底。近些年来，随着中国经济改革的步伐，节能减排愈发被重视，这已成为改革过程中考核的一项重要标准。

2015互联网+节能服务TOP100

排名	名称	iBrand	iSite	iPower	综合得分
1	中国节能环保集团公司	93.38	88.16	93.53	91.69
2	飞利浦（中国）投资有限公司	89.78	88.76	92.03	90.19
3	欧司朗（中国）照明有限公司	88.69	90.33	90.50	89.84
4	南方电网综合能源有限公司	86.22	90.88	89.84	88.98
5	格林美股份有限公司	89.02	85.70	89.52	88.08
6	天壕环境股份有限公司	85.50	92.56	85.46	87.84
7	双良节能系统股份有限公司	84.87	93.41	84.58	87.62
8	南京凯盛开能环保能源有限公司	89.81	88.00	84.15	87.32
9	北京仟亿达科技股份有限公司	88.04	86.93	86.66	87.21
10	辽宁赛沃斯能效科技股份有限公司	88.48	85.02	86.96	86.82
11	广州智光节能有限公司	83.88	90.78	84.75	86.47
12	深圳达实智能股份有限公司	84.16	89.17	85.33	86.22
13	北京华通热力集团	84.05	88.04	86.15	86.08
14	上海普天能源科技有限公司	88.55	81.68	85.70	85.31
15	辽宁能发伟业集团	87.19	82.07	85.53	84.93
16	北京神雾环境能源科技集团股份有限公司	91.00	74.25	88.94	84.73
17	山东融世华租赁有限公司	83.39	85.23	85.30	84.64
18	佛山电器照明股份有限公司	84.65	80.27	88.58	84.50
19	广东洲明节能科技有限公司	67.83	99.68	82.84	83.45
20	北京源深节能技术有限责任公司	87.65	76.63	84.21	82.83

续表

排名	名称	iBrand	iSite	iPower	综合得分
21	浙江科维节能技术股份有限公司	73.87	89.44	83.98	82.43
22	深圳市英威腾能源管理有限公司	87.71	74.94	83.89	82.18
23	盾安(天津)节能系统有限公司	86.11	75.56	83.79	81.82
24	北京思能达节能电气股份有限公司	79.28	82.32	83.59	81.73
25	江西华电电力有限责任公司	78.10	79.83	83.15	80.36
26	贵州汇通华城股份有限公司	78.59	77.29	85.05	80.31
27	雷士照明控股有限公司	84.48	71.47	.84.80	80.25
28	山西蓝天环保设备有限公司	76.39	80.35	83.50	80.08
29	中能世华（北京）节能科技有限公司	85.68	74.20	80.21	80.03
30	北京爱社时代科技发展有限公司	85.94	75.44	78.23	79.87
31	中山市欧普照明有限公司	86.26	64.48	88.30	79.68
32	挪信能源技术(上海)有限公司	88.34	73.16	77.36	79.62
33	浙江阳光照明电器集团股份有限公司	83.66	68.71	86.07	79.48
34	广东汇嵘节能服务有限公司	71.90	85.47	80.50	79.29
35	广东雪莱特光电科技股份有限公司	87.13	65.10	85.55	79.26
36	碧海舟(北京)石油化工设备有限公司	76.64	78.38	81.44	78.82
37	广东三雄极光照明股份有限公司	85.45	63.57	85.76	78.26
38	广州迪控节能技术有限公司	87.81	76.49	70.15	78.15
39	北京动力源科技股份有限公司	76.56	75.02	81.76	77.78
40	邯郸派瑞节能控制技术有限公司	71.66	78.60	82.51	77.59
41	中能惠天节能科技(北京)有限公司	74.85	80.17	77.30	77.44
42	山东海利丰地源热泵有限责任公司	74.38	75.32	81.24	76.98
43	北京融和创科技有限公司	76.54	77.53	74.41	76.16
44	北京首航艾启威节能技术股份有限公司	76.91	82.63	68.88	76.14
45	福建永恒能源管理有限公司	76.78	71.98	79.66	76.14
46	远大低碳技术(天津)有限公司	76.84	71.76	79.40	76.00
47	中兴能源(深圳)有限公司	76.37	77.63	73.76	75.92
48	昆明阳光基业股份有限公司	79.89	60.93	84.93	75.25
49	深圳万城节能股份有限公司	68.27	73.21	81.36	74.28
50	宁夏赛文节能股份有限公司	73.18	79.03	70.00	74.07
51	贵州景顺环保节能技术有限公司	64.56	80.67	76.68	73.97
52	福建友好环境科技发展有限公司	77.69	73.16	70.97	73.94
53	北京和隆优化科技股份有限公司	67.95	72.65	81.13	73.91
54	深圳市伟力盛世节能科技有限公司	67.84	74.66	79.02	73.84
55	北京格林吉能源科技有限公司	67.43	71.47	81.51	73.47
56	四川点石能源投资有限公司	72.81	65.31	81.99	73.37
57	深圳市康普斯节能科技有限公司	66.99	75.25	77.09	73.11
58	湖南金百大能效管理科技有限公司	67.82	73.98	77.50	73.10

排名	名称	iBrand	iSite	iPower	综合得分
59	大唐时代节能科技有限公司	73.23	64.31	81.64	73.06
60	江苏煌明能源科技有限公司	65.84	71.65	80.70	72.73
61	长沙海川节能技术有限公司	67.65	72.17	78.34	72.72
62	福建奥托节能科技有限公司	65.67	85.35	66.90	72.64
63	安阳市腾瑞节能设备有限公司	59.92	88.39	69.52	72.61
64	广东昭信节能科技有限公司	60.76	84.46	72.34	72.52
65	深圳市华旗源节能科技有限公司	68.27	74.92	72.45	71.88
66	江西永源节能环保科技有限公司	67.19	72.40	75.21	71.60
67	深圳市紫衡技术有限公司	66.78	72.37	75.08	71.41
68	铂胜节能科技(深圳)有限公司	76.36	65.81	71.94	71.37
69	深圳市海源节能科技有限公司	62.59	77.62	73.90	71.37
70	深圳市卓益节能环保设备有限公司	55.39	75.16	83.23	71.26
71	承德普瑞能源管理有限责任公司	68.59	71.53	72.97	71.03
72	北京时代博诚能源科技有限公司	67.68	63.41	80.77	70.62
73	德州骏达节能设备有限公司	70.38	72.12	69.15	70.55
74	北京乐普四方方圆科技股份有限公司	71.20	60.60	79.61	70.47
75	上海宝钢节能环保技术有限公司	57.37	71.48	82.56	70.47
76	深圳市富能新能源科技有限公司	60.23	72.27	78.25	70.25
77	青岛楚天节能技术有限公司	56.38	71.23	82.75	70.12
78	山西三水冷热能源投资有限公司	56.05	72.27	80.93	69.75
79	重庆川然节能技术有限公司	66.72	66.90	75.60	69.74
80	北京亿丰上达节能设备有限公司	68.91	70.37	69.40	69.56
81	深圳市源润达科技有限公司	63.22	67.40	77.55	69.39
82	广州能之源节能技术有限公司	53.52	75.44	77.80	68.92
83	深圳市格瑞拓能源科技有限公司	55.28	71.51	79.91	68.90
84	广东百正节能服务有限公司	66.84	68.40	70.20	68.48
85	深圳城市节能环保科技有限公司	67.16	64.90	72.72	68.26
86	四川圣典节能服务有限公司	55.39	73.49	75.90	68.26
87	深圳市高力发科技有限公司	67.44	71.38	65.87	68.23
88	广东清华中邦热能科技有限公司	63.82	62.40	78.38	68.20
89	深圳市联创环保节能设备有限公司	59.97	77.63	66.28	67.96
90	天津伟力盛世节能科技股份有限公司	53.96	71.31	78.10	67.79
91	上海润桶节能科技有限公司	66.73	63.81	72.11	67.55
92	北京雅驿欣科技有限公司	59.81	68.51	74.15	67.49
93	云南云迈新能源开发有限公司	61.55	64.89	75.70	67.38
94	深圳市捷源环保科技有限公司	61.44	61.09	77.33	66.62
95	苏州吉能电子科技有限公司	57.45	68.71	72.65	66.27
96	杭州日新环保科技开发有限公司	72.64	58.47	67.67	66.26

续表

排名	名称	iBrand	iSite	iPower	综合得分
97	北京志能祥赢节能环保科技股份有限公司	55.83	59.61	82.89	66.11
98	北京华亿宏图机电设备有限公司	68.27	58.32	71.68	66.09
99	深圳圳能热源技术有限公司	53.24	63.71	78.26	65.07
100	辽宁龙腾科技发展有限公司	62.46	57.77	73.51	64.58

节能，从小方面说，要从我们的生活点滴入手，这考验的是一个人的德行；从大的角度，一个企业的作为将更能带动社会大环境，这考验的是一个企业的良知。

节能企业主要分为三种。

一是节能技术、装备研发企业，像锅炉、电机及拖动设备、余热利用装备以及节能监测技术等。

二是发展高效节能产品企业，主要是家用和商用电器、照明产品、建材产品和近年来大热的新型节能汽车等。在节能照明方面我国发展较好，拥有像佛山照明、雷士照明这样名牌企业。

他们通过线上线下的合作，O2O和O2O+合作，除了在商业模式上应用以外，还应用更多的互联网技术，进行自身从思维方式到经营结构的整体更新。

三是发展节能服务企业，推动节能服务公司为用能单位提供节能诊断、设计、融资、改造、运行等"一条龙"服务，以节能效益分享方式回收投资的市场化节能服务模式。

我国当前节能问题还面临许多制约问题。在国家层面，产业政策、法律法规标准体系不够完善，资金投入不足，融资渠道不畅；在企业自身层面，对于产品的创新能力不足，观点老旧，太多的经济成本问题考虑，中国诸多企业缺乏节能和环保意识。

能源，关系人类的未来发展。节能，是从流出端解决问题，在新能源没有完全代替现有能源从根本上解决问题时，节能问题始终是重中之重。互联网+节能，正是当前解决问题的最有效的践行方式。

06 房地产

2015互联网+房地产开发TOP100

当前，房地产仍是GDP的主要组成部分。虽然目前"互联网+"对其影响亦仍甚微，也尚未颠覆其传统商业模式，目前许多围绕"互联网+"开展的业务只能算是"试水"，但从商业社会的发展规律来看，不出大趋势大规律其右，未来房地产也会有自己的互联网模式。

万达全国有近30个城市楼盘进驻腾讯房产微电商平台；绿地集团正尝试开发"地产宝"、"置业宝"，潘石屹将房地产放到网上拍卖。什么行业都是先从小荷露出尖尖角开始，路不是说出来的，路往往都是走出来的。或者说世界上一切行业本都没有路，走的人多了，便有了路，并仅供后人品评。

2015互联网+房地产开发TOP100

排名	名称	iBrand	iSite	iPower	综合得分
1	万达集团	89.85	87.81	07.63	91.76
2	万科地产	89.36	94.58	90.33	91.42
3	恒大地产	89.92	90.88	93.23	91.34
4	保利地产	89.97	90.54	91.05	90.52
5	绿地集团	88.73	90.65	91.28	90.22
6	新世界中国	88.81	89.38	90.46	89.55
7	中海地产	92.09	89.77	85.89	89.25
8	华润置地	89.41	90.79	85.15	88.45
9	华夏幸福	89.83	85.79	89.22	88.28
10	绿城中国	89.40	90.59	84.59	88.19
11	时代地产	95.13	89.62	79.54	88.10
12	中信地产	91.99	91.32	80.62	87.98
13	中国铁建	90.06	91.85	81.76	87.89
14	碧桂园	94.13	90.03	78.81	87.66
15	雅居乐	89.49	89.98	82.89	87.45
16	龙湖地产	88.71	90.39	83.21	87.44
17	建业地产	93.49	89.79	78.81	87.36
18	朗诗集团	93.56	90.05	78.41	87.34
19	融创中国	88.18	89.05	84.68	87.30
20	招商地产	88.73	90.01	83.09	87.28
21	金地集团	88.32	90.41	83.01	87.25
22	富力地产	88.94	89.49	83.12	87.18

排名	名称	iBrand	iSite	iPower	综合得分
23	越秀地产	88.65	91.52	81.01	87.06
24	中粮集团	88.88	91.89	80.38	87.05
25	世茂房地产	89.65	85.77	85.21	86.88
26	阳光城	89.27	90.09	80.89	86.75
27	红星美凯龙	89.02	92.33	78.81	86.72
28	世纪金源	91.84	89.52	78.76	86.71
29	卓越集团	89.28	90.18	80.54	86.67
30	正荣集团	89.19	89.89	80.89	86.66
31	瑞安房地产	92.01	89.59	78.36	86.65
32	中国中铁	88.96	90.45	80.54	86.65
33	远洋地产	88.42	90.29	81.21	86.64
34	中南集团	88.64	90.86	80.38	86.63
35	电建地产	88.85	91.02	79.99	86.62
36	首创置业	88.59	89.92	81.21	86.57
37	大华集团	92.08	88.79	78.76	86.54
38	旭辉集团	88.27	90.35	80.92	86.51
39	禹洲地产	88.25	92.31	78.76	86.44
40	九龙仓	88.73	89.32	81.23	86.43
41	金辉地产	89.42	89.75	79.99	86.39
42	方兴地产	88.25	89.95	80.91	86.37
43	荣盛发展	88.29	89.89	80.91	86.36
44	泰禾集团	88.31	89.85	80.92	86.36
45	华侨城	89.55	89.49	80.02	86.35
46	和记黄埔	88.55	90.52	79.96	86.34
47	北京城建	91.13	89.17	78.72	86.34
48	星河房地产	89.99	89.72	79.05	86.25
49	新城控股	88.43	88.83	81.22	86.16
50	雅戈尔	89.53	90.49	78.41	86.14
51	滨江集团	88.49	90.84	78.99	86.11
52	雨润地产	88.92	89.81	79.29	86.01
53	金科集团	88.47	88.89	80.62	85.99
54	融信集团	88.15	88.87	80.89	85.97
55	深业集团	88.19	89.49	80.02	85.90
56	星河湾	89.25	89.68	78.76	85.90
57	陆家嘴	89.90	89.25	78.41	85.85
58	龙光集团	88.14	89.19	80.09	85.81
59	联发集团	89.56	89.32	78.51	85.80
60	合景泰富	87.61	89.29	80.41	85.77

续表

排名	名称	iBrand	iSite	iPower	综合得分
61	复地集团	88.05	89.09	80.11	85.75
62	中天城投	88.68	89.75	78.61	85.68
63	佳兆业	89.31	89.01	78.48	85.60
64	花样年	88.76	89.62	78.36	85.58
65	绿都地产集团	88.98	89.45	78.29	85.57
66	国贸集团	88.89	89.15	78.61	85.55
67	保利置业	88.79	85.74	81.82	85.45
68	合生创展	88.26	89.15	78.82	85.41
69	仁恒置地	89.47	85.71	80.98	85.39
70	正商地产	88.63	88.93	78.56	85.37
71	凯德置地	87.01	90.21	78.76	85.33
72	中骏置业	88.51	88.76	78.68	85.32
73	当代置业	88.27	89.08	78.46	85.27
74	泛海建设	88.11	89.41	78.29	85.27
75	中国奥园	88.12	88.76	78.89	85.26
76	俊发地产	88.11	88.92	78.68	85.24
77	首开股份	88.77	85.69	80.62	85.03
78	海亮地产	90.08	85.55	79.31	84.98
79	银亿股份	87.68	88.95	78.29	84.97
80	蓝光实业	89.92	85.57	79.39	84.96
81	建发房产	88.39	85.65	80.54	84.86
82	融侨集团	89.83	85.52	79.11	84.82
83	敏捷地产	89.75	85.47	79.05	84.76
84	金融街	89.87	85.41	78.89	84.72
85	文一地产	89.93	85.37	78.56	84.62
86	鑫苑中国	89.71	85.38	78.69	84.59
87	路劲基建	88.53	85.62	79.54	84.56
88	亿达中国	89.95	85.23	78.41	84.53
89	方圆地产	89.74	85.28	78.51	84.51
90	农工商	89.79	85.24	78.44	84.49
91	升龙集团	88.35	85.59	79.41	84.45
92	象屿地产	89.87	85.17	78.29	84.44
93	鲁能置业	89.89	85.12	78.29	84.43
94	宝龙地产	88.34	85.54	79.29	84.39
95	协信集团	88.13	85.49	79.05	84.22
96	华发股份	88.08	85.81	78.78	84.22
97	五矿地产	88.28	85.45	78.92	84.22
98	新湖中宝	88.14	85.89	78.61	84.21

排名	名称	iBrand	iSite	iPower	综合得分
99	信达地产	88.45	85.31	78.56	84.11
100	京基集团	87.61	85.19	78.36	83.72

很多人认为通俗意义上的互联网意味着颠覆，改造原有商业模式。在传统商业中，需要抢占制高点才能拥有定价权，可在互联网时代，信息高度透明，制高点变成了平台，那么"互联网+房地产"怎么玩？

平台化是大家所共识的

有人提出了"平台+内容+终端+应用"的规划，涉及多个行业：1）金融：资金的筹集，从传统的银行借贷向P2P转变；2）装修：精品房，打造品牌；3）智能家居：附加价值高，新兴产业；4）社区服务：物业、商圈建设，5）二手房/租房：O2O现在非常之火。

房产地产商或要完成单一房产开发模式向多元化过渡。房产地产商不再只是"盖房子"的房产商，而可能要让自身从生意人向做产品转换，既要有质量保证的房源，还要能提供销售后的诸多服务，如物业和社区服务。

运营模式的突破口

不仅是房地产商需要转变：1）房地产电商营销：房地产进入互联网时代的首要表现，网站转型电商平台；2）社区电商平台：将社区物业与互联网结合，将社区作为入口；3）房地产商做电商：王健林说，万达不做电子商务可惜了，有钱、有资源、有客户。

谁都知道在中国房地产是一个很特殊、很基础、很大的行业，房地产与互相网思维的结合，与人文精神的结合，这事儿将会很大。

现在就算是一个小小的开始，但今后看点、启发点都会很多，也充满无限正能量和可能性。

2015互联网+建筑业TOP100

"绿色建造"成为趋势

现阶段，我国的建筑业依旧偏向于劳动密集型产业，技术人员的比例较低，中国建筑工业化程度只有3%~5%，而欧美国家的建筑工业化平均达到65%，其中瑞典高达80%。工业化和绿色建筑是目前中国建筑业的发展方向。

工信部、建设部2015年8月联合发布了《促进绿色建材生产和应用行动方案》，明确指出：到2018年，新建建筑中绿色建材应用比例达到30%，绿色建筑应用比例达到50%。绿色建筑是指在建筑的全寿命周期内，最大限度节约资源、节能、节地、节水、节材、保护环境和减少污染，提供健康适用、高效使用、与自然和谐共生的建筑，这是世界各国都在着力发展的方向，是可持续发展的要求。

互联网思维下的"云"采购

国家颁布"互联网+"政策后，产业化就与互联网有了密不可分的联系，作为首批搭乘互联网"快车"的建筑企业中的一员，中国铁路工程总公司早在2013年就成立了集采购、运营、配送于一体的电子商务平台，摒弃以往的分散采购模式，建设成为建筑业的B2B平台。同时受到互联网思维模式的激发，创新推出云采购服务，全面覆盖采购中心、1万3千多个项目部、1万多个供应商、6千多名专家，为建筑业厂商提供交易平台，推进建筑业产业转型和发展。

2015互联网+建筑业TOP100

排名	名称	iBrand	iSite	iPower	综合得分
1	中国中铁股份有限公司	99.56	86.30	89.64	96.08
2	中国交通建设股份有限公司	99.26	86.00	89.00	95.73
3	中国铁建股份有限公司	99.21	85.21	88.46	95.50
4	广西建工集团	99.10	84.16	88.21	95.23
5	中国海外集团有限公司	99.09	84.00	88.01	95.16
6	中国建筑股份有限公司	98.75	81.63	87.89	94.55
7	中国建筑一局(集团)有限公司	98.56	78.21	85.21	93.51
8	中国冶金科工股份有限公司	98.45	80.17	83.21	93.42
9	中国电力建设股份有限公司	98.32	79.33	82.97	93.17

续表

排名	名称	iBrand	iSite	iPower	综合得分
10	中国水电建设集团国际工程有限公司	98.12	81.04	75.21	92.12
11	上海建工集团股份有限公司	97.54	84.81	67.35	91.10
12	重庆建工集团有限责任公司	97.68	86.40	65.06	91.10
13	中国葛洲坝集团股份有限公司	96.12	74.16	79.52	90.34
14	北京城建集团有限责任公司	97.59	81.40	64.27	90.16
15	云南建工集团总公司	97.86	71.55	71.74	90.00
16	浙江省建设投资集团有限公司	96.85	78.36	66.32	89.50
17	上海隧道工程股份有限公司	96.23	72.53	72.64	89.14
18	上海浦东路桥建设股份有限公司	97.51	72.17	66.19	89.01
19	江苏南通三建集团有限公司	97.78	81.22	54.17	88.75
20	中铁十二局集团有限公司	92.75	75.12	83.74	88.75
21	太平洋建设集团	95.21	75.20	63.88	87.51
22	中铁四局集团有限公司	94.21	73.42	69.64	87.41
23	苏州金螳螂建筑装饰股份有限公司	95.14	72.63	65.57	87.33
24	中铁一局集团有限公司	91.21	73.25	82.00	87.13
25	北京东方园林生态股份有限公司	97.21	68.52	55.84	86.70
26	广东省建筑工程集团有限公司	90.10	91.91	62.22	86.19
27	中国建筑第八工程局	93.14	81.47	56.99	85.97
28	中国建筑第二工程局	91.18	83.77	63.51	85.92
29	四川华西集团有限公司	92.47	71.31	69.03	85.78
30	中铁二局股份有限公司	93.21	75.23	61.46	85.75
31	中铁二十局集团有限公司	89.58	77.19	74.73	85.49
32	深圳市铁汉生态环境股份有限公司	94.55	71.15	54.45	85.03
33	中建国际建设有限公司	97.48	68.03	42.10	84.76
34	天津市建工集团（控股）有限公司	89.54	86.01	61.09	84.74
35	中铁十八局集团有限公司	89.10	73.37	74.44	84.54
36	北京市市政工程总公司（集团）	90.06	81.10	61.42	84.42
37	中铁大桥局集团有限公司	89.56	72.03	71.11	84.16
38	中铁五局（集团）有限公司	89.06	79.99	65.09	84.10
39	中国建筑第四工程局	87.32	81.49	69.57	83.78
40	北京住总集团有限责任公司	89.25	75.14	64.89	83.48
41	江苏苏中建设集团	89.12	75.18	61.63	82.91
42	中铁隧道集团有限公司	87.45	71.71	71.68	82.72
43	中国化学工程股份有限公司	87.19	82.06	62.34	82.69
44	上海城建(集团)公司	92.68	66.61	51.09	82.53
45	中国核工业建设集团公司	85.27	76.73	73.18	82.18
46	中国中材国际工程股份有限公司	86.12	73.20	72.24	82.10
47	中铁三局集团有限公司	94.15	71.59	36.00	82.04

续表

排名	名称	iBrand	iSite	iPower	综合得分
48	科达集团股份有限公司	87.21	71.17	62.48	81.09
49	浙江亚厦装饰股份有限公司	88.12	72.21	55.41	80.83
50	中铁十三局集团有限公司	88.10	68.17	58.60	80.69
51	江苏南通四建集团有限公司	88.21	61.91	61.10	80.20
52	中铁十四局集团有限公司	86.56	71.10	58.16	79.98
53	深圳文科园林股份有限公司	79.68	67.33	93.11	79.84
54	江苏中南建设集团股份有限公司	86.31	74.58	54.59	79.79
55	北京高能时代环境技术股份有限公司	85.09	72.09	62.06	79.69
56	江河创建集团股份有限公司	85.46	71.16	61.09	79.66
57	中航三鑫股份有限公司	82.71	71.59	72.41	79.50
58	安徽水利开发股份有限公司	82.89	71.66	71.18	79.45
59	龙元建设集团股份有限公司	85.15	71.22	61.07	79.45
60	棕榈园林股份有限公司	84.88	72.10	61.16	79.41
61	深圳广田装饰集团股份有限公司	84.78	71.74	61.26	79.30
62	新疆北新路桥集团股份有限公司	84.57	72.30	61.25	79.23
63	深圳市洪涛装饰股份有限公司	86.22	68.78	56.80	79.19
64	北方国际合作股份有限公司	84.19	73.24	61.69	79.17
65	广州普邦园林股份有限公司	86.09	71.12	53.11	78.90
66	四川路桥建设集团股份有限公司	86.32	71.89	51.19	78.89
67	东华工程科技股份有限公司	84.21	71.28	61.50	78.86
68	中工国际工程股份有限公司	86.45	81.41	38.00	78.43
69	中化岩土工程股份有限公司	85.57	71.27	51.78	78.36
70	新疆城建(集团)股份有限公司	85.12	71.01	53.58	78.27
71	深圳市天健(集团)股份有限公司	84.65	71.33	54.37	78.11
72	宏润建设集团股份有限公司	82.75	71.33	63.06	78.08
73	山东高速路桥集团股份有限公司	83.10	71.40	61.18	78.06
74	浙江东南网架股份有限公司	83.07	69.92	61.53	77.87
75	北京中关村科技发展(控股)股份有限公司	82.59	72.08	61.12	77.79
76	广厦控股创业投资有限公司	82.13	69.51	65.73	77.78
77	内蒙古和信园蒙草抗旱绿化股份有限公司	82.46	66.41	63.95	77.28
78	广州市建筑集团有限公司	79.81	84.15	57.92	77.18
79	中国建筑第三工程局	79.59	81.42	61.42	77.14
80	中交第一航务工程局有限公司	90.13	72.01	20.00	76.89
81	成都市路桥工程股份有限公司	81.01	72.61	61.01	76.75
82	浙江友邦集成吊顶股份有限公司	78.76	68.77	75.14	76.72
83	西藏天路股份有限公司	82.19	81.14	43.90	76.29
84	浙江省围海建设集团股份有限公司	81.29	71.12	57.79	76.24
85	重庆路桥股份有限公司	85.39	65.90	43.80	76.23

续表

排名	名称	iBrand	iSite	iPower	综合得分
86	宁波建工股份有限公司	81.56	71.71	55.16	76.12
87	上海同济科技实业股份有限公司	82.69	67.92	52.61	75.96
88	腾达建设集团股份有限公司	79.75	72.26	61.17	75.84
89	陕西延长石油化建股份有限公司	79.26	71.42	64.07	75.81
90	北京建工集团有限责任公司	79.10	77.93	58.17	75.79
91	岭南园林股份有限公司	81.05	67.42	54.49	75.02
92	广东水电二局股份有限公司	79.82	72.22	55.34	75.01
93	上海全筑建筑装饰集团股份有限公司	79.42	65.16	62.67	74.77
94	龙建路桥股份有限公司	79.35	71.16	51.20	73.90
95	深圳瑞和建筑装饰股份有限公司	78.45	73.58	52.75	73.86
96	北京空港科技园区股份有限公司	78.21	66.06	59.26	73.55
97	北京嘉寓门窗幕墙股份有限公司	78.10	67.29	58.27	73.50
98	中铁十五局集团公司	76.30	71.98	61.93	73.50
99	光正集团股份有限公司	78.89	73.24	48.10	73.42
100	中铁十一局集团有限公司	74.00	75.07	68.35	73.31

国民经济不可或缺的一部分

近十年来，我国建筑行业的基本格局已经形成，未来不是很长的一段时间内，建筑行业的发展态势将使这一格局固定化。从宏观经济看，市场对建筑行业的需求，促成外部对其进行巨大的投入，从而很好地拉动了经济的发展，同时能够吸纳部分农村劳动力，能够缓解就业压力，维持社会稳定。

在产业格局的分配上，仍然是国有企业唱主角，成为承接各地大型公共建设项目的主力，尤其在铁路、公路、隧桥等技术含量较高的工程，以及奥运、世博等标志性工程的承建方面表现尤其突出，占有的产值份额巨大。大型民营企业将加速推进多元化经营方式，以经营和股份结构调整为核心；中小型民营企业仍将以延续目前的经营方式为主，力争扩大产值规模并获得更高一级别的资质。

大型国有企业仍将维持目前的发展方向，以建筑业为主，进一步巩固在各自专业领域的垄断地位，朝更加专业化高技术化的方向发展；而以地方国有为主的中小型建筑企业，在强大的竞争压力下，其经营方式将不得不向民营建筑企业经营方式靠拢。

结语

作为关系国计民生的一项产业，建筑业必将朝着智能化、产业化的方向发展，在国家大力提倡节能建筑的前提下，"绿色建造"将成为未来建筑业发展的一种必然趋势，符合可持续发展观。

② 2015互联网+家装TOP100

2015年8月，两家房产行业的龙头企业万科和链家高调公布，双方将合资组建新的独立家装公司。前者是已经跻身全球最大的房地产开发商，后者为国内最大二手房中介，怎么就走在一起做装修了呢？一方面，与两家企业所积累的管理治理体系、高质量的服务经验以及对整个家装生态系统认知程度存在必然关联；另一方面，中国房产行业逐渐步入"白银时代"，使得万科、链家瞄准了鲜有企业涉足的"存量市场"，即针对散户的"旧房装修改造"这一专项领域。

因此，2015年10月将正式落地的"万科链家装饰"让不少传统家装企业都再难安心定志。除了来自近两年互联网家装企业的份额抢夺之外，这一合作模式无疑促使许多传统家装企业开始重新预判未来行情并对业务类型进行再调整。

其实，倒逼传统家装业转型的潜力早在前几年就显露苗头，信息不对称、行业不透明等问题屡见不鲜。据中装协发布的数据显示，2014年中国建筑装饰行业产值已达3万亿元，从业公司近15万家，但绝大部分线下公司小而分散。这似乎意味着，看似巨大的市场份额实则被几家或几家企业所占据和把控着。虽然"二八定律"已成为普遍真理和共识，但中小传统家装公司依然需要找准核心发力点，积极谋求联网转型，力求在家装家饰这片肥沃土地上占有一席之地。

2015互联网+家装TOP100

排名	名称	iBrand	iSite	iPower	综合得分
1	北京弘高创意建筑设计股份有限公司	61.18	71.02	98.20	88.57
2	深圳广田装饰集团股份有限公司	63.71	71.26	94.46	86.37
3	深圳市中装建设集团股份有限公司	86.75	69.43	87.20	84.47
4	上海市建筑装饰工程集团有限公司	96.86	68.53	84.97	84.29
5	北京港源建筑装饰工程有限公司	69.53	72.06	89.98	84.23
6	浙江亚厦装饰股份有限公司	71.13	65.41	90.24	83.65
7	深圳市宝鹰建设集团股份有限公司	62.78	71.97	90.35	83.46
8	北京元洲装饰有限责任公司	81.02	82.12	83.98	83.26
9	苏州金螳螂建筑装饰股份有限公司	72.57	75.57	87.04	83.15
10	北京实创装饰工程有限公司	72.44	92.79	83.01	82.89
11	中建三局装饰有限公司	72.40	68.69	88.00	82.76
12	深圳市洪涛装饰股份有限公司	67.27	71.00	88.39	82.62
13	北京业之峰装饰有限公司	71.96	91.20	83.05	82.61
14	广东星艺装饰有限公司	74.09	81.13	84.67	82.55

排名	名称	iBrand	iSite	iPower	综合得分
15	深圳市建艺装饰集团股份有限公司	73.33	72.11	86.71	82.51
16	东易日盛家居装饰集团有限公司	71.35	72.63	86.88	82.41
17	中国建筑装饰集团有限公司	85.09	67.65	84.37	81.97
18	博洛尼家居用品（北京）股份有限公司	66.48	82.65	84.00	81.17
19	深圳瑞和建筑装饰股份有限公司	73.40	62.53	86.52	80.95
20	北京轻舟世纪建筑装饰工程有限公司	72.31	75.74	83.41	80.59
21	深圳市深装总装饰工程工业有限公司	66.73	71.56	85.28	80.44
22	深圳市奇信建设集团股份有限公司	65.84	61.90	87.50	80.41
23	武汉嘉禾装饰集团有限公司	65.90	72.35	84.65	79.99
24	江苏红蚂蚁装饰设计工程有限公司	63.22	82.40	82.97	79.92
25	立邦Color家装公司	71.00	76.31	82.39	79.77
26	深圳市建筑装饰（集团）有限公司	98.57	63.08	78.76	79.38
27	深圳市特艺达装饰设计工程有限公司	64.35	65.37	85.33	79.19
28	深圳市美芝装饰设计工程有限公司	63.08	62.96	86.02	79.12
29	北京今朝装饰设计有限公司	69.51	71.35	82.79	79.08
30	神州长城国际工程有限公司	63.69	64.27	85.37	78.95
31	深圳长城家俱装饰工程有限公司	62.56	61.69	85.62	78.57
32	上海聚通装饰集团有限公司	63.48	75.15	82.39	78.47
33	广东欧工软装设计配套有限公司	57.05	76.05	83.15	78.17
34	北京城市人家装饰(集团)有限公司	81.47	81.53	76.37	77.91
35	深圳市维业装饰集团股份有限公司	63.40	65.89	83.57	77.89
36	多乐士集团（中国）有限公司	66.62	71.45	81.60	77.83
37	中标建设集团股份有限公司	88.46	59.60	79.37	77.77
38	龙发装饰集团	78.35	52.40	82.16	77.12
39	北京丽贝亚建筑装饰工程有限公司	67.40	66.52	81.00	76.79
40	建峰建设集团股份有限公司	58.27	73.17	81.07	76.47
41	幸福空间装饰公司	69.99	61.28	81.09	76.45
42	浙江中南建设集团有限公司	71.84	67.10	79.30	76.35
43	山东省装饰集团总公司	84.71	62.09	77.46	76.24
44	四川华西建筑装饰工程有限公司	91.09	71.48	73.98	76.17
45	湖南艾迪尔家居装饰有限公司	56.78	71.02	81.32	76.09
46	中艺建筑装饰有限公司	77.66	51.00	80.30	75.51
47	成都鑫缘精典装饰有限责任公司	62.35	67.61	80.01	75.50
48	广东爱得威建设（集团）股份有限公司	62.72	62.56	81.00	75.49
49	广州和信智美饰设计有限公司	52.14	71.32	81.33	75.45
50	中建一局集团装饰工程有限公司	64.71	61.70	80.58	75.37
51	上海十芳殿装饰设计有限公司	52.92	71.08	81.07	75.35
52	深圳市晶宫设计装饰工程有限公司	65.98	66.92	79.00	75.24

续表

排名	名称	iBrand	iSite	iPower	综合得分
53	远洋装饰工程股份有限公司	65.48	66.68	78.99	75.12
54	江苏旭日装饰工程有限公司	64.71	88.26	74.48	75.08
55	西安泛美兰卡室内设计有限责任公司	43.70	71.52	82.15	74.79
56	深圳市美术装饰工程有限公司	91.51	62.78	73.64	74.69
57	世筑名家建筑装饰工程有限公司	71.02	62.63	77.87	74.56
58	浙江银建装饰工程有限公司	64.73	61.71	79.00	74.27
59	浙江九鼎建筑装饰工程有限公司	65.93	61.78	78.59	74.17
60	长沙鸿扬家庭装饰设计工程有限公司	57.18	74.83	77.54	74.08
61	深圳中欧奇逸空间概念设计有限公司	49.60	53.10	83.49	73.85
62	北京市建筑装饰设计工程有限公司	91.18	71.82	70.38	73.72
63	广州市欧斯洛装饰设计有限公司	43.67	62.24	82.46	73.61
64	深圳市建装业集团股份有限公司	81.32	61.88	74.44	73.59
65	菲莫斯(北京)国际贸易有限公司	54.28	62.58	80.05	73.56
66	上海全筑建筑装饰集团股份有限公司	65.02	72.64	75.59	73.56
67	深圳市名雕装饰股份有限公司	65.56	72.53	75.01	73.22
68	广州欧申纳斯软装饰设计有限公司	54.88	49.00	82.23	73.14
69	深圳市大众建设集团有限公司	71.35	61.19	75.88	73.00
70	深圳市丰巴装饰设计工程有限公司	66.08	63.33	75.15	72.02
71	上海百姓装潢有限公司	77.04	69.98	71.30	71.96
72	广东省装饰有限公司	91.02	61.17	70.06	71.87
73	深圳时代装饰股份有限公司	81.00	63.61	71.30	71.60
74	深圳市中建南方装饰工程有限公司	62.24	67.76	74.31	71.52
75	上海欧坊国际装饰设计有限公司	48.72	74.79	75.62	71.46
76	浙江省武林建筑装饰集团有限公司	63.58	73.12	72.71	71.40
77	山东德泰装饰有限公司	62.27	64.57	74.77	71.37
78	浙江南鸿装饰股份有限公司	59.41	72.48	73.55	71.27
79	深圳市嘉信装饰设计工程有限公司	62.69	64.53	74.27	71.07
80	山东福缘来装饰有限公司	62.52	62.37	74.58	70.94
81	苏州柯利达装饰股份有限公司	63.94	63.52	73.83	70.80
82	江苏建设控股集团有限公司	69.87	53.10	74.50	70.60
83	青岛东亚装饰股份有限公司	61.65	62.73	74.03	70.48
84	深圳市华辉装饰工程有限公司	71.01	65.75	71.35	70.46
85	深圳远鹏装饰集团有限公司	53.76	54.70	77.32	70.39
86	深圳市博大装饰工程有限公司	64.05	65.03	72.61	70.19
87	苏州美瑞德建筑装饰有限公司	64.24	56.50	74.33	70.14
88	深圳市安星装饰设计工程有限公司	61.98	71.63	71.30	69.95
89	上海新丽装饰工程有限公司	68.68	61.54	71.42	69.53
90	山东富达装饰工程有限公司	63.18	63.27	72.01	69.37

排名	名称	iBrand	iSite	iPower	综合得分
91	深圳市冠泰装饰集团有限公司	65.35	64.67	71.22	69.36
92	南京国豪装饰安装工程有限公司	72.13	61.91	70.10	69.18
93	深圳市中航装饰设计工程有限公司	63.29	63.96	71.50	69.14
94	深圳市南利装饰工程有限公司	63.91	57.70	72.14	68.74
95	浙江名邦装饰工程有限公司	61.48	63.02	71.46	68.70
96	德才装饰股份有限公司	62.15	68.07	70.20	68.67
97	深圳市华南装饰设计工程有限公司	65.74	54.80	72.15	68.59
98	北京清尚建筑装饰工程有限公司	63.25	66.62	69.16	67.89
99	深圳市居众装饰设计工程有限公司	63.58	51.30	72.31	67.85
100	深圳市华剑建设集团有限公司	62.55	54.20	71.41	67.50

家装O2O PK 传统家装公司，谁才是赢家？

2015年，传统家装的最大威胁者无异于是土巴兔、齐家网、家装E站、爱空间等十几家崛地而起的家装O2O企业。据估计，今年"互联网家装"整体市场规模预计将达到1500亿，其中深（深圳）企有望再度成为领头羊。但在新进者争先抢占这个所谓的家装行业"风口"同时，一批建筑装饰老牌企业，甚至其他行业的品牌商也开始了在互联网家装市场的"跑马圈地"。

这几年，"业之峰"一直在构建F2B2C模式的电商O2O平台，通过与少数厂家、知名设计师合作，进行产品搭配后形成主材包，去除多余的中间环节、去中间化成本，以此打通家装电商的经脉。

另一家北京装饰企业"龙发装饰"近期也推出一套适合互联网时代的快装产品，2居室的房子7天，3万元即能完成。

而苏州的一家上市公司"金螳螂"于去年收购了"家装e站"后，今年可谓快马加鞭，在全国签约了260多家城市，迅速布局全国家装市场。

此外，2015年4月，国美在线宣布，将联手家装龙头"东易日盛"正式推出家装电商品牌"国美家"。与其他互联网家装平台一样，国美家也是雄心勃勃，信誓旦旦地要"装点十万个幸福家"。无独有偶，搜狐焦点也于上周推出O2O家装服务，并放出"对长期以来不规范、不透明的家装市场进行革命性的优化"的壮语。

从以上几家老牌家装企业以及国美在线、搜狐焦点的战略上，可以看出每家的转型方式都不尽相同。从产品到模式，从渠道到管理，从设计到施工，各品牌家装公司大展拳脚，在各自认为对的方向上，开拓突破。但面对过热的家装O2O市场，或许一味且盲目地向前冲，甚至因此称"传统家装企业将死"，都并非在"革命来临"时的理智思考。

例如，打着雷军旗号、号称"小米家装"的"爱空间"近期则被曝由于受困于产能，每月仅可接50单左右，也尚未找到可靠的盈利模式。因而，想要颠覆传统家装行业显然并不容易。

其实，家装O2O与传统家装公司谁才是赢家，这个答案应放置在未来行业竞争中，但又需回归产品与服务这个本源。因为只有产品、服务才连接着"人心"。所以，孰强孰弱，只能靠对这二者、对品牌的建构能力说话。

07 农副食品

2015互联网+农副产品业TOP100

提到农副产品字面上看起来似乎和互联网并不沾边，然而近几年，生鲜电商的兴起让这个传统的领域成为"互联网+"时代下最热门的话题。生鲜电商是指用电商的手段在互联网上直接销售生鲜类产品，如新鲜果蔬、生鲜肉类等。生鲜电商随着电商发展的大趋势而发展。2012年被视为生鲜电商发展的元年。

2015互联网+农副产品业TOP100

排名	名称	iBrand	iSite	iPower	综合得分
1	吉林省长春皓月清真肉业股份有限公司	91.89	78.09	90.01	88.50
2	河南省漯河市双汇实业集团有限责任公司	85.56	91.82	80.06	82.65
3	辽宁禾丰牧业股份有限公司	68.89	91.29	80.01	80.03
4	东海粮油工业（张家港）有限公司	65.00	91.17	80.21	79.57
5	青岛正进集团有限公司	62.85	90.74	80.19	79.17
6	江西正邦科技股份有限公司	65.75	87.82	80.01	79.04
7	青岛万福集团股份有限公司	72.19	74.94	80.48	78.41
8	合肥华泰集团股份有限公司	58.85	89.82	80.01	78.31
9	南宁糖业股份有限公司	65.19	81.16	80.49	78.30
10	通辽金锣食品有限责任公司	63.75	79.88	80.81	78.11
11	得利斯集团有限公司	63.46	69.03	80.01	75.88
12	河南众品实业股份有限公司	65.48	68.95	78.05	74.80
13	湖南金健米业股份有限公司	72.19	91.32	70.02	73.54
14	嘉里粮油（营口）有限公司	80.19	82.68	70.09	73.49
15	金光食品（宁波）有限公司	71.85	79.59	70.19	71.85
16	湖北武汉佳乐食品有限公司	59.29	44.21	80.12	71.61
17	中粮北海粮油工业（天津）有限公司	64.19	83.48	70.09	71.21
18	山东凤祥（集团）有限责任公司	64.12	81.53	70.04	70.88
19	邦基三维油脂有限公司	62.49	81.06	70.09	70.60
20	三河汇福粮油集团饲料蛋白有限公司	71.19	67.07	70.89	70.36
21	邦基正大（天津）蛋白饲料科技有限公司	71.89	66.06	70.85	70.29
22	秦皇岛金海粮油工业有限公司	92.76	94.85	60.06	70.18
23	日照市凌云海糖业集团有限公司	58.19	82.35	70.08	70.14
24	湖北奥星粮油工业有限公司	65.72	70.71	70.84	70.05
25	青岛浩大实业有限公司	71.62	64.84	70.81	70.04
26	上海嘉里食品工业有限公司	64.62	71.68	70.74	69.96

排名	名称	iBrand	iSite	iPower	综合得分
27	四川省资阳市四海发展实业有限公司	65.16	69.17	70.72	69.65
28	山东渤海油脂工业有限公司	65.89	69.85	70.35	69.61
29	滨州金汇玉米开发有限公司	63.89	69.92	70.65	69.53
30	安徽家乐米业有限公司	61.67	71.07	70.58	69.32
31	河南省北徐集团有限公司	63.46	68.34	70.46	69.09
32	沈阳水产品加工有限公司	80.46	49.49	70.23	68.65
33	秦皇岛金海食品工业有限公司	55.79	73.55	70.07	68.45
34	鄂尔多斯市四季青农业开发有限公司	53.66	74.39	70.19	68.34
35	三河市明慧天泽食品有限公司	64.86	63.47	70.09	68.31
36	江苏民康油脂有限公司	63.79	63.68	70.02	68.13
37	锦州元成生化科技有限公司	53.28	73.43	70.01	68.01
38	临沂新程金锣肉制品有限公司	71.49	83.77	63.37	67.60
39	鄂尔多斯市华森草业有限责任公司	62.76	58.39	70.01	67.18
40	山西粟海集团有限公司	63.75	54.58	70.01	66.76
41	内黄县东庄镇星河植物油厂	61.46	56.49	70.01	66.70
42	临清京派粮油集团中兴面粉有限公司	93.89	69.53	60.05	66.55
43	沈阳万顺达集团有限公司	44.71	71.08	70.01	66.38
44	邦基（南京）粮油有限公司	63.56	76.76	64.19	65.98
45	鸿益粮油资源股份有限公司	70.59	42.19	69.84	65.81
46	山东莱花春雪集团有限公司	69.56	42.49	69.81	65.67
47	北京市第五肉类联合加工厂	72.89	83.24	60.02	65.43
48	惠禹饲料蛋白（防城港）有限公司	72.56	81.44	60.04	65.13
49	临沂盛泉油脂化工有限公司	63.85	87.41	60.02	64.70
50	南京雨润食品有限公司	80.17	52.69	63.71	64.52
51	嘉吉粮油（南通）有限公司	64.56	83.59	60.02	64.24
52	九三集团大连大豆科技有限公司	65.74	67.62	63.01	64.11
53	山东新昌集团有限公司	63.46	81.34	60.09	63.78
54	德州双汇食品有限公司	85.18	58.54	60.06	63.60
55	九三集团天津大豆科技有限公司	71.46	71.37	60.05	63.46
56	河南省志元食品有限公司	68.75	74.08	60.03	63.45
57	上海良友海狮油脂实业有限公司	62.68	79.97	60.02	63.41
58	四川高金食品股份有限公司	70.46	71.23	60.03	63.27
59	统一嘉吉（东莞）饲料蛋白科技有限公司	64.19	73.97	60.01	62.73
60	泉州福海粮油工业有限公司	65.46	71.94	60.12	62.69
61	潍坊六和饲料有限公司	65.74	71.08	60.01	62.53
62	安阳众品食业有限公司	63.18	72.16	60.03	62.32
63	湖北金华麦面集团有限公司	59.46	75.03	60.02	62.19
64	山东鲁花集团有限公司	82.78	86.19	52.42	62.04

续表

排名	名称	iBrand	iSite	iPower	综合得分
65	四平红嘴农业高新技术开发有限公司	57.46	74.11	60.01	61.74
66	沈阳金石豆业有限公司	63.61	66.89	60.03	61.60
67	河南省华英禽业集团	68.13	58.64	60.11	61.09
68	黑龙江省北大荒米业有限公司	70.49	79.74	54.89	60.96
69	长春金锣肉制品有限公司	63.49	56.19	60.01	59.96
70	山东发达集团有限公司	72.76	44.75	60.02	59.64
71	潍坊乐港食品股份有限公司	56.13	81.15	55.64	59.54
72	大连华农豆业集团股份有限公司	64.14	73.47	55.11	59.22
73	山东香驰粮油有限公司	72.56	75.17	52.54	58.94
74	山东省高唐蓝山集团总公司	71.89	79.81	51.57	58.85
75	江苏省万润肉类加工有限公司	62.46	48.46	60.01	58.65
76	大海粮油工业（防城港）有限公司	65.12	84.45	51.39	58.41
77	好当家集团有限公司	72.85	65.75	53.54	58.27
78	长春大成实业集团有限公司	55.46	73.54	55.46	58.17
79	北京顺鑫农业股份有限公司鹏程食品分公司	62.79	74.04	53.41	57.91
80	北京大发正大有限公司	78.56	63.77	51.59	57.46
81	山东三星集团有限公司	66.48	61.55	54.54	57.38
82	青岛嘉里花生油有限公司	30.46	71.41	60.01	57.29
83	河北五得利集团新乡面粉有限公司	64.18	68.55	53.39	57.28
84	通辽万顺达淀粉有限公司	43.89	57.46	60.01	57.21
85	山东新良油脂有限公司	51.19	75.53	54.45	57.12
86	南海油脂工业（赤湾）有限公司	68.14	87.35	47.12	56.31
87	青岛九联集团股份有限公司	62.46	72.65	51.03	55.99
88	山东省鲁洲集团有限公司	63.14	54.34	54.09	55.49
89	嘉吉粮油（良江）有限公司	64.14	58.79	51.29	54.34
90	黑龙江北大荒肉业有限公司	63.49	57.19	51.56	54.19
91	四川阆中鸿宇冷冻食品有限公司	54.19	64.68	51.27	53.72
92	湖北福娃集团有限公司	65.46	78.69	44.12	52.51
93	河北赵州利民糖业集团有限公司	63.47	65.44	46.09	51.60
94	广州植之元油脂实业有限公司	63.13	81.19	41.14	50.45
95	天津龙威粮油工业有限公司	55.46	69.58	44.13	49.65
96	东莞市富之源饲料蛋白开发有限公司	60.75	71.34	42.09	49.28
97	湖南巴陵油脂有限公司	64.46	61.45	43.21	49.13
98	山东大洋食品集团有限公司	62.13	51.69	45.45	48.89
99	赤山集团有限公司	60.47	65.07	42.46	48.55
100	靖海集团有限公司	53.46	57.64	45.07	48.21

　　自2012年发展至今，生鲜电商已经具有相对完备的运作体系，这种模式尤其在一线

城市受到推崇，这些城市面积大，居民购买新鲜的时蔬相对不便，同时消费水平高，互联网消费意识相对强，所以生鲜电商模式的推广比较顺利。3年里，生鲜电商已经有了很大一部分的消费群，市场变得越来越广阔。美国电商巨头亚马逊抛出10年来在中国大陆的首笔投资——2000万美元入股上海本地垂直生鲜电商美味七七；中粮旗下我买网也打开新仓库，强化生鲜海外直采，探求差异化路线；上市后的京东也开始和獐子岛合作进一步发力生鲜电商。

得益于生鲜电商的迅速发展，作为生鲜主体的农副产品搭载互联网平台有了良好的销售渠道，同时也方便了居民生活，让消费者有了更加公平、合理的选择。农副产品属于相对特殊的领域，生鲜电商在运输过程中必须保证产品的新鲜，这对物流的要求非常严格，从而加大了物流成本。同时，因为生鲜市场的不稳定性，使得同期的订单量相对较少，同时还要保证农副产品在储存过程中的新鲜程度。因此，农副产品电商模式对时间、效率的要求很高，也使得生鲜电商的大规模经营受阻。

业内人士提议，生鲜电商可以考虑利用城市已有的配送资源，如报纸、鲜奶的配送体系，缓解物流成本。"初始阶段需与当地实体店相结合，做出质量和信誉度才能活下去。前端整合农业基地，中间打造自己的B2C平台，营销方面采取故事性营销，立足本地，即使后期将受到大平台的挤压，也会有自己的一块领地。"上述人士说，在人力配备上，需要懂电商和懂传统物流、供应链的合力，方能成事。

我国是农业大国，在农副产品的生产上基本上能够满足自给自足，同时，我国大力发展农副产品加工业，延长产业链，增加农副产的附加值。我国的农副产品应该抓住"互联网+"的机遇，利用全球化的网络平台，提高产品质量，加强农副产品的出口，为我国的农业开拓更加广阔的海外市场。

2015互联网+食品加工业TOP100

作为在国民经济中占较大比重的食品加工业，行业发展备受瞩目，互联网对其影响也较深远。食品安全、营养等一系列关乎消费者健康的问题，成为现代食品加工企业关注的焦点。本榜单参照了上市企业的市值和部分企业的品牌价值，以综合公信力为基础，旨在一定程度上呈现互联网生态下食品加工企业的发展进程。

2015互联网+食品加工业TOP100

排名	名称	iBrand	iSite	iPower	综合得分
1	内蒙古伊利实业集团股份有限公司	88.18	90.47	90.96	89.87
2	佛山市海天调味食品股份有限公司	86.64	89.61	89.25	88.50
3	旺旺控股有限公司	86.11	88.39	90.97	88.49
4	康师傅控股有限公司	85.33	87.72	90.85	87.97
5	河南双汇投资发展股份有限公司	84.21	90.49	89.17	87.96
6	内蒙古蒙牛乳业集团股份有限公司	84.86	89.52	89.22	87.87
7	新希望集团有限公司	84.87	88.29	89.83	87.66
8	中粮屯河股份有限公司	83.16	88.78	89.01	86.98
9	辽宁辉山乳业集团有限公司	82.52	88.37	88.59	86.49
10	中国雨润食品集团有限公司	81.78	90.11	87.57	86.49
11	光明乳业股份有限公司	82.62	87.27	88.97	86.29
12	烟台双塔食品股份有限公司	81.52	90.07	87.19	86.26
13	上海梅林正广和股份有限公司	81.55	89.17	87.56	86.09
14	广东美味鲜调味食品有限公司	81.23	89.89	87.16	86.09
15	中国粮油控股有限公司	81.68	87.24	88.19	85.70
16	贝因美婴童食品股份有限公司	81.96	86.77	88.36	85.70
17	北京三元食品股份有限公司	80.07	88.65	86.46	85.06
18	河南省莲花味精集团有限公司	79.63	89.19	85.95	84.92
19	中国食品有限公司	79.43	89.67	85.66	84.92
20	郑州三全食品股份有限公司	79.74	88.54	86.24	84.84
21	海欣食品股份有限公司	76.95	79.66	86.32	80.98
22	洽洽食品股份有限公司	76.71	79.38	86.17	80.75
23	加加食品集团股份有限公司	76.13	77.75	86.13	80.00
24	江苏恒顺醋业股份有限公司	75.88	77.72	85.93	79.84
25	山东得利斯食品股份有限公司	74.69	75.65	85.41	78.58
26	黑牛食品股份有限公司	74.70	75.17	85.64	78.50
27	天然乳品（新西兰）控股有限公司	74.54	75.09	85.53	78.39
28	山东龙大肉食品股份有限公司	74.20	75.78	85.05	78.34
29	山东西王食品有限公司	74.73	74.29	85.96	78.33
30	海南椰岛集团股份有限公司	74.39	75.21	85.38	78.33
31	南宁糖业股份有限公司	74.31	75.49	85.13	78.31
32	山东三星集团有限公司	74.35	75.21	85.28	78.28
33	广州东凌粮油股份有限公司	74.37	75.09	85.36	78.27
34	河南华英农业科技股份有限公司	73.86	74.87	85.03	77.92
35	辽宁五峰农业科技股份有限公司	72.21	78.21	82.93	77.78
36	澳优乳业（中国）有限公司	73.22	75.62	84.41	77.75

排名	名称	iBrand	iSite	iPower	综合得分
37	长寿花食品股份有限公司	72.52	77.29	83.36	77.72
38	河南省大程粮油集团股份有限公司	72.36	77.56	83.07	77.66
39	南顺香港集团有限公司	72.53	76.35	83.92	77.60
40	长春大成实业集团有限公司	73.30	74.28	84.94	77.51
41	中国粗粮王饮品有限公司	71.99	77.68	82.70	77.46
42	陕西陕富面业有限责任公司	73.12	74.81	84.36	77.43
43	蜡笔小新食品工业有限公司	73.06	74.88	84.34	77.43
44	江苏省农垦米业集团有限公司	71.93	77.62	82.67	77.41
45	中国普甜食品控股有限公司	73.23	74.36	84.52	77.37
46	绿都集团股份有限公司	72.72	75.44	83.87	77.34
47	湖北洪森粮油集团有限公司	73.22	73.88	84.67	77.26
48	青岛康大食品有限公司	72.82	74.73	84.20	77.25
49	新疆天山面粉集团有限责任公司	73.25	73.83	84.60	77.23
50	东莞徐记食品有限公司	71.67	77.43	82.51	77.20
51	杭州娃哈哈集团有限公司	72.88	74.36	84.28	77.17
52	完达山企业集团乳品有限公司	73.26	73.34	84.89	77.16
53	中粮食品营销有限公司	72.40	75.34	83.75	77.16
54	益海嘉里投资有限公司	72.39	75.32	83.63	77.11
55	明一国际营养品集团有限公司	71.59	76.95	82.57	77.04
56	郑州思念食品有限公司	72.53	74.58	83.98	77.03
57	北京稻香村食品有限责任公司	72.39	74.47	83.82	76.89
58	临沂新程金锣肉制品有限公司	71.64	76.17	82.80	76.87
59	山东鲁花集团有限公司	72.21	74.27	83.56	76.68
60	维维食品饮料股份有限公司	71.75	74.43	83.26	76.48
61	广东喜之郎食品有限公司	70.79	75.37	82.33	76.16
62	厦门银鹭集团有限公司	70.64	75.26	82.24	76.05
63	好利来集团有限公司	70.57	75.37	82.15	76.03
64	广东大印象集团有限公司	69.84	76.43	81.26	75.84
65	九三集团成都粮油食品有限公司	70.57	74.27	82.45	75.76
66	唐人神集团股份有限公司	69.70	76.39	81.14	75.74
67	冠生园食品有限公司	69.96	75.38	81.65	75.66
68	福建盼盼食品集团有限公司	70.09	74.82	81.90	75.60
69	圣元营养食品有限公司	70.01	74.93	81.80	75.58
70	今麦郎日清食品有限公司	69.78	75.18	81.54	75.50
71	河北承德露露股份有限公司	70.11	74.31	82.05	75.49
72	宁夏红枸杞产业集团有限公司	70.28	73.59	82.38	75.42
73	椰树集团有限公司	70.03	74.22	81.97	75.41
74	中储粮油脂有限公司	69.87	74.37	81.83	75.36

续表

排名	名称	iBrand	iSite	iPower	综合得分
75	北京二商集团有限责任公司	69.19	75.88	80.86	75.31
76	山东渤海油脂工业有限公司	69.48	74.71	81.42	75.20
77	中国盐业总公司	69.19	75.09	80.92	75.07
78	五得利面粉集团有限公司	69.34	74.38	81.39	75.04
79	东莞市穗丰食品有限公司	69.32	74.41	81.30	75.01
80	北京古船食品有限公司	68.78	75.32	80.67	74.92
81	河北金沙河面业有限责任公司	69.26	74.48	80.95	74.90
82	湖北福娃集团有限公司	69.39	73.27	81.73	74.80
83	香港李锦记集团有限公司	68.78	74.62	80.79	74.73
84	爱芬食品（北京）有限公司	68.56	74.89	80.60	74.68
85	哈尔滨老鼎丰食品有限公司	69.20	73.21	81.12	74.51
86	君乐宝乳业有限公司	68.18	73.89	81.38	74.48
87	佛山市顺德区粤花罐头食品有限公司	67.68	75.24	80.12	74.35
88	吉林省长春皓月清真肉业股份有限公司	67.76	75.06	79.83	74.22
89	上海太太乐食品有限公司	67.64	75.25	79.69	74.19
90	王守义十三香调味品集团有限公司	68.27	73.75	80.52	74.18
91	黑龙江飞鹤乳业有限公司	68.04	74.22	80.16	74.14
92	科迪食品集团股份有限公司	67.77	74.48	80.03	74.09
93	广州市合生元生物制品有限公司	67.92	74.18	80.15	74.08
94	北京味多美食品有限责任公司	67.65	74.79	79.77	74.07
95	金凤呈祥食品有限责任公司	67.32	73.97	80.78	74.02
96	福建同发食品集团有限公司	67.85	73.72	80.38	73.98
97	湛江市欢乐家食品有限公司	67.41	74.48	79.57	73.82
98	辣妹子食品股份有限公司	66.90	74.98	79.37	73.75
99	北京艾丝碧西食品有限公司	67.03	74.66	79.41	73.70
100	上海元祖食品有限公司	66.43	74.21	79.26	73.30

　　粮油、调味料、肉禽加工、乳制品等企业，在实现自身生产效率提升的同时，也在积极地与互联网企业合作，渗透互联网思维，以提升食品的品质和安全。而各大食品生产类别，在适应市场竞争的条件下，也在利用智能化趋势，力争创建更大的价值。

粮油企业：国际化、规模化、专业化、集约化

　　2015年5月27日，《中纺粮油（东莞）食品产业园项目投资协议》签署。根据协议，中纺粮油计划投资60亿人民币，建立产业园区，投产后将建成华南大型粮油集散与加工产业基地，以及珠三角地区重要的粮油储运、中转、加工、交易中心。互联网加快了产业更新换代的速率，大型粮油企业，不仅满足于内需的供应，更将目光伸向国际化

的竞争领域，充实智能驱动力，向粮油产业集群国际化、规模化、专业化、集约化方向发展，欲成为生产服务示范园。

2.肉类工业：以智能化设备为驱动力

肉类工业十二五规划中指出，我国肉类加工业的重点任务是进一步调整生产结构，稳步发展猪肉、牛羊肉和禽肉加工。根据肉类工业发展的需要，利用信息化技术和供应链管理技术，建立现代冷链物流配送体系。推动肉类食品电子商务发展，提高物流效率，降低物流成本。信息化成为现代畜牧业生产、加工过程中转变效率、减低成本的核心。随着对智能化肉类加工机械需求的膨胀，近几年，我国肉类加工和技术装备，也在努力实现由进口为主向自主研发和自主生产转变。伴随肉类食品产业的互联网化，肉类深加工的比例不断增加，新的肉类加工厂不断涌现，这些企业投入大量的新型加工设备，向国际化的食品标准迈近一步。

3.乳业发展：根植于产品安全 加强品牌竞争力

近日，各大乳企先后发布2015上半年财报。数据显示，大部分乳企出现业绩下滑。比起其他类别的食品企业，乳制品一向受到更高的关注度，消费者的敏感度也较高。无论是营销驱使，还是舆论偏差，消费者对于乳制品行业的标准化问题提出了更高的要求。同时，受经济大环境影响，乳品价格下降，导致利润率降低。通过电商平台竞争、海外渠道销售等手段可缓解一部分的国内市场需求疲软，但从根本上，企业更应思考如何利用更尖端的科技和人文理念，加强品牌的核心竞争力，提高产品的安全系数和品质。

2015互联网+饮料与饮用水生产企业TOP100

饮料和水与互联网有什么关系？或许这是你在看到本榜单的第一反应。

说他们之间的关系不如说互联网对饮料和水的作用，是渠道的扩张，是技术的变革，更是思想的转变。

对饮料企业（传统企业）而言，互联网的出现带来了变化，也没有变化，变化的是让企业营销发挥出了最大的优势，而没变的则是产品的质量仍是取胜的唯一法宝。

互联网+饮料与饮用水生产企业TOP100

排名	名称	iBrand	iSite	iPower	综合得分
1	可口可乐（中国）饮料有限公司	93.64	98.12	86.35	92.70
2	百事（中国）有限公司	92.87	97.42	86.47	92.26
3	崔巢（中国）有限公司	92.50	97.91	86.36	92.26
4	农夫山泉股份有限公司	92.34	96.64	86.02	91.67
5	康师傅控股有限公司	92.29	96.54	85.55	91.46
6	乐天澳的利饮料有限公司	91.99	96.14	85.45	91.19
7	今麦郎饮品股份有限公司	91.93	95.75	84.33	90.67
8	统一企业中国控股有限公司	91.69	95.35	83.57	90.20
9	杭州娃哈哈集团有限公司	91.51	94.96	80.22	88.89
10	上海申美饮料食品有限公司	91.33	94.56	80.12	88.67
11	乐百氏（广东）饮用水有限公司	91.15	94.17	80.04	88.45
12	华润怡宝饮料（中国）有限公司	90.97	93.77	80.01	88.25
13	联合利华（中国）有限公司	90.79	93.38	79.92	88.03
14	广东健力集团有限公司	90.61	92.98	79.85	87.81
15	红牛维他命饮料有限公司	90.43	92.59	79.78	87.60
16	日加满饮品(上海)有限公司	90.25	92.19	79.71	87.38
17	维维集团股份有限公司	90.07	91.79	79.64	87.17
18	厦门银鹭食品集团有限公司	89.89	91.40	79.57	86.95
19	河北养元智汇饮品股份有限公司	89.71	91.00	79.49	86.73
20	广州王老吉药业股份有限公司	89.53	90.61	79.42	86.52
21	大冢(中国)投资有限公司	89.34	90.21	79.35	86.30
22	深圳市东鹏饮料实业有限公司	89.16	89.82	79.28	86.09
23	深圳市景田食品饮料有限公司	88.98	89.53	79.21	85.91
24	光明乳业股份有限公司	88.80	89.82	79.14	85.92
25	汇源集团有限公司	88.62	88.81	79.07	85.50
26	椰树集团有限公司	88.44	88.67	79.00	85.37
27	河南佳得乐饮品有限公司	88.26	88.31	78.93	85.17
28	日本可尔必思株式会社	88.08	87.95	78.86	84.96
29	太行野山果饮品有限责任公司	87.90	87.60	78.78	84.76
30	斯伯润控股有限公司	87.72	87.24	78.71	84.56
31	禹州市银梅饮料有限公司	87.54	86.88	78.64	84.35
32	四川金沙源食品有限公司	87.36	86.52	78.57	84.15
33	四川华通柠檬有限公司	87.18	86.16	78.50	83.95
34	河北沃尔旺食品饮料有限公司	87.00	85.81	78.43	83.75
35	西昌富万利食品有限公司	86.82	85.45	78.36	83.54
36	江西国兴集团百丈泉食品饮料有限公司	86.64	85.09	78.29	83.34

排名	名称	iBrand	iSite	iPower	综合得分
37	天水长城果汁饮料有限公司	86.46	84.73	78.22	83.14
38	哈尔滨润通饮品有限公司	86.28	84.37	78.15	82.93
39	国投中鲁果汁股份有限公司	86.10	84.01	78.07	82.73
40	惠尔康集团有限公司	85.92	83.66	78.00	82.53
41	上海绿加食品饮料有限公司	85.74	83.30	77.93	82.32
42	山西大寨饮品有限公司	85.56	82.94	77.86	82.12
43	天津市华旗食品有限公司	85.38	82.58	77.79	81.92
44	四川蓝光实业集团有限公司	85.20	82.22	77.72	81.71
45	广州鹰金钱企业集团公司	85.02	81.87	77.65	81.51
46	福建紫山集团股份有限公司	84.84	81.51	77.58	81.31
47	四川成都全兴集团有限公司	84.66	81.15	77.51	81.10
48	上海天喔食品（集团）有限公司	84.48	80.79	77.44	80.90
49	恒大矿泉水集团有限公司	84.30	80.43	77.36	80.70
50	北京市美丹食品有限公司	84.12	80.07	77.29	80.49
51	燕京啤酒(包头雪鹿)股份有限公司	83.94	80.04	77.22	80.40
52	蛋挞王控股有限公司	83.76	79.92	77.15	80.28
53	兰州庄园乳业有限责任公司	83.57	78.59	77.08	79.75
54	广西巴马丽琅饮料有限公司	83.39	78.44	77.01	79.61
55	绿杰股份有限公司	83.21	78.29	76.94	79.48
56	舒兰市棒槌泉矿泉水有限责任公司	83.03	78.25	76.87	79.38
57	天津市冠芳可乐饮料有限公司	82.85	77.61	76.80	79.09
58	四川蓝光美尚饮品股份有限公司	82.67	77.24	76.73	78.88
59	烟台北方安德利果汁股份有限公司	82.49	76.88	76.65	78.68
60	山东鼎力枣业食品集团有限公司	82.31	76.52	76.58	78.47
61	河北承德露露股份有限公司	82.13	76.15	76.51	78.27
62	加多宝（中国）饮料有限公司	81.95	75.79	76.44	78.06
63	福建达利食品集团有限公司	81.77	75.43	76.37	77.86
64	福建省台福食品有限公司	81.59	75.06	76.30	77.65
65	中国海升果汁控股有限公司	81.41	74.70	76.23	77.45
66	佳美食品工业股份有限公司	81.23	74.34	76.16	77.24
67	三门峡湖滨果汁有限责任公司	81.05	73.97	76.09	77.04
68	小洋人生物乳业集团有限公司	80.87	73.61	76.02	76.83
69	杭州味全食品有限公司	80.69	73.25	75.94	76.63
70	天地壹号饮料股份有限公司	80.51	72.88	75.87	76.42
71	山东鹤园集团有限公司	80.33	72.52	75.80	76.22
72	内蒙古宇航人高技术产业有限责任公司	80.15	72.16	75.73	76.01
73	湖北香园食品有限公司	79.97	71.79	75.66	75.81
74	焦作市米奇食品饮料有限公司	79.79	71.43	75.59	75.60

续表

排名	名称	iBrand	iSite	iPower	综合得分
75	唐山蓝猫饮品集团有限公司	79.61	71.07	75.52	75.40
76	四平宏宝莱饮品股份有限公司	79.43	70.70	75.45	75.19
77	江西润田实业股份有限公司	79.25	70.34	75.38	74.99
78	安徽乐哈哈食品有限公司	79.07	69.31	75.31	74.56
79	中山市嘉乐保健饮料有限公司	78.89	69.01	75.23	74.38
80	湖北希之源生物工程有限公司	78.71	68.59	75.16	74.15
81	丹东幸福食品有限公司	78.53	68.25	75.09	73.96
82	深圳达能益力饮品有限公司	78.35	67.89	75.02	73.75
83	上海正广和饮用水有限公司	78.17	67.53	74.95	73.55
84	广东日之泉集团公司	77.99	67.17	74.88	73.34
85	东莞市福地纯水有限公司	77.80	66.81	74.81	73.14
86	济南普利思矿泉水有限公司	77.62	66.45	74.74	72.94
87	肇庆市鼎湖飘雪山泉饮用水有限公司	77.44	66.09	74.67	72.73
88	海口金盘饮料公司	77.26	65.73	74.60	72.53
89	北京屈臣氏蒸馏水有限公司	77.08	65.37	74.52	72.33
90	湖南碧泉潭生态资源开发有限公司	76.90	65.01	74.45	72.12
91	青岛崂山矿泉水有限公司	76.72	64.65	74.38	71.92
92	云南天外天天然饮料有限责任公司	76.54	64.29	74.31	71.71
93	胡大祥太空饮料有限责任公司	76.36	63.93	74.24	71.51
94	河南思源饮品有限公司	76.18	63.57	74.17	71.31
95	四川蓝剑饮品集团有限公司	76.04	63.09	74.09	71.07
96	北京顺鑫牵手果蔬饮品股份有限公司	75.82	62.85	74.03	70.90
97	重庆缙坤食品有限公司	75.64	62.49	73.96	70.70
98	营口鲁冰花集团有限公司	75.46	62.13	73.89	70.49
99	渭南光明电力集团有限公司六姑泉饮品分公司	75.28	61.77	73.81	70.29
100	焦作市果子园乳业有限公司	74.90	60.65	72.85	69.47

其实，以上更多的是在说互联网的作用，下面我们来看看饮料市场的现状。

在刚刚过去的2014年，中国饮品市场可谓风云变幻。比如可口可乐高调做牛奶这样的跨界推出新品，比如王老吉加多宝的红罐大戏落幕这样的同类品牌正面出击，比如天然矿泉水的水源地之争……饮品品牌商之间的疯狂大战，反映了中国饮品市场将迎来大升级时代。

在经济转型升级的大背景下，饮料市场仍是资本关注的热土之一。中国饮料行业也进入了降速增长的"新常态"发展阶段。在"新常态"这一大经济环境的影响下，中国饮料行业也由2010年以前超过20%的年增长率滑向2011年之后年均15%的增长率，由此而来的差异化竞争优势凸显。

随着人们对健康生活的关注，饮料市场结构发生了明显的变化，原来备受推崇的碳酸饮料逐渐"退烧",绿色、原生态的食材越来越受到推崇,市场潜力巨大。

尼尔森零售监测数据显示,截至2014年11月份,纯天然和功能性饮料品类在2014年以双位数增长。其中,矿物质天然饮用水销售与去年同期相比,增长23%,远高于包装水的整体增长率(14.3%)。富含维生素的饮料销售增长率为30%,富含蛋白质饮料(24%)和能量饮料(21%)紧随其后。

事实证明,食品饮料行业靠强势的广告轰炸来获得消费者购买的时代已经过去,目前看来,消费者比较理性,企业只有生产出品质优、符合行业趋势、性价比高的产品才能获得消费者的认可。

2015互联网+茶企TOP100

我国是茶树的原产地,是世界上发现和利用茶树最早的国家。改革开放以来,茶叶产业得到了迅速发展。目前,全国有20个省、市、自治区生产茶叶,涉茶人员约8000万人。茶叶产业已成为主产区农村经济的重要支柱产业和出口创汇的优势农业产业,对促进农业结构调整、增加农民收入、扩大就业和建设社会主义新农村发挥着重要的作用。

2015互联网+茶企TOP100

排名	名称	iBrand	iSite	iPower	综合得分
1	中国茶叶股份有限公司	94.55	89.99	97.29	93.94
2	湖南省茶业有限公司	92.48	92.52	95.13	93.38
3	浙江省茶叶进出口有限公司	89.53	94.73	95.02	93.09
4	安徽茶叶进出口有限公司	89.02	89.90	94.81	91.24
5	宜昌萧氏茶叶集团有限公司	84.08	94.77	94.33	91.06
6	四川省峨眉山竹叶青茶业有限公司	85.47	93.74	93.98	91.06
7	昆明七彩云南庆沣祥茶业股份有限公司	85.38	92.69	93.39	90.49
8	吴裕泰茶叶股份有限公司	83.89	93.92	92.69	90.17
9	北京张一元茶叶有限责任公司	83.29	95.41	91.52	90.07
10	上海天坛国际贸易有限公司	80.97	94.24	90.75	88.65
11	广东茶叶进出口有限公司	82.96	93.06	89.63	88.55

续表

排名	名称	iBrand	iSite	iPower	综合得分
12	四川省叙府茶业有限公司	84.40	89.42	89.41	87.74
13	云南大益茶业集团	79.14	94.53	89.24	87.64
14	福建省安溪八马茶业有限公司	78.40	94.17	89.08	87.22
15	浙江华发茶业有限公司	82.71	90.17	88.73	87.21
16	浙江省诸暨绿剑茶业有限公司	76.83	96.83	88.46	87.37
17	福建茶叶进出口有限责任公司	87.96	84.38	88.01	86.78
18	云南下关沱茶(集团)股份有限公司	78.77	92.83	87.94	86.51
19	嵊州市大鹏茶业有限公司	84.63	84.13	87.86	85.54
20	武夷星茶业有限公司	72.98	96.19	87.32	85.50
21	安徽省六安瓜片茶业股份有限公司	77.78	89.02	87.04	84.61
22	信阳市龙潭茶叶有限公司	70.70	92.60	86.97	83.42
23	云南龙润茶业集团有限公司	72.25	91.37	86.62	83.41
24	湖南华莱生物科技有限公司	72.39	90.46	86.43	83.09
25	福建武夷山国家级自然保护区正山茶业有限公司	77.34	85.54	86.25	83.04
26	福建品品香茶业有限公司	71.45	91.28	86.06	82.93
27	湖北邓村绿茶集团有限公司	68.96	93.63	85.88	82.82
28	福建省御茶园茶业股份有限公司	74.95	87.94	85.51	82.80
29	黄山国际控股股份有限公司	72.82	89.80	85.33	82.65
30	福建新坦洋茶业(集团)股份有限公司	73.65	88.78	84.96	82.46
31	湖南省白沙溪茶厂股份有限公司	69.14	92.46	84.78	82.12
32	大不同集团有限公司	76.17	85.37	84.41	81.98
33	福建春伦茶业集团有限公司	72.33	88.45	84.22	81.67
34	云南滇红集团股份有限公司	77.06	84.05	83.86	81.65
35	湖南洞庭山科技发展有限公司	79.20	81.89	83.67	81.59
36	安徽天方茶业(集团)有限公司	68.03	93.29	83.30	81.54
37	湖北汉家刘氏茶业股份有限公司	77.44	83.26	83.12	81.27
38	江西省宁红集团有限公司	74.51	86.13	82.94	81.19
39	湖南省君山银针茶业有限公司	75.01	86.00	82.57	81.19
40	贵州湄潭兰馨茶业有限公司	67.15	93.97	82.38	81.17
41	厦门山国饮艺茶业有限公司	83.29	78.02	82.02	81.11
42	羊楼洞茶业股份有限公司	75.00	86.22	81.83	81.02
43	四川省文君茶业有限公司	79.94	81.59	81.46	81.00
44	云南六大茶山茶业股份有限公司	82.64	78.87	81.28	80.93
45	福建省满园春茶业有限公司	80.02	81.61	81.10	80.91
46	陕西苍山茶业有限责任公司	67.76	92.91	80.73	80.47
47	河南新林茶业有限公司	80.01	80.01	80.54	80.19
48	黄山市松萝有机茶叶开发有限公司	70.07	90.27	80.18	80.17
49	安徽一笑堂茶业有限公司	82.18	78.04	79.99	80.07

排名	名称	iBrand	iSite	iPower	综合得分
50	福建三好茶博汇茶业有限公司	69.50	90.53	79.81	79.95
51	腾冲县高黎贡山生态茶业有限责任公司	83.08	75.58	79.44	79.37
52	云南双江勐库茶叶有限责任公司	80.12	78.69	79.26	79.36
53	福建省天湖茶业有限公司	70.49	87.64	78.89	79.01
54	黄山市新安源有机茶开发有限公司	83.02	74.76	78.70	78.83
55	安徽省祁门红茶发展有限公司	71.52	85.85	78.52	78.63
56	湖南沩山湘茗茶业股份有限公司	66.54	91.00	78.15	78.57
57	闽榕茶业有限公司	83.00	75.05	77.97	78.67
58	陕西省午子绿茶有限责任公司	68.66	87.91	77.60	78.06
59	安徽省华国茗人农业有限公司	73.09	83.16	77.42	77.89
60	谢裕大茶叶股份有限公司	66.69	89.72	77.05	77.82
61	霍山抱儿钟秀茶业有限公司	82.51	73.02	76.86	77.46
62	福建鼎白茶业有限公司	81.29	74.49	76.50	77.43
63	黄山市猴坑茶业有限公司	69.70	85.63	76.31	77.21
64	湖北宜红茶业有限公司	74.34	81.12	75.94	77.13
65	益阳茶厂有限公司	77.47	78.05	75.76	77.09
66	四川米仓山茶业集团有限公司	81.74	73.94	75.39	77.02
67	广东省大埔县西岩茶叶集团有限公司	68.07	87.09	75.21	76.79
68	湖南古洞春茶业有限公司	89.45	65.78	74.84	76.69
69	四川省蒙顶山皇茗园茶业集团有限公司	71.97	82.98	74.66	76.53
70	河南九华山茶业有限公司	63.09	92.15	74.29	76.51
71	安徽国润茶业有限公司	71.99	82.71	74.10	76.27
72	河南仰天雪绿茶叶有限公司	78.72	75.31	73.92	75.98
73	福建隽永天香茶业有限公司	70.01	82.43	73.55	75.33
74	福建省泉州市裕园茶业有限公司	62.94	89.93	73.37	75.41
75	黄山光明茶业有限公司	75.08	77.23	73.18	75.16
76	北京二商京华茶业有限公司	75.20	76.95	73.00	75.05
77	云南普洱茶（集团）有限公司	65.13	86.00	72.82	74.65
78	六安市黄府茶业有限公司	83.99	65.91	72.63	74.18
79	北京市武夷山老记茶业有限责任公司	75.82	73.67	72.45	73.98
80	安徽双园集团有限公司	60.01	88.98	72.26	73.75
81	武汉黄鹤楼茶叶有限公司	61.77	86.82	72.08	73.56
82	广西农垦茶业集团有限公司	85.87	61.28	71.90	73.01
83	五峰武陵山茶业有限公司	75.53	71.75	71.71	73.00
84	广东凯达茶业股份有限公司	63.21	84.08	71.53	72.94
85	赣州市武夷源实业有限公司	72.75	67.83	71.34	70.64
86	安徽白云春毫茶业开发有限公司	63.38	74.03	71.16	69.52
87	福建省天荣茶业有限公司	60.15	77.06	70.98	69.40

续表

排名	名称	iBrand	iSite	iPower	综合得分
88	浮梁县浮瑶仙芝茶业有限公司	66.95	66.10	70.79	67.95
89	福建省天丰源茶产业有限公司	61.19	71.20	70.61	67.67
90	江西天骏农业开发有限公司	64.32	66.47	70.42	67.07
91	杭州艺福堂茶业有限公司	67.46	62.84	70.24	66.85
92	四川蒙顶山味独珍茶业集团有限公司	60.88	66.86	70.06	65.93
93	广西金花茶业有限公司	60.52	65.56	69.87	65.32
94	信阳申林茶业开发有限公司	60.50	65.74	69.69	65.31
95	安化道然茶业有限公司	61.52	64.21	69.50	65.08
96	重庆长城茶叶贸易有限公司	61.41	63.38	69.32	64.70
97	天津市正兴德茶叶有限公司	60.04	63.65	69.14	64.28
98	安徽国润茶业有限公司	60.09	63.17	68.95	64.07
99	宁波望海茶业发展有限公司	62.01	61.23	68.77	64.00
100	山东浮来青茶业有限公司	60.27	62.19	68.58	63.68

数据显示，2012年国内茶类电商B2C市场交易规模达39亿元，占线下零售市场交易规模的4%，到2013年，茶叶电商的销售额接近85亿元，翻了近三倍。这是2014年仅整个淘宝，茶叶销量是28.5亿，相比2013年15.4亿增长了28.4%。

其实，互联网化是大趋势，茶叶这一市场也不例外，本榜单在传统茶叶企业排名的基础上加上互联网因素，不为名次，只为让传统行业走的更远。

 # 2015互联网+酒业TOP100

白酒不仅是国人们亲朋相聚、会宴小酌用以增添气氛的必需品，同时也是一种古往今来不可缺少的文化象征。红酒，自从西风东渐以来越来越融入人们的日常生活，成为一种身份与品位的象征，甚至在国宴上也逐渐取代了以往白酒的地位。黄酒，这有着完全不低于白酒的渊源历史，不仅出没于传统节日习俗之中，同时也与文人墨客们有着千丝万缕的联系。而最为亲民的啤酒，既可登大雅之堂，同时也可融于市侩之中，有着"液体面包"之称的它，也是我们最容易得到、最为廉价的一种酒精饮品。

在当下的互联网潮流之下，酒业也面临着一场变革，这不仅仅是简单的拥抱互联网，更是一个有着上千年古老行业的一种根本性变革。随着快消品市场透明化、人们物质生活水平的提高，酒业面临的挑战是巨大的。如何在瞬息万变的当下做出正确的选择，成为了酒业不得不思考的一个问题。

2015互联网+酒业TOP100

排名	名称	iBrand	iSite	iPower	综合得分
1	四川宜宾五粮液集团有限公司	98.50	98.81	98.78	98.70
2	中国贵州茅台酒厂（股份）有限责任公司	98.23	94.59	98.25	97.02
3	中粮酒业有限公司	97.56	91.37	97.36	95.43
4	江苏洋河酒厂股份有限公司	96.25	91.15	97.12	94.84
5	湖北稻花香集团	96.00	90.93	96.33	94.42
6	青岛啤酒股份有限公司	95.87	90.71	96.20	94.26
7	泸州老窖集团有限责任公司	95.36	90.49	95.88	93.91
8	湖北枝江酒业集团股份有限公司	95.12	90.27	95.31	93.57
9	百威英博啤酒集团	95.03	90.05	94.28	93.12
10	四川剑南春集团有限责任公司	94.56	89.83	94.00	92.80
11	四川郎酒集团有限责任公司	94.23	89.64	93.20	92.36
12	山西杏花村汾酒集团股份有限公司	94.11	89.45	92.89	92.15
13	江苏双沟酒业股份有限公司	93.03	89.26	92.45	91.58
14	临清市卫河酒业有限责任公司	92.14	89.07	92.16	91.12
15	中法合营王朝葡萄酿酒有限公司	92.04	88.88	91.80	90.91
16	湖北白云边集团	92.04	88.69	91.57	90.77
17	华润雪花啤酒（中国）有限公司	92.00	88.50	90.22	90.24
18	安徽古井集团	91.90	88.31	90.18	90.13
19	四川远鸿小角楼酒业有限公司	91.88	88.12	90.10	90.03
20	陕西西凤酒股份有限公司	91.81	87.93	89.35	89.70
21	中国绍兴黄酒集团	91.76	87.74	89.26	89.59
22	四川江口醇酒业（集团）有限公司	90.75	87.55	89.17	89.16
23	烟台张裕集团有限公司	90.68	87.36	88.59	88.88
24	山东扳倒井股份有限公司	90.62	87.17	88.31	88.70
25	北京燕京啤酒股份有限公司	90.44	86.98	88.12	88.51
26	会稽山绍兴酒股份有限公司	90.36	86.79	87.66	88.27
27	江苏今世缘酒业股份有限公司	89.85	86.60	87.42	87.96
28	安徽迎驾贡酒股份有限公司	89.78	86.41	87.15	87.78
29	哈尔滨啤酒集团有限公司	89.68	86.22	86.56	87.49
30	四特酒有限责任公司	89.62	86.03	86.49	87.38
31	山东景芝酒业股份有限公司	89.50	85.84	86.27	87.20
32	北京丰收葡萄酒有限公司	89.50	85.65	85.78	86.98

续表

排名	名称	iBrand	iSite	iPower	综合得分
33	四川宜宾高洲酒业有限公司	89.42	85.46	85.49	86.79
34	安徽口子酒业股份有限公司	88.54	85.27	85.13	86.31
35	安徽金种子酒业股份有限公司	88.42	85.08	84.88	86.13
36	中国四川仙潭酒业集团有限责任公司	88.00	84.89	84.50	85.80
37	浙江嘉善黄酒股份有限公司	87.18	84.70	84.11	85.33
38	四川沱牌舍得酒业股份有限公司	86.30	84.51	83.69	84.83
39	四川桂康酒业集团有限公司	86.20	84.32	83.41	84.64
40	河北衡水老白干酿酒（集团）有限公司	86.14	84.13	83.22	84.50
41	北京顺鑫农业股份有限公司	85.76	83.94	82.71	84.14
42	新疆伊力特实业股份有限公司	85.00	83.75	82.43	83.73
43	洛阳杜康控股有限公司	84.89	83.56	82.37	83.61
44	河南省宋河酒业股份有限公司	84.80	83.37	81.39	83.19
45	青岛琅琊台集团股份有限公司	84.53	83.18	81.23	82.98
46	山东欣马酒业有限公司	84.19	82.99	81.00	82.73
47	泸州龙泉窖酒业有限公司	84.05	82.80	79.85	82.23
48	浙江塔牌绍兴酒有限公司	83.96	82.61	79.56	82.04
49	上海金枫酒业股份有限公司	83.90	82.42	79.23	81.85
50	贵州董酒股份有限公司	83.71	82.23	79.12	81.69
51	绍兴女儿红酿酒有限公司	83.55	82.04	79.01	81.53
52	内蒙古百年酒业有限责任公司	83.38	81.85	78.56	81.26
53	内蒙古河套酒业集团股份有限公司	83.22	81.66	78.49	81.12
54	酒鬼酒股份有限公司	82.70	81.47	78.35	80.84
55	四川泸州名豪酒业有限公司	82.63	81.28	78.26	80.72
56	北京龙徽酿酒有限公司	82.52	81.09	77.89	80.50
57	林州红旗渠酒业有限公司	82.37	80.90	77.58	80.28
58	河南省张弓酒业有限公司	82.27	80.71	77.56	80.18
59	山东兰陵美酒股份有限公司	81.56	79.99	77.42	79.66
60	山东即墨妙府老酒有限公司	81.28	79.87	77.41	79.52
61	安徽海神黄酒集团有限公司	81.22	79.75	76.59	79.19
62	泸州世家酒业有限公司	81.15	79.63	76.45	79.08
63	绍兴县唐宋酒业有限公司	81.03	79.51	76.27	78.94
64	四川金六福酒业有限公司	81.01	79.39	76.16	78.85
65	古贝春集团有限公司	80.91	79.27	75.49	78.56
66	成都天知堂酒业有限责任公司	80.89	79.15	75.32	78.45
67	广东太阳神集团有限公司	80.81	78.91	75.23	78.32
68	湖南银杏王酒业股份有限公司	80.74	78.79	75.19	78.24
69	武汉天龙黄鹤楼酒业有限公司	80.70	78.67	74.87	78.08
70	广州珠江啤酒集团有限公司	80.70	78.55	74.26	77.84

排名	名称	iBrand	iSite	iPower	综合得分
71	重庆啤酒（集团）有限责任公司	79.57	78.43	74.10	77.37
72	劲牌有限公司	79.57	78.31	73.80	77.23
73	垦利县黄河家酒业	79.52	78.19	73.59	77.10
74	通化葡萄酒股份有限公司	79.39	78.07	73.26	76.91
75	福建雪津啤酒有限公司	79.28	77.95	73.08	76.77
76	金徽酒股份有限公司	79.18	77.83	72.96	76.66
77	曲阜孔府家酒业有限公司	78.52	77.71	72.45	76.23
78	北京红星股份有限公司	78.44	77.59	72.39	76.14
79	内蒙古响沙酒业有限责任公司	76.31	77.47	72.11	75.30
80	威龙葡萄酒股份有限公司	75.19	77.35	71.89	74.81
81	湖北楚园春酒业有限公司	74.85	77.23	71.36	74.48
82	甘肃紫轩酒业有限公司	73.76	77.11	71.00	73.96
83	金威啤酒集团（中国）有限公司	72.73	76.99	70.87	73.53
84	金星啤酒集团有限公司	71.52	76.87	69.58	72.66
85	安徽双轮酒业股份有限公司	69.50	76.75	69.34	71.86
86	河南赊店老酒股份有限公司	68.36	76.63	69.13	71.37
87	香格里拉酒业股份有限责任公司	68.36	76.51	68.88	71.25
88	湖南浏阳河酒业有限公司	67.54	76.39	68.54	70.82
89	桂林三花股份有限公司	66.98	76.27	68.22	70.49
90	江苏张家港酿酒有限公司	66.93	76.15	67.59	70.22
91	南通白蒲黄酒有限公司	66.41	76.03	67.28	69.91
92	海南椰岛（集团）股份有限公司	66.40	75.91	67.10	69.80
93	广州珠江云峰酒业有限公司	65.56	75.79	66.59	69.31
94	宁夏香山酒业（集团）有限公司	63.22	75.67	66.43	68.44
95	平凉市新世纪柳湖春酒业有限公司	60.36	75.55	66.22	67.38
96	宁城牧牛酒业有限公司	57.25	75.43	66.10	66.26
97	云南龙润酒业有限公司	55.68	75.31	65.70	65.56
98	宁夏红枸杞产业集团有限公司	53.21	75.19	65.48	64.63
99	辽宁凤城老窖酒业有限责任公司	52.78	75.07	65.23	64.36
100	黑龙江鹤城酒业有限公司	50.38	74.95	65.23	63.52

在过去的一段时间里，由于政策与市场的调整，收到冲击最大的当属高端酒业，不仅仅以贵州茅台、宜宾五粮液为代表的高端白酒价格开始逐渐回落，曾经被人们热炒的"拉菲"也逐渐偃息旗鼓。这反映出酒业所面临的一种困局——尽管各类酒基数仍旧很大，但高增长率已经成为过去，其利润自然也大幅下降。尽管能够通过高出货率来弥补这一利润上的损失，但仍非长久之计。

同时各种酒类广告投放的减少，似乎也在印证着这一困局。尽管他们已经意识到要向互联网方向倾斜，但并没有找到有效的解决方法，反而对电商这一目前看来最为便捷的转化渠道进行围追堵截。就目前的O2O市场而言，专营酒类的电商仍旧屈指可数，这固然有酒类专营等等政策的影响，但其本质仍旧是拥抱互联网的程度不够。传统酒厂必然有一天会认识到，数字营销定会成为酒业的主战场。

如今来看互联网+酒业，我们可以清晰地看到，道路已经由前人铺好，行走的方法有千千万万种，怎样才能够在这条道路上腾飞驰骋，就要看酒业大佬们的思想与理念，以及各位爱酒人士的支持与认知了。

08 | 服务业

2015互联网+餐饮业TOP100

一方面，我国餐饮产业在经历了两年调整后，在2015年上半年已经出现了回暖。据国家统计局公布的数据显示，2015年上半年餐饮收入为14996亿元，同比增长11.5%。

另一方面，餐饮业正迎来与互联网的融合。据中国电子商务研究中心数据显示，2014年中国餐饮行业O2O市场已达943.7亿规模，相比2013年增长51.5%。全国餐饮行业O2O在线用户规模达1.89亿。

2015互联网+餐饮业TOP100

排名	名称	iBrand	iSite	iPower	综合得分
1	百胜餐饮集团有限公司	80.46	94.33	98.96	91.25
2	四川海底捞餐饮股份有限公司	78.89	85.09	97.36	87.11
3	中国全聚德集团股份有限公司	77.13	85.69	94.51	85.78
4	北京东来顺集团有限责任公司	79.76	83.94	90.80	81.06
5	小南国集团有限公司	74.25	84.65	92.78	83.89
6	北京华天饮食集团公司	80.22	79.46	89.45	83.04
7	河北千喜鹤饮食股份有限公司	78.22	84.26	85.13	82.54
8	眉州东坡餐饮管理（北京）有限公司	73.39	87.31	86.19	82.30
9	北京西贝餐饮管理有限公司	70.22	87.79	85.64	81.22
10	味千（中国）控股有限公司	72.19	89.61	81.21	81.00
11	呷哺呷哺餐饮管理有限公司	83.22	74.19	84.65	80.69
12	北京湘鄂情集团股份有限公司	71.45	88.34	81.71	80.50
13	香港稻香控股有限公司	80.21	77.16	83.67	80.35
14	快客利（中国）控股集团有限公司	71.22	85.93	82.95	80.03
15	内蒙古小尾羊餐饮连锁有限公司	69.66	96.53	72.93	79.71
16	浙江两岸食品连锁有限公司	71.16	91.57	75.44	79.39
17	重庆刘一手餐饮管理有限公司	97.86	53.61	84.17	78.55
18	天津顶巧餐饮服务咨询有限公司	85.53	79.94	70.02	78.50
19	重庆德庄实业集团有限公司	86.73	77.59	70.69	78.34
20	浙江凯旋门澳门豆捞控股集团有限公司	76.22	80.31	78.32	78.28
21	北京吉野家快餐有限公司	70.22	82.99	77.49	76.90
22	北京李先生餐饮管理股份有限公司	67.65	84.12	78.51	76.76
23	真功夫餐饮管理有限公司	70.22	74.28	79.69	74.73
24	永和大王餐饮集团有限公司	77.59	73.12	73.17	74.63
25	北京黄记煌餐饮管理有限责任公司	71.01	86.12	66.09	74.41

排名	名称	iBrand	iSite	iPower	综合得分
26	重庆巴将军饮食文化发展有限公司	70.22	73.21	79.64	74.36
27	内蒙古草原牧歌餐饮连锁股份有限公司	70.22	72.94	79.68	74.28
28	重庆秦妈餐饮管理有限公司	68.56	75.81	78.12	74.16
29	重庆顺水鱼饮食文化有限公司	76.22	73.29	72.49	74.00
30	福成肥牛餐饮管理有限公司	80.22	64.61	76.38	73.74
31	江苏品尚餐饮连锁管理有限公司	80.42	74.67	65.49	73.53
32	重庆市巴江水饮食文化有限公司	76.52	76.31	67.58	73.47
33	绍兴市咸亨酒店有限公司	81.42	71.77	62.43	71.87
34	大娘水饺餐饮集团股份有限公司	87.73	53.22	69.86	70.27
35	浙江外婆家餐饮有限公司	76.61	63.18	68.49	69.43
36	重庆佳永小天鹅餐饮有限公司	78.21	55.31	74.23	69.25
37	大连彤德莱餐饮管理集团有限公司	86.55	53.49	67.64	69.23
38	索迪斯大中国区	80.22	53.69	73.52	69.14
39	宁波白金汉爵酒店投资有限公司	65.22	81.35	60.43	69.00
40	陕西一尊餐饮管理有限公司	57.31	86.31	62.11	68.58
41	内蒙古三千浦餐饮连锁有限责任公司	65.22	76.82	62.79	68.28
42	北京首都机场餐饮发展有限公司	89.46	52.51	62.52	68.16
43	上海一茶一坐餐饮有限公司	79.22	54.16	70.49	67.96
44	迪欧餐饮管理有限公司	57.22	78.61	67.29	67.71
45	上海老城隍庙餐饮集团有限公司	62.11	84.78	52.99	66.63
46	大连亚惠美食有限公司	78.22	58.42	63.15	66.60
47	重庆市毛哥食品开发有限公司	60.31	83.26	55.25	66.27
48	上海丰收日餐饮发展有限公司	70.22	65.37	60.85	65.48
49	重庆五斗米饮食文化有限公司	70.22	59.76	66.42	65.47
50	重庆陶然居饮食文化集团股份有限公司	62.51	69.98	59.88	64.12
51	安徽包天下餐饮管理有限公司	48.22	98.75	45.24	64.07
52	唐宫控股有限公司	79.22	53.37	58.94	63.84
53	安徽同庆楼餐饮发展有限公司	58.22	75.74	56.92	63.63
54	重庆奇火哥快乐餐饮有限公司	61.81	75.87	53.15	63.61
55	上海世好餐饮管理有限公司	63.22	68.92	56.93	63.02
56	安徽蜀王餐饮投资控股集团有限公司	76.12	61.72	50.87	62.90
57	宁波市海曙顺旺基餐饮经营管理有限公司	50.92	82.36	50.66	61.31
58	宁波海曙新四方美食有限公司	73.16	52.69	53.83	59.89
59	北京健力源餐饮管理有限公司	57.23	71.75	50.11	59.70
60	苏州市七欣天餐饮管理连锁有限公司	62.64	61.72	51.34	58.57
61	浙江老娘舅餐饮有限公司	54.22	68.73	51.08	58.01
62	广州酒家集团股份有限公司	60.74	61.11	50.42	57.42
63	安徽老乡鸡餐饮有限公司	54.22	64.29	52.33	56.95

续表

排名	名称	iBrand	iSite	iPower	综合得分
64	深圳面点王饮食连锁有限公司	58.22	59.46	51.03	56.24
65	重庆和之吉饮食文化有限公司	49.22	62.94	53.76	55.31
66	武汉市小蓝鲸酒店管理有限责任公司	50.22	65.94	48.34	54.83
67	南京大惠企业发展有限公司	49.22	62.54	48.27	53.34
68	重庆武陵山珍经济技术开发集团有限公司	50.22	60.92	48.47	53.20
69	温州云天楼实业有限公司	47.22	64.96	46.63	52.94
70	重庆家全居饮食文化有限公司	54.95	52.61	47.52	51.69
71	河南百年老妈饮食管理有限公司	40.22	67.95	46.52	51.56
72	河北大胖人餐饮连锁管理有限责任公司	50.22	57.86	46.41	51.50
73	成都大蓉和餐饮管理有限公司	54.36	54.34	45.64	51.45
74	厦门豪享来餐饮娱乐有限公司	52.56	55.61	45.91	51.36
75	四平李连贵饮食服务股份有限公司	46.22	58.56	47.62	50.80
76	如一坊餐饮文化管理有限公司	58.64	49.76	43.51	50.64
77	四川麻辣空间餐饮管理有限公司	40.22	66.13	42.81	49.72
78	福州豪享世家餐饮管理有限公司	46.22	53.57	46.33	48.71
79	湖南湘西部落餐饮连锁有限公司	40.22	63.21	41.79	48.41
80	北京比格餐饮管理有限责任公司	49.89	53.89	40.65	18.14
81	厦门市舒友海鲜大酒楼有限公司	52.85	50.59	40.39	47.94
82	浙江五芳斋实业股份有限公司	58.05	43.73	40.32	47.37
83	北京金百万餐饮管理有限责任公司	30.22	72.49	38.68	47.13
84	济南骄龙豆捞餐饮有限公司	46.22	53.78	40.57	46.86
85	浙江向阳渔港集团股份有限公司	40.22	58.64	40.84	46.57
86	成都巴国布衣餐饮发展有限公司	52.01	50.29	37.25	46.52
87	福州佳客来餐饮连锁有限公司	40.22	61.34	37.95	46.50
88	河南阿五美食有限公司	50.74	51.93	36.62	46.43
89	宁波石浦酒店管理发展有限公司	36.22	61.85	35.68	44.58
90	权金城企业管理（北京）有限公司	30.22	68.71	34.51	44.48
91	北京合兴餐饮管理有限公司	48.67	39.63	43.96	44.09
92	深圳市麦广帆饮食策划管理有限公司	39.22	53.56	35.87	42.88
93	北京金丰餐饮有限公司	31.22	59.82	32.65	41.23
94	乌鲁木齐市苏氏企业发展有限公司	30.22	55.78	31.62	39.21
95	西安饮食股份有限公司	30.22	53.19	31.22	38.21
96	徐州海天管理有限公司	30.22	53.15	30.49	37.95
97	重庆骑龙饮食文化有限责任公司	30.22	52.04	29.61	37.29
98	杭州新开元大酒店有限公司	30.22	44.98	29.13	34.78
99	武汉湖锦娱乐发展有限责任公司	30.22	40.84	29.06	33.37
100	九橙（中国）网络配餐服务控股有限公司	30.22	37.43	28.56	32.07

作为与生活息息相关的餐饮行业，在与互联网融合过程中，不得不重新审视自己的角色和努力方向，以适应变化多端的消费需求和日渐激烈的竞争环境。O2O平台的不断壮大，吸引众多消费者越来越关注消费质量和餐饮水平。

互联网对产业的深层次影响，逐"新"的消费心理起了推波助澜的作用。

互联网改变的远远不止支付等领域，是技术对旧制度的颠覆。互联网的深入，最先察觉的是消费者，当敏感领域开始转变经营手段，为消费者提供便利地尝试，消费者自然希望更多领域发生改变，最先预见这种需求并变革自身服务的商家就占据领先优势。

互联网与餐饮的互利互信，可能不是表面看起来的那么简单。有些餐饮企业，除新店开张、淡季外，几乎已退出团购大军。说到底，要提高效率，是如何实现资源优化配置的问题，如果线上浪费太多资源而达不到预期效果，不仅营业额受影响，成本也会增大。

所以，互联网+餐饮，不仅仅是线上与线下的联合，而是价值观的改变。随着向需求本质的深入，餐饮必须是社交的入口，门户。哪里是快乐的中心，哪里就是世界的中心。

民以食为天，天道即人道。那些经历了几十年，甚至上百年、数百年的餐饮品牌，都是在一次次的巨变中蜕变革新，夯实核心，才能在风雨后依然屹立。

2015互联网+餐饮服务平台TOP100

最近几月，餐饮O2O平台融资消息频繁传出，某种程度上，餐饮行业发展态势更加趋向市场化。随着互联网对行业影响的深入，餐饮服务领域呈现不同业态。

综合类团购网、品牌餐饮自营外卖、专职外卖平台及菜谱服务、私厨上门等新型平台，几乎占据了整个餐饮服务市场，同时，随着法规的日渐完善，市场格局将会渐渐明朗。

2015互联网+餐饮服务平台TOP100

排名	名称	iBrand	iSite	iPower	综合得分
1	大众点评	95.11	96.67	94.07	95.28
2	百度糯米	94.59	97.01	92.75	94.78
3	美团网	94.78	93.35	94.96	94.36

续表

排名	名称	iBrand	iSite	iPower	综合得分
4	饿了么	94.53	91.46	94.61	93.53
5	淘点点	99.11	81.06	98.16	92.78
6	肯德基	91.76	95.75	90.00	92.50
7	拉手网	93.53	92.33	84.76	90.21
8	麦当劳	89.07	93.06	85.99	89.37
9	58团购	96.31	86.51	84.68	89.17
10	必胜客	91.03	92.26	82.86	88.72
11	360团购网	98.70	84.94	81.98	88.54
12	窝窝团	91.41	91.88	81.07	88.12
13	美食天下	94.70	91.83	77.74	88.09
14	到家美食会	92.91	81.87	88.62	87.80
15	好豆网	93.78	92.16	77.37	87.77
16	外卖超人	92.02	91.19	79.67	87.63
17	全聚德	75.06	91.43	96.00	87.50
18	狗不理	76.00	91.22	94.11	87.11
19	梅州东坡酒楼	85.12	89.47	85.98	86.86
20	宏状元	81.39	82.49	94.73	86.20
21	海底捞火锅	86.52	91.35	80.38	86.08
22	哈根达斯	84.74	91.56	81.88	86.06
23	真功夫	87.12	91.38	78.34	85.61
24	永和大王	82.28	91.09	81.42	84.93
25	好利来	83.23	91.22	79.30	84.58
26	德克士	83.71	91.42	76.94	84.02
27	麻辣诱惑	82.37	89.44	79.24	83.68
28	丽华快餐	87.00	82.57	80.32	83.30
29	味多美	86.89	91.06	71.09	83.01
30	星巴克	91.06	91.90	65.15	82.70
31	吉野家	82.82	91.22	72.84	82.29
32	黄记煌	81.53	91.31	73.37	82.07
33	味千拉面	74.32	91.22	79.33	81.62
34	庆丰包子铺	73.24	88.49	81.35	81.03
35	巴贝拉	75.32	85.12	82.62	81.02
36	李先生牛肉面	71.35	88.64	80.92	80.30
37	金凤成祥	74.82	82.40	82.38	79.87
38	望湘园	74.18	82.69	81.70	79.52
39	老娘舅	71.13	83.56	80.99	78.56
40	大鸭梨	62.02	89.25	82.76	78.01
41	大娘水饺	61.58	83.26	88.07	77.64

排名	名称	iBrand	iSite	iPower	综合得分
42	花家怡园	65.50	81.82	85.52	77.61
43	21Cake	92.36	75.50	63.06	76.97
44	85度C	69.00	87.85	72.86	76.57
45	巴黎贝甜	66.00	84.00	76.94	75.65
46	汉堡王	85.55	91.19	48.08	74.94
47	面包新语	73.01	91.25	60.15	74.80
48	赛百味	84.48	91.22	48.38	74.69
49	棒约翰	85.04	84.10	54.53	74.56
50	东方既白	84.62	84.24	53.64	74.17
51	嘉和一品	78.51	88.21	54.91	73.88
52	克莉丝丁	76.14	72.18	71.10	73.14
53	57度湘	72.00	83.24	62.56	72.60
54	便宜坊	71.53	88.03	56.01	71.86
55	京味斋	75.00	71.96	67.39	71.45
56	米旗	63.00	85.77	64.76	71.18
57	下厨房	74.47	78.66	59.07	70.73
58	京东到家	77.86	70.36	62.09	70.10
59	外卖单	71.21	74.80	63.60	69.87
60	零号线	70.89	75.19	60.75	68.94
61	香哈网	52.63	83.82	68.48	68.31
62	生活半径	54.00	84.40	65.28	67.89
63	美食杰	67.75	71.17	64.63	67.85
64	豆果美食	67.16	71.56	62.66	67.13
65	元祖食品	62.34	72.77	65.68	66.93
66	五味	72.57	59.37	68.21	66.72
67	外卖大咖	51.00	85.83	61.18	66.00
68	多乐之日	60.32	69.49	66.54	65.45
69	拼豆夜宵	70.97	70.55	52.42	64.65
70	外卖库	55.08	82.12	54.66	63.95
71	点我吧	61.89	72.06	56.58	63.51
72	叫饭网	75.31	58.08	56.35	63.25
73	满座网	70.29	66.83	50.88	62.67
74	好厨师	69.10	59.74	56.81	61.88
75	青年菜君	51.70	76.24	56.15	61.36
76	楼下100	54.57	69.77	57.67	60.67
77	美餐网	59.03	65.04	57.70	60.59
78	吃外卖	63.92	61.77	54.10	59.93
79	网上厨房	71.52	65.92	40.98	59.47

续表

排名	名称	iBrand	iSite	iPower	综合得分
80	易淘食	70.61	61.73	45.01	59.12
81	饭妈妈	64.93	68.41	41.11	58.15
82	我有外卖	63.21	64.10	45.15	57.49
83	优先点菜	62.43	61.50	47.23	57.05
84	爱大厨	62.90	57.44	48.53	56.29
85	时差族	57.33	69.47	40.76	55.85
86	人人湘	61.16	55.95	48.22	55.11
87	114订餐	79.29	44.60	40.01	54.63
88	烧饭饭	51.10	64.56	45.33	53.66
89	飞饭	60.43	54.88	43.80	53.04
90	金百万	41.10	69.62	45.76	52.16
91	邻厨	30.00	83.27	41.71	51.66
92	一号外卖	30.00	79.76	42.59	50.78
93	好吃网	30.00	70.38	49.35	49.91
94	开吃吧	30.00	69.06	48.00	49.02
95	南凤外卖	60.92	42.80	43.19	48.97
96	123外卖	60.79	44.40	40.55	48.58
97	易外卖	30.00	73.16	40.16	47.77
98	绿淘网	30.00	63.55	46.36	46.64
99	笨熊造饭	30.00	66.15	42.19	46.11
100	暖食	30.00	62.34	45.12	45.82

团购平台：突破原有业务模式是关键

前不久的开学季，校园成为生活服务平台争夺的又一市场。百度糯米总经理曾良表示，目前中国的餐饮O2O市场还是蓝海，2015年的餐饮业市场规模超过3万亿，但O2O渗透率不足5%，有巨大的市场潜力可挖掘。解决用户的抱怨和商户的困境是目前餐饮服务平台能否经营长久的关键。对于团购网站，为粉丝用户提供创新性服务是未来的驱动力。

品牌餐饮：以互联网思维转化产业链

2015年，肯德基、全聚德、外婆家等知名餐饮品牌相继接入支付宝，并通过其他互联网工具改善原有产业链。根据支付宝"商家"频道的数据显示，外婆家接入支付宝一周时间内，约有14万人领取折扣。然而，传统餐饮品牌要想实现彻底的变革，不仅支付领域需改变，更重要的是经营理念上的转变。

外卖平台：做好监管利于提升平台口碑

经历了一轮早餐"烧钱"运动，不少提供早餐的餐饮平台退出早餐外卖领域。值得思考的是，企业是否应根据市场竞争行为作出快速判断。理性地讲，应对市场竞争诱发的短暂市场行为并不能帮助企业摆脱发展的局限性。目前，各型各色的外卖平台抢占最后一公里服务，平台所接入的餐馆专业度是用户考量的一大标准。监管相对薄弱的新型市场，企业若能在最初做好营业监管，面对市场环境逐渐规则化后，应对的阻力也会越小。

餐饮O2O：烧钱不是长久之计

随着"烧饭饭"、"爱大厨"等APP新一轮的融资成功，越来越多的O2O餐饮服务平台受到追捧。这类型企业是最接近当前消费市场的餐饮服务平台，其产生无需考虑传统模式的影响，直接以互联网企业的形式出现，通过口碑传播，快速集聚人气。快速打入市场的风险是死亡也会更快，近一两年间，不少火爆了一段时间的餐饮APP，不久后便销声匿迹，也符合了互联网企业发展的特性规律。资金在企业的整个生命周期内扮演了至关重要的角色，然而这并非企业发展的根本，只将目光对准盈利的企业和短期内完全不顾盈利的企业同样都易被市场淘汰。

结语

互联网能将消费形式改变，事实上有个不可忽视的基础：物质生活水平的提高，消费者对于精神消费的追求。这种情形下，消费的价值已不再由成本决定，甚至很大程度上，价格不再由成本单一决定，加入了享受的价值。黄太吉、雕爷牛腩的成功，即说明了消费者可能不仅仅希望物美价廉。餐饮服务企业希望通过让利价格来吸引消费者的手段，到了该转变策略的时候。

一部分企业已将目光瞄准"精致"、"极致"的餐饮理念，如雕爷牛腩餐厅的定位是"轻奢餐"。轻与奢之间度的拿捏需要餐厅对于每一个细节的严格把控，虽在前期消耗巨大成本，却能赢得消费者的长期买单。

千奇百怪的消费欲望催生了五花八门的餐饮服务，不同出发点的服务平台最终可能走向不同的细分领域，有的关注稀缺资源，有的只做特定用户群。总之，餐饮市场是个包罗万象的世界，最终留下的，将是肯在消费者身上下足功夫的平台。

🌐 2015互联网+零售业TOP100

　　随着互联网的不断发展，越来越多的人选择网上购物，网上购物又方便又便宜，吃穿住行都能在网上解决。电子商务高歌猛进，传统零售业来到了转型的关口，是固守旧有模式慢慢被蚕食，还是"触网"转型，答案显而易见。商务部新闻发言人沈丹阳曾在例行新闻发布会上表示，"线上线下融合是零售业发展的必然趋势。"

　　本榜单集合了百家传统零售业，这些零售商在不断升级自己的硬件设施和服务水平的同时，还顺应"互联网+"的趋势积极"触网"，相信未来，在他们的努力下零售业的互联网转型会越来越快、越来越成功，零售业态将被重新定义。

2015互联网+零售业TOP100

排名	名称	iBrand	iSite	iPower	综合得分
1	苏宁云商集团股份有限公司	96.35	93.85	96.52	95.57
2	大连万达集团股份有限公司	94.39	91.65	94.51	93.52
3	高鑫零售有限公司	95.25	90.78	93.45	93.16
4	华润万家有限公司	93.29	92.43	93.37	93.03
5	联华超市股份有限公司	92.40	89.90	92.56	91.62
6	国美控股集团有限公司	91.69	90.51	91.96	91.39
7	家乐福（中国）管理咨询服务有限公司	91.69	90.58	88.79	90.35
8	沃尔玛（中国）投资有限公司	90.33	89.47	90.41	90.07
9	永辉超市股份有限公司	90.45	89.42	89.29	89.72
10	物美控股集团有限公司	90.43	87.69	90.55	89.56
11	大商集团股份有限公司	91.30	86.82	89.50	89.21
12	重庆百货大楼股份有限公司	88.83	86.75	86.73	87.44
13	农工商超市（集团）有限公司	88.01	86.99	86.86	87.29
14	王府井百货（集团）股份有限公司	87.18	86.01	87.46	86.88
15	上海豫园旅游商城股份有限公司	88.17	87.08	85.27	86.84
16	特易购商业（广东）有限公司	85.80	87.17	87.26	86.74
17	新一佳超市有限公司	90.42	86.24	82.90	86.52
18	武汉武商集团股份有限公司	88.68	85.19	84.99	86.29
19	天虹商场股份有限公司	88.02	86.47	83.54	86.01
20	中百控股集团股份有限公司	87.36	85.82	84.26	85.81
21	百盛商业集团有限公司	84.63	86.69	85.62	85.65
22	家家悦集团股份有限公司	84.46	85.83	85.91	85.40
23	金鹰商贸集团有限公司	89.07	84.90	81.56	85.18

排名	名称	iBrand	iSite	iPower	综合得分
24	银泰百货（集团）百货有限公司	87.33	83.85	83.64	84.94
25	武汉中百连锁仓储超市有限公司	89.57	85.42	79.37	84.79
26	三胞集团有限公司	86.67	85.12	82.18	84.66
27	人人乐连锁商业集团股份有限公司	86.02	84.48	82.92	84.47
28	银座集团股份有限公司	83.38	85.44	84.37	84.40
29	锦江麦德龙现购自运有限公司	87.60	84.15	79.94	83.90
30	好又多管理咨询服务（上海）有限公司	88.32	84.16	78.11	83.53
31	山东新星集团有限公司	86.27	82.82	78.60	82.56
32	步步高商业连锁股份有限公司	84.95	83.13	79.17	82.42
33	北京京客隆商业集团股份有限公司	84.62	82.49	79.93	82.35
34	首商集团股份有限公司	82.31	83.45	80.65	82.14
35	华地国际控股有限公司	85.27	82.17	77.46	81.63
36	福建新华都购物广场股份有限公司	83.89	81.78	79.12	81.60
37	乐天玛特商业有限公司	87.50	80.82	74.54	80.95
38	泰国正大集团	83.54	81.15	76.82	80.50
39	茂业国际控股有限公司	82.90	81.47	75.67	80.01
40	武汉武商量贩连锁有限公司	82.29	80.24	74.84	79.12
41	广州屈臣氏个人用品商店有限公司	80.98	78.96	75.98	78.64
42	合肥百货大楼集团股份有限公司	81.30	79.61	73.12	78.01
43	新疆友好（集团）股份有限公司	80.64	79.29	73.69	77.87
44	广州百货企业集团有限公司	83.63	78.29	70.92	77.61
45	成都伊藤洋华堂有限公司	79.66	78.65	71.98	76.76
46	永旺(中国)投资有限公司	80.42	76.07	73.49	76.66
47	新华都实业集团股份有限公司	81.41	75.76	71.78	76.32
48	银川新华百货商店股份有限公司	79.89	77.61	70.76	76.09
49	成都红旗连锁股份有限公司	81.55	77.30	69.04	75.96
50	山东潍坊百货集团股份有限公司	79.77	74.80	72.36	75.64
51	杭州解百集团股份有限公司	81.01	74.10	70.01	75.04
52	湖南友谊阿波罗商业股份有限公司	78.37	74.41	70.58	74.45
53	三江购物俱乐部股份有限公司	78.18	73.84	71.26	74.43
54	石家庄北国人百集团有限责任公司	80.02	73.78	69.43	74.41
55	武汉中商平价超市连锁有限责任公司	82.33	72.83	67.15	74.10
56	四川省互惠商业有限责任公司	79.18	73.52	69.54	74.08
57	阜阳市华联集团股份有限公司	80.69	73.46	67.72	73.96
58	利福国际集团有限公司	78.65	73.08	68.81	73.51
59	山东威海百货大楼集团股份有限公司	77.53	72.56	70.12	73.40
60	武汉中商集团股份有限公司	79.30	72.45	68.24	73.33
61	百佳超级市场(中国)有限公司	78.61	71.69	67.61	72.64

续表

排名	名称	iBrand	iSite	iPower	综合得分
62	长沙通程控股股份有限公司	75.98	72.02	68.18	72.06
63	重庆商社新世纪百货连锁经营有限公司	77.62	71.38	67.03	72.01
64	上海百联集团股份有限公司	77.10	71.90	66.29	71.76
65	山东全福元商业集团有限责任公司	79.94	70.42	64.76	71.71
66	东莞市糖酒集团美宜佳便利店有限公司	77.76	71.59	65.73	71.69
67	北京超市发连锁股份有限公司	78.29	71.07	65.32	71.56
68	山西美特好连锁超市股份有限公司	78.75	71.27	64.02	71.35
69	浙江中国小商品城集团股份有限公司	76.24	70.68	66.41	71.11
70	浙江人本超市有限公司	76.91	70.05	65.84	70.93
71	武汉中百便民超市连锁有限公司	73.33	68.98	66.41	69.57
72	加贝物流股份有限公司	74.66	69.45	63.85	69.32
73	广州友谊商店广州友谊集团股份有限公司	75.31	69.14	63.28	69.24
74	上海新世界股份有限公司	74.32	68.67	64.69	69.23
75	济南华联超市有限公司	76.30	68.82	61.57	68.90
76	汇银家电（控股）有限公司	72.68	67.71	65.27	68.55
77	上海益民商业集团股份有限公司	73.99	67.08	63.00	68.02
78	山西省太原唐久超市有限公司	71.36	67.40	63.55	67.44
79	中山市壹加壹商业连锁有限公司	73.00	66.76	62.42	67.39
80	浙江供销超市有限公司	73.60	66.38	60.63	66.87
81	安徽百大合家福股份有限公司	70.41	65.42	64.28	66.70
82	心连心集团股份有限公司	71.56	65.99	61.72	66.42
83	江苏新合作常客隆连锁超市有限公司	72.22	65.37	61.15	66.25
84	南宁百货大楼股份有限公司	69.70	64.79	63.71	66.07
85	海宁中国皮革城股份有限公司	74.26	64.76	59.08	66.03
86	上海家得利超市有限公司	68.77	63.77	62.63	65.06
87	北京城乡贸易中心股份有限公司	70.25	65.04	59.44	64.91
88	湖南家润多超市有限公司	70.90	64.73	58.87	64.83
89	河北国大连锁商业有限公司	71.89	64.42	57.15	64.49
90	成商集团股份有限公司	68.05	63.13	62.06	64.41
91	上海徐家汇商城股份有限公司	63.36	64.67	61.01	63.01
92	上海联华快客便利有限公司	66.69	61.69	60.56	62.98
93	北京华冠商贸有限公司	69.48	62.70	56.16	62.78
94	陕西民生家乐商业连锁有限责任公司	61.84	63.72	61.56	62.37
95	广西南城百货股份有限公司	65.97	61.06	59.99	62.34
96	上海良友金伴便利连锁有限公司	61.70	63.03	59.35	61.36
97	昆明百货大楼(集团)珠宝经营有限公司	60.19	62.07	59.92	60.73
98	世纪金花股份公司	58.54	62.59	58.27	59.80
99	深圳岁宝百货有限公司	60.06	61.38	57.70	59.71

续表

排名	名称	iBrand	iSite	iPower	综合得分
100	兰州民百（集团）股份有限公司	56.74	61.04	58.61	58.80

面对电子商务的冲击，购物中心和超市卖场都开始积极转型，目前传统零售业正在用自媒体运营、移动支付、网上商城、体验式消费等各种尝试拉开"互联网+"的大幕。

购物中心的设施越来越多样化，电影院、KTV、电玩城、溜冰场、餐饮等都成了购物中心的标配，但为了追求差异化，很多购物中心都将目光投向了O2O。现在很多购物中心都有Wi-Fi覆盖，很多店铺都支持在线支付；而像门店智能化这样新的技术，也为顾客提供了精准的商场定位、导航、导购服务。

而对于超市来说，与互联网企业的合作成为其"互联网+"道路的第一步。今年，微信支付和支付宝在零售业支付领域争夺激烈，超市、卖场成为互联网支付抢夺的重点。家乐福、华润万家、北京物美超市的支付入口都成为微信和支付宝的争夺焦点。面对互联网企业抛来的"橄榄枝"，超市都伸出了热情的双手。零售商们一面享受着移动支付带来的客流和订单，一面在转型的道路上前进。"互联网+"的大潮并不是要冲垮零售业，而是一辆快车，带着零售业华丽转身。

京东商城入股永辉超市、沃尔玛控股1号店、阿里和苏宁合作，尽管零售业的O2O进程如火如荼，但不能否认的是，"互联网+"零售业仍在摸索和磨合之中，这是一条漫长而艰辛的道路。"互联网+"传统零售业应该是融合和渐进式的改革，这种融合有利于发挥线上线下各自优势，实现更优的服务、更低的成本、更高的效率，更好地满足消费者需求。

未来零售业必将是线上线下融合的O2O发展模式，一家企业能兼备网上商城及线下实体店，并且网上商城与线下实体店全品类价格相同，线上与线下之间的支付能实现无障碍衔接，形成全渠道的购物途径将是零售业未来发展的重要方向。

2015互联网+旅行社TOP100

旅行社，本是一个不创建景点也不拥有酒店的中间服务机构，提供出行信息和服务，但商业模式恰好就是利用着"信息不对等"赚取着资源费。现如今曾经掌握全部旅游信息的旅行社遇上了互联网时代的OTA，感到了前所未有的危机。曾经的营收壁垒被互联网攻破。旅游信息资源被"携程""去哪儿"等网站收编，游客看到透明的报价甚至拿到比旅行社更低的折扣，网站评价也让这个旅游产业链更加谨言慎行，所以据国家旅游局统计，2015上半年在线旅游投诉量不到旅行社的10%。

互联网+旅行社并不只是将线下的产品搬到互联网上，而是要通过技术和服务的创新对旅行社进行革新。过去大家对O2O的定义是"线上+线下"，而如今要变更成"线上+线下+效率"。双线的简单相加却要达到1+1>2的效果，解决的当然是传统旅行社以上的痛点，实现传统的转型，提升透明度，并接受用户体验的考核。

2015互联网+旅行社TOP100

排名	名称	iBrand	iSite	iPower	综合得分
1	北京凯撒国际旅行社有限责任公司	98.81	91.73	96.90	96.06
2	上海春秋国际旅行社有限公司	79.51	96.21	98.16	95.91
3	上海携程国际旅行社有限公司	82.04	97.89	96.48	95.32
4	北京携程国际旅行社有限公司	88.12	97.89	95.22	95.04
5	广州广之旅国际旅行社股份有限公司	87.33	90.61	97.32	95.00
6	北京众信国际旅行社股份有限公司	81.09	90.05	97.95	94.68
7	广东南湖国际旅行社有限责任公司	86.79	95.09	95.01	94.20
8	中国国际旅行社总社有限公司	88.50	84.45	97.11	93.72
9	广东省中国旅行社股份有限公司	91.15	77.73	97.53	92.93
10	上海锦江旅游有限公司	84.13	92.85	94.17	92.90
11	中青旅控股股份有限公司	74.71	83.89	97.74	92.67
12	深圳中国国际旅行社有限公司	85.65	89.49	93.96	92.24
13	重庆海外旅业（旅行社）集团有限公司	76.27	82.77	96.06	91.42
14	中国和平国际旅游有限责任公司	89.07	93.25	90.46	90.88
15	上海驴妈妈兴旅国际旅行社有限公司	77.35	96.77	90.81	90.66
16	湖南省万达亲和力旅游国际旅行社有限公司	82.23	83.33	93.75	90.51
17	湖北康辉国际旅行社有限责任公司	90.71	75.49	94.59	90.38
18	厦门建发国际旅行社有限公司	75.67	87.81	92.91	90.17
19	上海中国青年旅行社	75.43	92.29	91.44	90.01
20	中国铁道旅行社	85.84	79.97	93.33	89.91
21	山东嘉华文化国际旅行社有限公司	78.79	86.13	92.28	89.70
22	福建省中国旅行社	76.51	77.17	94.80	89.45
23	深圳市宝中旅行社有限公司	85.46	78.29	92.70	89.09
24	国旅集团上海有限公司	87.17	85.57	89.97	88.81
25	浙旅控股股份有限公司	90.49	59.81	95.64	87.96
26	中青旅国际会议展览有限公司	79.87	60.93	96.69	87.86

排名	名称	iBrand	iSite	iPower	综合得分
27	福建省康辉国际旅行社股份有限公司	86.60	93.41	86.40	87.82
28	湖北万达新航线国际旅行社有限责任公司	78.55	62.05	96.27	87.65
29	中国康辉旅行社集团有限责任公司	88.31	88.37	87.24	87.57
30	竹园国际旅行社有限公司	76.63	63.73	95.85	87.50
31	湖南华天国际旅行社有限责任公司	85.08	59.81	95.43	87.27
32	北京凤凰假期国际旅行社有限公司	77.95	66.53	94.38	87.17
33	沈阳青年国际旅行社有限公司	78.91	93.97	85.56	86.58
34	无锡市中国旅行社有限责任公司	89.64	67.09	91.65	86.54
35	安徽中国青年旅行社有限责任公司	76.87	82.21	88.71	86.23
36	广州携程国际旅行社有限公司	84.32	97.33	83.25	86.17
37	中国旅行社总社(青岛)有限公司	78.67	61.49	93.54	85.64
38	深圳市海外国际旅行社有限公司	79.15	65.97	92.07	85.56
39	常州国旅旅行社有限公司	80.90	72.13	89.76	85.35
40	河北康辉国际旅行社有限责任公司	91.37	71.57	88.29	85.25
41	北京神舟国际旅行社集团有限公司	77.71	60.74	93.25	85.19
42	山东南山国际旅行社有限公司	84.70	59.81	92.49	85.18
43	中国旅行社总社(大连)有限公司	79.39	70.45	90.18	85.16
44	成都中国青年旅行社	82.42	95.65	82.41	85.06
45	重庆市中国旅行社（集团）有限公司	81.66	62.61	91.86	84.99
46	辽宁康辉国际旅行社有限公司	75.91	81.65	87.03	84.84
47	中国国旅（江苏）国际旅行社有限公司	75.79	59.81	93.12	84.73
48	中山中国国际旅行社有限公司	76.75	91.17	83.67	84.48
49	海洋国际旅行社有限责任公司	76.03	61.23	92.14	84.35
50	上海中旅国际旅行社有限公司	77.83	78.85	86.82	84.33
51	长江轮船海外旅游总公司	78.31	71.01	88.92	84.28
52	中青旅（上海）国际会议展览有限公司	86.22	60.37	90.60	84.12
53	中国旅行社总社（上海）有限公司	87.74	86.69	82.83	84.09
54	上海航空国际旅游（集团）有限公司	76.15	74.93	87.66	83.96
55	中国旅行社总社（北京）有限公司	90.27	87.25	81.99	83.87
56	北京青年旅行社股份有限公司	76.39	79.41	86.19	83.85
57	广东顺之旅国际旅行社有限公司	79.27	80.53	85.35	83.78
58	佛山市中旅国际旅行社有限公司	90.05	67.65	87.45	83.75
59	深圳华侨城国际旅行社有限公司	78.43	94.53	81.15	83.55
60	国旅国际会议展览有限公司	76.99	59.81	91.23	83.52
61	湖北省中国旅行社有限责任公司	78.07	59.81	91.02	83.48
62	浙江省中青国际旅游有限公司	89.45	59.81	89.34	83.45
63	威海中国旅行社有限公司	81.28	59.81	90.39	83.36
64	江苏康辉国际旅行社有限责任公司	85.27	88.93	80.73	82.82

续表

排名	名称	iBrand	iSite	iPower	综合得分
65	福建康泰国际旅行社有限公司	86.03	73.25	84.93	82.70
66	苏州青年旅行社股份有限公司	79.99	59.81	89.55	82.65
67	湖南海外旅游有限公司	82.80	59.81	89.13	82.63
68	山东万达国际旅行社有限公司	86.98	59.81	88.50	82.61
69	佛山市禅之旅国际旅行社有限公司	80.71	76.61	83.88	82.11
70	厦门旅游集团国际旅行社有限公司	87.36	73.81	83.46	81.92
71	中国旅行社总社西北有限公司	89.26	85.01	79.68	81.70
72	中国国旅（广东）国际旅行社股份有限公司	75.07	69.33	85.77	81.41
73	山东旅游有限公司	77.47	59.81	88.08	81.37
74	中国国旅（宜昌）国际旅行社有限公司	78.19	59.81	87.87	81.29
75	佛山国旅国际旅行社有限公司	83.94	68.21	84.09	80.90
76	湖北峡州国际旅行社有限公司	81.85	59.81	86.61	80.77
77	福建省春秋国际旅行社有限公司	94.59	59.81	84.30	80.43
78	北京市华远国际旅游有限公司	84.51	68.77	83.04	80.33
79	江门市大方旅游国际旅行社有限公司	77.23	81.09	80.52	80.31
80	中南国际旅游公司	79.75	59.81	85.98	80.12
81	浙江省中国旅行社集团有限公司	83.75	59.81	85.14	79.94
82	福建省旅游有限公司	83.37	59.81	84.72	79.60
83	中国妇女旅行社	89.83	76.05	79.05	79.53
84	山东交运旅游集团有限公司	75.31	63.17	84.51	79.32
85	青岛华青国际旅行社有限责任公司	88.88	59.81	82.20	78.39
86	佛山市南海中旅假日国际旅行社有限公司	88.69	69.89	79.26	78.33
87	沈阳市海外国际旅行社有限公司	74.47	74.37	79.89	78.24
88	江苏省中旅旅行社有限公司	82.99	64.29	81.36	78.11
89	中信旅游集团有限公司	87.93	65.41	80.31	78.09
90	河南旅游集团有限公司	82.61	59.81	82.62	78.06
91	深圳市口岸中国旅行社有限公司	83.18	72.69	78.21	77.60
92	四川康辉国际旅行社有限公司	79.63	59.81	81.78	77.17
93	湖南新康辉国际旅行社有限责任公司	74.95	59.81	81.57	76.55
94	黄山市中国旅行社	77.11	64.85	79.47	76.3
95	淄博国际旅行社有限公司	74.83	59.81	80.94	76.10
96	临沂国际旅行社有限公司	86.41	59.81	78.63	75.64
97	辽宁大运通国际旅行社有限公司	75.19	59.81	80.10	75.55
98	江苏舜天海外旅游有限公司	90.93	59.81	77.58	75.36
99	宜昌大三峡国际旅行社	84.89	59.81	78.42	75.35
100	南昌铁路国际旅行社有限责任公司	77.59	59.81	78.84	74.91

线上线下双向朝"互联网+旅行社"模式转型

OTA收线下渠道屡见不鲜，前有BAT支撑，后有渠道下沉，回归理智后也走向了"互联网+旅行社"的路。携程、途牛、同程等在线旅游企业积极布局线下门店。

今年7月中旅总社与芒果网合并，6月凯撒旅游与京东拍拍合作，4月众信旅游和悠哉网整合，去年9月中青旅3亿投资遨游网。与此同时传统旅行社，尤其是体系庞大的中国国际旅行社总社、中国旅行社总社、中国青年旅行社总社等大型规模的传统也不再墨守成规，积极布局线上管理系统，但因为线下上千家门店管理还未统一体系，很多依然保持着以省市为单位的分社。相对而言凯撒旅游自建平台，入驻天猫旗舰店又联手京东，顺应市场把产品定位于高端出境游，品质赢得客户，所以位于行业的领先地位。同类型发力境外游的供应商众信旅游将微信、微博、APP、官网全面布局线上，同样赢得口碑和赞誉。

春秋国旅去年引入同程旅游市场总监负责电子商务部，其官网春秋旅游网也接入民航机票等服务，不仅完善传统线上模式，更是向平台化转型，与纯互联网出身的OTA一战高下，是行业转型的标杆级旅行社。作为广东最大的传统旅行社，广之旅在去年年底宣布了将会启动并购重组计划，全面提升信息化建设。

携程一边自营组团，一边积极与传统旅行社合作，透明、开放的态度拥护者品牌也拥有了客户。携程今年上半年收购艺龙，同时与腾讯也产生了微妙的关系，OTA大佬们和传统旅行社的线下之战早已拉开了帷幕，旅行社全面洗牌的机会到来。

旅行社冬夜渐暖

OTA抢占旅游市场已成不争事实，尤其是顺应年轻一代"说走就走"的特性，跟团游、周边游、出境游甚至自由行在线旅游网站都给出详尽的方案，但实际上OTA的现状是在用"生命"打价格战。一个完整的旅游体系十分稳固，第一是门市，也就是收纳游客；第二是旅行社，通过渠道组团；第三是地接社，把旅行团分发给当地地接负责具体项目安排。

OTA跳过组团环节还是要归属到旅游链条上，最终还是要把游客分发给旅行社，所以旅行社依然被资本市场看好。也正如同很多OTA收购传统旅行社，因为旅行社的地位和作用还是无可取代，在线旅游的投资也越来越多，这是其中一个原因。另一个就是OTA放大了游客的需求，更多的全家旅行或中老年团还是不会选择线上支付签合约等方式。趋势归趋势，实体店还是会在旅游市场中占有一席之地，未来旅行社的线上转型比旅游网站转实体店更加有必要。

旅行社地接社崛起全线翻新

需要变革的机会更多的是在产业链末端的地接社，更多的是地方旅行社，改变服务方式，将操作模式从人工变成系统化，缺乏资金或品牌度不高的小旅行社需要在竞争中找到适合市场的渠道商积极转型。通过本次互联网+旅行社TOP100的排名，从关键词搜索量、网站收录量、旅游行业评级（即iBrand，iSite，iPower）三方面进行考量，一方面看传统旅行社接轨互联网的现状，另一方面看消费者对旅行社服务的认可程度。

提升产品质量消除同质化才能增加用户体验，毕竟，作为消费者最开始选择旅行社时，最不希望看到千篇一律的行程和掺水分的报价，这是旅行社源头最应该为消费者做到的。但不得不说，真正提供旅行产品的地接社才是最迫切翻新的，目前全国各地中小旅行社无数，与携程战略合作的就高达2000多家，拭目以待中小企业市场自身信息化提升拥抱互联网填补空白。

在线旅游唤醒行业转型的决心，在BAT和OTA夹击下乱中求稳，旅行社依然是最保守也是必须存在的选择。

2015互联网+酒店TOP100

随着国内旅游经济的快速发展，消费者的出行住宿需求越来越多，同时相对充分的市场竞争也加快了酒店差异化的进程，同质化的酒店标准客房对消费者的吸引力下降，经济型酒店在经历快速扩张后，也面临着产品老化、成本上升、品牌弱化等发展瓶颈；中高端商务酒店也正普遍面临经济型酒店竞争、差旅经费严控多重因素的冲击，酒店行业面临转型。

目前，互联网对酒店的渗透主要体现在行业整体链条的销售环节。从前，酒店的客流来源主要是由企业客户、旅行社团客、散客等构成。随着互联网及移动互联网应用的普及，酒店的在线预订变为主流，酒店从依托优势地段保证客源变为通过互联网进行流量导入来招揽客流。

本榜单包含了国内各大酒店集团以及在国内布局的外资酒店集团，不仅从硬件条件上考察，更是考察其是否顺应了互联网的浪潮。各行各业互联网化已成趋势，酒店行业除了要在服务品质、管理水平和产品研发、创新能力上下足功夫，也要在互联网的大潮中淘取新的机会。

2015互联网+酒店TOP100

排名	名称	iBrand	iSite	iPower	综合得分
1	希尔顿酒店集团公司	97.92	93.94	98.22	96.69
2	香格里拉酒店集团	95.81	91.57	96.06	94.48
3	喜达屋全球酒店度假村集团	96.74	90.64	94.93	94.10
4	洲际酒店集团	94.63	92.41	94.84	93.96
5	万豪国际酒店集团	93.67	89.69	93.97	92.44
6	凯悦酒店集团	91.56	87.32	91.81	90.23
7	万达集团	92.49	86.39	90.68	89.85
8	绿地国际酒店管理集团	90.38	88.16	90.59	89.71
9	铂涛酒店集团	90.50	88.11	89.39	89.33
10	温德姆酒店管理集团	89.61	87.05	90.03	88.90
11	首旅酒店集团	90.68	88.20	87.69	88.86
12	维也纳酒店集团	90.03	86.51	87.90	88.15
13	四季酒店集团	88.26	85.70	88.68	87.55
14	如家酒店集团	89.33	86.85	86.34	87.51
15	华住酒店集团	86.78	86.96	88.47	87.40
16	锦江国际酒店集团	91.74	85.96	83.79	87.16
17	格林豪泰酒店集团	89.87	84.83	86.03	86.91
18	开元酒店集团	89.16	86.20	84.47	86.61
19	东呈酒店集团	88.45	85.51	85.25	86.40
20	雅高酒店集团	85.62	86.54	86.81	86.32
21	尚客优集团	85.43	85.61	87.12	86.05
22	新丁香控股集团	90.39	84.61	82.44	85.81
23	住友酒店集团	88.52	83.48	84.68	85.56
24	银座旅游集团	90.93	85.17	80.09	85.40
25	金陵饭店集团	87.81	84.85	83.12	85.26
26	都市酒店集团	87.10	84.16	83.90	85.05
27	逸柏酒店集团	84.27	85.19	85.46	84.97
28	碧桂园酒店集团	88.81	83.81	80.71	84.44
29	中州国际集团	89.58	83.82	78.74	84.05
30	港中旅酒店有限公司	87.46	82.46	79.36	83.09
31	华天实业控股集团	86.04	82.80	79.97	82.94
32	陕西旅游集团	85.69	82.11	80.78	82.86
33	香港上海大酒店有限公司	83.21	83.14	81.56	82.64
34	恒大酒店管理集团	86.39	81.77	78.13	82.10
35	世纪金源酒店集团	84.90	81.35	79.92	82.06
36	桔子酒店集团	88.79	80.32	74.99	81.37

续表

排名	名称	iBrand	iSite	iPower	综合得分
37	岭南集团	84.54	80.67	77.44	80.88
38	君澜酒店集团	83.84	81.01	76.21	80.35
39	凯莱酒店集团	86.67	79.64	73.15	79.82
40	阳光酒店集团	83.48	79.98	75.60	79.69
41	海航酒店集团	82.07	78.61	76.83	79.17
42	贝斯特韦斯特酒店集团	82.42	79.30	73.76	78.49
43	石家庄国大酒店经营有限公司	81.71	78.96	74.37	78.35
44	粤海控股集团	80.65	78.27	72.54	77.15
45	南苑控股集团	81.47	75.51	74.16	77.05
46	瑞景商旅集团	82.54	75.17	72.32	76.68
47	岷山集团	80.91	77.16	71.22	76.43
48	东莞市八方快捷酒店有限公司	82.68	76.82	69.38	76.29
49	尊茂酒店集团	80.77	74.14	72.94	75.95
50	衡山集团	82.18	73.46	70.49	75.38
51	富驿酒店集团	79.35	73.80	71.10	74.75
52	国宾友谊国际酒店管理有限公司	79.14	73.18	71.83	74.72
53	城市名人酒店集团	81.12	73.12	69.87	71.70
54	君廷国际酒店集团	83.60	72.09	67.42	74.37
55	东方酒店控股有限公司	80.21	72.84	69.99	74.35
56	格兰云天酒店	81.83	72.78	68.03	74.21
57	蓝海酒店集团	79.64	72.37	69.20	73.74
58	尚一特酒店	78.44	71.81	70.61	73.62
59	精通酒店集团	80.35	71.69	68.59	73.54
60	华侨城集团	79.85	71.13	68.16	73.05
61	雷迪森旅业集团	77.02	71.47	68.77	72.42
62	建发旅游集团	78.79	70.79	67.54	72.37
63	卡尔森环球酒店公司	78.23	71.35	66.75	72.11
64	千禧国际酒店集团	81.27	69.76	65.09	72.04
65	日航酒店集团	78.94	71.01	66.14	72.03
66	今天连锁酒店有限公司	79.50	70.45	65.70	71.88
67	白天鹅酒店集团	80.00	70.67	64.30	71.66
68	朗廷酒店国际有限公司	77.31	70.04	66.87	71.41
69	文华东方酒店集团	78.02	69.36	66.26	71.21
70	中青旅山水酒店投资管理有限公司	74.48	68.52	67.17	70.06
71	费尔蒙酒店集团	75.90	69.02	64.42	69.78
72	雅阁酒店管理集团	76.61	68.68	63.81	69.70
73	雷迪森旅业集团	75.55	68.18	65.33	69.69
74	钓鱼台美高梅酒店管理公司	77.67	68.34	61.97	69.33

排名	名称	iBrand	iSite	iPower	综合得分
75	四川凯宾酒店管理有限公司	73.78	67.15	65.95	68.96
76	美宜家快捷酒店管理有限公司	75.19	66.47	63.50	68.39
77	布洛斯酒店投资管理有限公司	72.36	66.81	64.11	67.76
78	州逸酒店与度假村管理有限公司	74.13	66.13	62.88	67.71
79	美利亚酒店集团	76.61	65.10	60.43	67.38
80	远洲酒店集团	74.84	65.79	61.04	67.22
81	天伦国际酒店管理公司	71.42	64.76	64.96	67.05
82	四川锦江旅游饭店管理公司	72.65	65.38	62.21	66.75
83	福建中旅集团公司	73.36	64.70	61.60	66.55
84	深航酒店管理有限公司	70.65	64.08	64.35	66.36
85	亚朵酒店管理有限公司	69.65	62.99	63.19	65.28
86	欧姆尼酒店集团	71.24	64.36	59.76	65.12
87	明宇酒店集团	71.95	64.02	59.15	65.04
88	康年国际酒店集团	73.01	63.68	57.31	64.67
89	悦榕控股有限公司	68.88	62.31	62.58	64.59
90	和一酒店连锁有限公司	64.30	64.42	61.90	63.54
91	非特国际酒店管理集团	67.88	61.22	61.42	63.51
92	恒8连锁酒店管理有限公司	70.88	62.31	56.69	63.29
93	咸亨集团股份有限公司	62.67	63.40	62.51	62.86
94	帝盛酒店集团	67.11	60.54	60.81	62.82
95	海逸国际酒店集团	62.53	62.65	60.13	61.77
96	卓美亚豪华酒店集团	60.90	61.63	60.74	61.09
97	龙之梦酒店管理有限公司	59.13	62.19	58.97	60.10
98	丰大国际酒店集团管理公司	60.76	60.88	58.36	60.00
99	上海迪利特太平洋酒店管理公司	57.20	60.52	59.33	59.02
100	荷泰酒店集团	56.16	59.70	60.21	58.69

成熟的互联网化销售渠道给酒店行业带来了巨大的生机。比如携程、去哪儿等综合性在线代理商，美团、大众点评等新型预订模式，蚂蜂窝、穷游等媒体营销UGC，还有一些如腾讯旅游、网易旅游等旅游媒体的助力，都让酒店行业的销售渠道日益多元化。移动互联网的快速发展也催生了酒店行业O2O的巨大机会，很多酒店集团都推出了移动端直销渠道，如掌上如家、铂涛会等。

但是，"互联网+"的本质是传统产业线上化、数据化、智能化，仅在销售环节互联网化是不够的，未来酒店行业"互联网+"的机会在于用户服务体验。

一是用餐、娱乐等相关配套设施的互联网化，即物联网、智慧酒店。2013年，国家旅游局发布了《饭店智能化建设与服务指南》，借助物联网、大数据等技术的酒店智能化成为趋势。智能化酒店是指整合现代计算机技术、通讯技术、控制技术等，致力于提供优质的服务体验、降低人力与能耗成本，通过智能化设备，提高信息化体验，营造人本化环境，形成有竞争力的新一代酒店。

二在于酒店运营过程中同酒店周边行业在合作模式上的创新，如电商、家纺、卫浴、装修、建筑等，进而打造以酒店为中心的新生态圈。如今顾客个性化需求增多，旅游出行时主题酒店和度假村等有特色的客房成为消费者的首选。产品多元化、个性化也给酒店及周边行业带来了新的商机。例如当消费者喜欢酒店的装修风格，就可以通过酒店的移动端来查询、购买定制化的家庭装修服务；消费者喜欢酒店内的家具、家电、家纺产品，可以通过扫码到电商平台进行购买，从而让酒店除了满足客人住宿消费之外，可以进行外延，开辟出更多的衍生商机。

当然，无论是哪个行业，唯有回归本质才是正道。酒店行业在互联网化的道路上，应不忘用户至上的本质，专注于产品和服务，积极塑造酒店品牌，进而再借助互联网、移动互联网降低营销成本，传播口碑，扩大合作，加快智能化等。

2015互联网+航空运输业及机场TOP100

一股互联网浪潮正在席卷社会众多产业，作为人们出行使用频率越来越高的航空业也正在经历这场互联网变革。从微信订票到支付宝支付，从大数据到粉丝经济，互联网的进入将对传统航空业中产品的打造、营销、销售、服务、运营等多个环节进行重新定义，最终为乘客提供更加高品质的服务。

互联网+航空运输

有调研机构做过一项调查显示，在乘客中有94%的人希望飞机上可以接听电话，有93%的人希望在飞机上能够收发邮件。对于航空运输公司而言，要拥抱互联网首先就要满足乘客的上网需要。

2007年，深航就在3架飞机上安装了电子设备，可以允许乘客在除起降外的大部分飞行时间里进行即时通讯。在随后的数年里，众多航空公司都相继开展了机上互联网服务。其中比较有代表性的国航目前已有20多架航班部署了WIFI系统，并计划在未来的三年里对旗下的所有航班都能提供WIFI服务。

为乘客提供航空WIFI只是传统航空运输公司走向互联网的第一步，如果只是做到了这一点最多也只是传统航空运输公司+互联网。春秋航空在探索互联网+的过程中提出，互联网对传统航空公司的改造应当覆盖从地上到天空、从线下到线上的所有方面，航空运输公司应当利用互联网为乘客提供一切能满足其飞行需要的产品与服务。

大数据技术在航空运输公司互联网化过程中扮演着重要的角色。由于航空的特殊性，航空运输公司需要登记乘客的详细资料，因此其手中掌握着大量的数据，在过去这些数据的维护需要大量的资源但又难以产生更多的价值。而大数据技术的出现让航空运输公司可以通过数据整理、发掘向目标用户提供更加个性化的服务，并主动推出一些相关的产品和服务，从而能为乘客和公司双方创造更高的价值。根据大数据的分析，东航建立了"国内自动舱位调整模型"和"基于旅客行为的收益模型"等多种模型，据此计算出的机票价格，为公司带来了巨大的利润。

移动互联网的发展令人们的互动需求得以满足，广泛的互动催生了粉丝的产生，进而形成粉丝经济，公司不仅能从中获得金钱的利益，更能达到提升品牌知名度的目的。春秋航空在运营官方微博和微信时将其不仅仅定位为服务平台，更是一个话题传播、营销推广的平台，平台上经常会推送热点话题、漫画等让乘客与公司之间能因为互动而更加亲近。东航还专门开辟了机上论坛，乘客可以在其中进行互动交流。东航电商公司总经理韦志林表示，互动活动有助于形成舱内的微生态，在使乘客对公司带来更高认可度的同时，也能为公司带来粉丝经济的价值。

本榜单考虑到了入选TOP100的各航空运输公司、机场的规模、飞行安全、服务质量、机场吞吐量等传统因素，更希望通过iBrand、iSite和iPower等三个维度对于各平台进行统计分析，体现出航空运输公司和机场在"互联网+"影响下的实力或走向。

2015互联网+航空运输业及机场TOP100

排名	名称	iBrand	iSite	iPower	综合得分
1	中国国际航空	85.79	93.50	95.18	93.52
2	首都国际机场	91.19	81.47	95.85	92.99
3	中国东方航空	85.58	83.00	90.23	88.45
4	中国南方航空	82.21	83.20	89.61	87.54
5	香港国际机场	81.90	86.21	88.53	87.19
6	海南航空	83.07	76.25	89.59	86.61
7	深圳航空	87.81	81.98	86.93	86.32
8	春秋航空	83.74	81.76	86.86	85.63
9	白云国际机场	82.14	73.75	88.36	85.24
10	国泰航空	81.68	81.20	86.33	84.86
11	厦门航空	82.90	75.10	87.11	84.68

续表

排名	名称	iBrand	iSite	iPower	综合得分
12	中华航空	85.39	71.28	86.56	84.09
13	浦东国际机场	81.68	71.69	86.79	83.76
14	虹桥国际机场	84.66	75.61	85.17	83.66
15	四川航空	83.61	71.70	83.78	81.94
16	天津航空	85.13	67.25	84.38	81.92
17	上海吉祥航空	83.42	67.25	84.12	81.48
18	宝安国际机场	82.19	75.77	81.52	80.76
19	双流国际机场	81.96	71.11	82.56	80.75
20	江北国际机场	81.89	71.24	82.12	80.45
21	首都航空	85.20	68.68	81.31	80.00
22	长荣航空	76.81	75.24	81.11	79.58
23	长水国际机场	81.91	71.05	80.89	79.57
24	萧山国际机场	81.92	71.81	80.65	79.51
25	台湾桃园国际机场	81.75	71.57	80.39	79.27
26	咸阳国际机场	81.45	75.13	79.27	78.98
27	重庆航空	85.60	53.50	80.51	77.22
28	天河国际机场	81.90	69.57	76.82	76.49
29	黄花国际机场	81.74	62.61	78.08	76.31
30	乌鲁木齐国际机场	81.22	73.32	75.85	76.28
31	香港航空	83.89	77.95	73.66	75.84
32	流亭国际机场	82.13	67.09	76.16	75.70
33	高崎国际机场	81.34	57.90	77.73	75.30
34	奥凯航空	81.44	63.03	74.73	73.98
35	禄口国际机场	81.78	62.70	73.61	73.20
36	山东航空	82.60	73.27	70.73	72.89
37	复兴航空	78.10	73.78	70.98	72.47
38	祥鹏航空	81.85	64.00	71.56	71.97
39	凤凰机场	81.92	62.43	71.76	71.88
40	东海航空	73.00	63.33	73.02	71.56
41	澳门航空	81.51	71.69	69.31	71.50
42	美兰国际机场	81.82	63.03	71.07	71.48
43	桃仙国际机场	81.93	71.31	69.17	71.41
44	西部航空	81.62	64.67	70.63	71.38
45	周水子国际机场	81.91	64.74	70.32	71.22
46	华夏航空	81.86	62.99	70.33	70.96
47	新郑国际机场	82.18	62.81	69.33	70.28
48	龙洞堡国际机场	81.45	67.62	68.34	70.20
49	成都航空	82.85	64.97	68.58	70.18

排名	名称	iBrand	iSite	iPower	综合得分
50	昆明航空	83.49	66.23	68.03	70.08
51	立荣航空	73.43	66.41	68.81	69.14
52	扬子江快运航空	68.51	61.85	70.69	69.04
53	中国国际货航空	75.57	65.84	68.12	68.90
54	长乐国际机场	81.72	68.25	65.87	68.60
55	滨海国际机场	82.29	69.44	62.82	66.73
56	香港快运航空	75.69	71.44	63.58	66.58
57	太平国际机场	75.13	52.00	67.62	66.40
58	河北航空	82.25	69.80	61.93	66.16
59	中国货运航空	81.03	71.27	61.72	66.05
60	吴圩国际机场	81.51	68.39	61.28	65.38
61	中国邮政航空	81.16	52.30	64.69	65.30
62	昌北国际机场	79.97	63.80	61.79	64.82
63	西藏航空	82.06	61.40	61.72	64.72
64	两江国际机场	81.18	62.42	61.39	64.51
65	济南国际机场	81.83	69.04	59.79	64.48
66	武宿国际机场	81.25	72.31	59.03	64.36
67	龙嘉国际机场	81.08	55.30	62.61	64.28
68	栎社国际机场	81.36	72.66	58.61	64.13
69	永强国际机场	81.13	58.40	60.87	63.54
70	白塔国际机场	81.17	63.86	59.03	63.08
71	远东航空	74.75	63.90	60.23	62.96
72	正定国际机场	81.29	67.98	57.34	62.53
73	长龙航空	72.33	62.71	60.17	62.38
74	幸福航空	82.21	63.90	57.11	61.89
75	九元航空	77.28	64.19	57.92	61.76
76	顺丰航空	76.46	61.88	58.35	61.60
77	澳门国际机场	81.68	81.50	53.01	61.58
78	河东国际机场	76.78	71.10	55.67	61.15
79	硕放国际机场	77.24	72.32	54.83	60.82
80	蓬莱国际机场	81.32	66.73	55.07	60.76
81	瑞丽航空	71.16	61.19	58.27	60.64
82	金湾国际机场	81.36	71.71	53.72	60.56
83	大连航空	83.32	61.04	55.53	60.53
84	青岛航空	83.76	54.50	56.34	60.18
85	中川国际机场	81.32	63.36	54.67	59.97
86	新桥国际机场	81.66	66.25	53.92	59.93
87	三义国际机场	75.85	61.79	56.12	59.93

续表

排名	名称	iBrand	iSite	iPower	综合得分
88	乌鲁木齐航空	81.81	54.90	56.19	59.84
89	福州航空	81.35	52.70	56.23	59.47
90	曹家堡机场	75.12	71.11	53.32	59.26
91	北部湾航空	71.07	54.30	57.51	59.06
92	台北松山机场	77.24	51.30	56.81	59.05
93	奔牛国际机场	75.72	71.40	51.22	57.92
94	潮汕机场	76.02	64.28	52.27	57.63
95	南苑机场	81.76	51.70	52.97	57.10
96	晋江机场	76.81	61.63	51.87	57.08
97	高雄国际机场	81.50	51.10	52.98	56.98
98	嘎洒国际机场	72.14	53.50	52.09	55.31
99	友和道通航空	62.50	64.81	50.51	54.45
100	贡嘎国际机场	76.82	51.50	50.11	54.33

互联网+机场

今年有多家机场借助互联网的力量希望将自身打造成为全新的智慧机场。9月15日,长沙黄花国际机场官方微信正式升级上线,这不是普通的官方微信号,乘客可以通过该平台办理预订机票、预约停车支付、微信值机、航班查询、机票预定、商城购物、停车预约、VIP贵宾预约、大巴购票、失物招领、ibeacon导航、720度全景、微信卡券等功能。今后乘客只需要关注该公众号就能玩转整个机场。

就在同一天,首都机场开始全面支持支付宝付款,同时,信用分达750分的旅客只要向工作人员出示芝麻信用页面即可使用首都机场国内快速安检通道。未来首都机场还将陆续引入智能物流、云计算、大数据等将全面改变现有的机场状况,为旅客打造一个更方便、舒适的机场环境。

结语

国内的航空运输业存在着一系列的问题,多年来没有得到彻底的改变,"互联网+"或许能成为改变这一切的一剂良药。能够顺应这一浪潮的公司将在不断加剧的市场竞争中获得更多用户,从而脱颖而出,而那些仍旧依循着传统航空运输商业模式的公司会逐渐丧失活力,甚至存在着被淘汰的风险。今后的几年或将是国内航空运输业发展的一个转折期,谁能在这场变革中生存下来,让我们拭目以待。

2015互联网+物流平台服务提供商TOP100

现代经济的重要支撑点是物流、资金流以及资源流,多次被国家总理提及对地区经济进行分析判断所依据的克强指数,就包括了铁路货运这一指标,如今随着互联网经济的兴盛,物流行业也随之得到了快速发展。

在行业中,大型传统物流企业仍旧以压倒性的优势保持着物流行业的领先位置,业务主要集中在空运、海运、货物进出口等长远距离、大体量物品的运输上。不过,传统运输企业要适应现代物流业的发展,不仅仅要做强物品运输,还需要着眼于在物流过程中实现综合一体化治理,充分挖掘服务价值、时间价值、场所价值、货品加工价值。

近年来,民营物流企业借助互联网之风发展迅速,在陆运市场中抢占了很大份额,比如顺丰、圆通等一类企业在人们日常物品的快递中常能感受到它们服务。随着快递市场的发展,一些针对民众生活的配送企业也应运而生,解决最后一公里问题,如邻趣等。

2015互联网+物流平台服务提供商TOP100

排名	名称	iBrand	iSite	iPower	综合得分
1	中国远洋运输(集团)总公司	97.58	96.32	96.62	96.84
2	中国外运长航集团有限公司	97.70	97.54	95.71	96.98
3	中铁快运股份有限公司	95.56	95.32	95.37	95.41
4	中国海运(集团)总公司	95.34	96.02	97.77	96.37
5	中储发展股份有限公司	95.81	95.95	97.67	96.48
6	远成物流股份有限公司	95.05	96.60	96.49	96.05
7	海丰国际控股有限公司	92.04	91.17	90.58	91.26
8	厦门象屿集团有限公司	92.22	92.92	92.05	92.39
9	顺丰速运(集团)有限公司	90.68	90.44	93.45	91.52
10	中国邮政速递物流股份有限公司	93.78	91.75	91.72	92.42
11	中铁物资集团有限公司	91.89	92.86	93.69	92.81
12	中国外运长航集团有限公司	86.03	90.64	88.21	88.29
13	开滦集团国际物流有限责任公司	91.50	86.49	90.25	89.41
14	中国物资储运总公司	90.97	92.69	85.14	89.60
15	上海圆通速递有限公司	88.78	90.04	86.31	88.38
16	中通快递股份有限公司	85.44	87.33	89.38	87.38
17	上海韵达速递(物流)有限公司	92.93	85.12	88.30	88.78
18	联邦快递集团	91.67	92.56	87.48	90.57

续表

排名	名称	iBrand	iSite	iPower	综合得分
19	中铁集装箱运输有限责任公司	85.02	88.85	88.33	87.40
20	嘉里物流（中国）投资有限公司	89.46	91.64	88.21	89.77
21	中国国际货运航空有限公司	84.54	83.29	84.98	84.27
22	江苏京东信息技术有限公司	88.69	84.25	85.09	86.01
23	敦豪航空货运公司（DHL）	88.09	88.77	84.94	87.27
24	上海申通物流公司	86.76	83.08	84.17	84.67
25	天天快递有限公司	87.37	88.82	87.22	87.80
26	北京宅急送快运股份有限公司	83.37	88.60	84.09	85.35
27	德邦物流股份有限公司	86.76	85.96	83.23	85.31
28	美国联合包裹服务公司（UPS）	87.12	83.99	88.84	86.65
29	上海全一快递有限公司	88.86	85.38	84.68	86.30
30	全峰快递集团	83.34	83.66	85.85	84.28
31	重庆港务物流集团有限公司	80.94	84.14	82.27	82.45
32	北京康捷空国际货运代理有限公司	82.98	81.67	80.27	81.64
33	国电物资集团有限公司	82.17	83.60	80.87	82.21
34	浙江物产物流投资有限公司	83.30	81.07	82.97	82.45
35	杭州百世网络技术有限公司	82.47	84.04	84.33	83.62
36	苏宁云商集团股份有限公司	81.35	83.39	83.27	82.67
37	一汽物流有限公司	83.55	81.84	81.96	82.45
38	五矿物流集团有限公司	81.86	81.11	83.28	82.08
39	中铁现代物流科技股份有限公司	80.88	82.77	84.94	82.86
40	重庆长安民生物流股份有限公司	84.93	81.19	84.84	83.65
41	江苏徐州港务集团有限公司	77.97	82.77	77.97	79.57
42	中铁特货运输有限责任公司	77.72	81.44	76.16	78.44
43	广东速尔物流股份有限公司	79.17	81.68	76.50	79.12
44	北京如风达快递有限公司	80.85	81.05	82.38	81.43
45	广东优速物流有限公司	77.22	80.15	77.93	78.43
46	上海国通快递有限公司	78.34	78.95	79.65	78.98
47	湖南星沙物流投资有限公司	82.06	80.69	81.33	81.36
48	郑州铁路经济开发集团有限公司	81.12	77.51	76.02	78.22
49	山西太铁联合物流有限公司	82.89	77.71	78.66	79.75
50	广东省航运集团有限公司	80.79	77.86	76.36	78.34
51	青岛福兴祥物流股份有限公司	78.42	76.33	76.90	77.22
52	中信信通国际物流有限公司	76.83	79.92	78.76	78.50
53	上海现代物流投资发展有限公司	79.82	75.03	76.83	77.23
54	北京长久物流股份有限公司	75.19	78.45	79.00	77.55
55	天地国际运输代理（中国）有限公司	79.37	76.94	75.59	77.30
56	天地华宇物流有限公司	75.72	79.87	75.04	76.88

排名	名称	iBrand	iSite	iPower	综合得分
57	天津大田集团有限公司	79.97	77.02	75.99	77.66
58	中外运空运发展股份有限公司	76.31	78.75	76.62	77.23
59	浙江省八达物流有限公司	78.19	77.98	76.79	77.65
60	新时代国际运输服务有限公司	77.42	75.34	77.70	76.82
61	北京运科网络科技有限公司	75.63	76.60	77.75	76.66
62	上海趣盛网络科技有限公司	76.69	77.13	77.76	77.19
63	乔冠网络科技有限公司	79.17	79.25	79.02	79.15
64	北京云中小鸟科技有限公司	75.59	78.56	75.59	76.58
65	北京百川快线网络科技有限公司	78.72	77.60	78.79	78.37
66	高高信息科技（上海）有限公司	78.90	75.32	75.57	76.59
67	南京福佑在线电子商务有限公司	79.60	79.21	75.49	78.10
68	南京宜流信息咨询有限公司	79.07	75.07	79.90	78.01
69	四川创物科技有限公司	79.39	75.22	75.08	76.56
70	瓦雷拉数据技术(上海)有限公司	76.26	79.47	78.23	77.99
71	北京同城必应科技有限公司	69.78	70.47	74.16	71.47
72	广州米豆信息科技有限公司	65.78	71.29	66.24	67.77
73	北京蓝犀牛信息技术有限公司	74.06	69.88	65.41	69.78
74	上海邻趣网络科技有限公司	73.53	72.47	75.11	73.71
75	北京易达小鸟科技有限公司	74.75	65.75	74.71	71.74
76	深圳市笨鸟海淘互联网有限公司	76.56	71.70	72.33	73.53
77	北京运科网络科技有限公司	68.31	70.41	72.09	70.27
78	贵阳货车帮科技有限公司	66.91	69.19	70.89	69.00
79	北京汇通天下物联科技公司	75.51	76.53	76.63	76.23
80	深圳市丰巢科技有限公司	70.71	71.31	69.08	70.37
81	北京南北台供应链管理有限公司	69.33	72.47	75.82	72.54
82	众包物流有限公司	69.08	72.40	71.58	71.02
83	广州回头车信息科技有限公司	73.04	71.94	70.48	71.82
84	深圳市云柜互联网科技有限公司	74.21	71.04	69.58	71.61
85	奥林科技(中国)有限公司	72.42	74.88	75.39	74.23
86	深圳市原飞航物流有限公司	74.17	75.75	73.62	74.51
87	广东能达速递物流有限公司	75.78	73.45	73.26	74.16
88	联昊通速递有限公司	74.49	71.51	75.59	73.86
89	上海佳吉快运有限公司	75.60	74.94	74.59	75.05
90	上海长发物流有限公司	75.44	69.92	70.78	72.05
91	深圳前海百递网络有限公司	58.04	58.14	63.46	59.88
92	龙邦物流有限公司	66.96	63.68	63.37	64.67
93	深圳市亚风速递有限公司	65.71	58.26	65.94	63.30
94	全日通快递有限公司	61.20	64.14	64.17	63.17

续表

排名	名称	iBrand	iSite	iPower	综合得分
95	青岛元智捷诚快递有限公司	63.61	59.81	63.36	62.26
96	广州市东亚天地物流服务有限公司	62.17	63.25	63.33	62.92
97	广东新邦物流有限公司	60.61	58.54	66.69	61.95
98	北京飞康达物流服务有限公司	63.79	60.41	64.37	62.86
99	安信达快递服务有限公司	63.56	65.16	62.78	63.83
100	越丰物流有限公司	63.79	64.67	60.19	62.88

随着"互联网+"与物流的不断结合，将加速实现我国物流业的转型。在不断壮大的物流市场中，物流产业内的分工也将越来越精细，物流产业发展的制度环境将日趋规范。未来，物流行业迎来重大发展机遇，农村物流、零售业物流等细分市场的投资前景十分乐观。

同时，借助互联网还将整合更多资源。可以预见的是"互联网+物流"将与智能制造、金融相结合，产生更高的附加值，而充分利用互联网、物联网打造全新的物流模式则会成为企业"群雄逐鹿"的重要对策。

2015互联网+培训业TOP100

李克强总理在两会中指出要大力发展"互联网+"，整个国家一下子吹响了互联网化的号角。在培训业，互联网化被提上了日程，但短时间内还不能替代传统面授培训（从系统学习、完整培养、授课效果等维度考量）。长远考虑，互联网+培训肯定是未来的主流趋势。

据一项统计，在过去50年间，国外企业的培训费用一直在稳步增加。美国企业每年在培训上的花费约300亿美元，约占雇员平均工资收入的5%。而在国内，又逢创业潮，对于企业不断出现的各种问题，培训有时是最直接、最快速和最经济的管理解决方案，比自己摸索快，比招聘有相同经验的新进人员更值得信任。

培训业正诉求互联网

培训业正诉求互联网的加入，用现在时髦的词讲，就是"实现O2O"。为什么这么说？因为在培训项目中会对学员有更高的要求、有社群化互动情境、有相应的约束机制、有共同学习的氛围，这样互联网培训效果会很明显。如果不是在培训项目中，纯靠学员自发式学习，显然达不到预期。

2015互联网+培训业TOP100

排名	名称	iBrand	iSite	iPower	综合得分
1	麦肯锡公司	86.05	79.34	90.25	85.21
2	海轩商学院	91.45	79.34	80.62	83.80
3	美世咨询(上海)有限公司	83.95	82.81	83.83	83.53
4	翰威特(上海)有限公司	90.62	81.89	77.41	83.31
5	埃森哲公司	85.03	73.80	88.11	82.31
6	波士顿管理咨询公司	83.01	81.10	82.76	82.29
7	高顿财务培训	92.76	64.56	89.18	82.17
8	中欧商业在线学院	76.81	75.18	93.89	81.96
9	仁脉顾问（中国）	90.34	81.23	73.13	81.57
10	单仁电子商务学校	86.42	83.65	72.06	80.71
11	北京博志成管理咨询有限公司	70.44	91.83	78.48	80.25
12	罗兰贝格国际管理咨询有限公司	78.08	86.29	76.34	80.24
13	汉普管理咨询(中国)有限公司	74.29	83.65	81.69	79.88
14	深圳市华一世纪企业管理顾问有限公司	64.57	79.34	94.32	79.41
15	中商国际管理研究院	88.93	82.57	65.73	79.08
16	正略钧策管理顾问有限公司	75.92	73.21	85.97	78.37
17	湖北群艺集团有限公司	82.99	85.83	65.58	78.14
18	北京视点灵动教育科技有限公司	82.59	82.42	67.78	77.60
19	科尔尼管理咨询公司	80.05	85.86	63.48	76.47
20	上海本原企业管理咨询有限公司	69.77	91.81	65.93	75.83
21	北京中电力企业管理咨询有限公司	66.50	68.55	92.18	75.74
22	上海汇聚投资管理有限公司	81.14	81.94	63.43	75.50
23	上海天强投资管理有限公司	66.48	75.12	84.90	75.50
24	深圳市深远企业顾问有限公司	82.92	69.34	74.20	75.49
25	北京华夏基石人力资源顾问有限公司	62.65	75.34	87.04	75.01
26	深圳市心想事成文化传播有限公司	90.90	70.21	63.58	74.90
27	北京博采企业形象研究中心	76.71	80.11	65.78	74.20
28	上海慧泉企业管理咨询有限公司	74.44	81.74	65.88	74.02
29	北京北大纵横管理咨询有限责任公司	67.59	61.86	91.32	73.59
30	盖洛普（中国）咨询有限公司	71.17	69.87	79.55	73.53
31	上海通和企业咨询有限公司	90.91	70.31	59.22	73.48

续表

排名	名称	iBrand	iSite	iPower	综合得分
32	央视-索福瑞媒介研究有限公司	74.98	81.67	63.68	73.44
33	北京零点研究集团	74.20	81.38	63.73	73.10
34	重庆网悦文化传播有限公司	82.99	70.12	64.78	72.63
35	上海联众智达营销咨询有限公司	62.65	91.35	61.36	71.79
36	北京慧聪国际资讯有限公司	65.79	83.85	64.03	71.22
37	杭州思达管理咨询有限公司	77.82	72.20	63.38	71.13
38	北京朴智管理咨询有限公司	65.85	81.23	63.63	70.24
39	中国通用咨询投资有限公司	68.34	78.62	63.53	70.16
40	北京铭略管理有限咨询公司	70.94	68.12	70.99	70.02
41	天津爱波瑞管理咨询有限公司	68.72	75.32	65.28	69.77
42	上海复济企业管理咨询有限公司	66.86	75.31	66.63	69.60
43	深圳市世捷企业管理咨询有限公司	68.93	73.21	65.83	69.32
44	新生代市场监测机构有限公司	77.61	63.24	66.38	69.08
45	上海新世纪企业管理咨询有限公司	82.87	60.38	63.78	69.01
46	新华信市场研究咨询有限公司	72.65	65.51	68.85	69.01
47	北京嘉丰融通咨询有限公司	67.11	74.21	65.13	68.82
48	深圳市优策企业管理顾问有限公司	69.36	72.12	64.83	68.77
49	北京联合智业企业发展研究院	66.05	75.31	64.33	68.56
50	深圳市张驰管理咨询有限公司	76.15	66.21	62.43	68.26
51	北京求是联合管理咨询有限公司	66.80	72.34	64.98	68.04
52	北京和君创业咨询有限公司	73.13	55.28	75.27	67.90
53	乌鲁木齐市本源动力企业管理培训有限公司	75.28	63.12	65.23	67.88
54	北京汉鼎世纪咨询有限公司	63.56	74.12	65.43	67.70
55	上海嘉和投资管理顾问有限公司	76.21	60.31	66.53	67.68
56	北京西杰优盛管理咨询有限公司	68.43	70.34	63.98	67.58
57	上海专才管理顾问有限公司	67.90	70.21	64.63	67.58
58	河北鼎信智业管理咨询有限公司	66.19	72.13	64.38	67.57
59	泉州海纳企业管理咨询有限公司	76.75	61.23	64.68	67.55
60	深圳金视角管理咨询有限公司	77.88	60.38	64.13	67.46
61	广州君智企业管理咨询有限公司	75.73	60.01	66.03	67.26
62	视野国际财务顾问(上海)有限公司	74.29	62.89	64.23	67.14
63	北京安瑞普咨询有限公司	65.83	70.12	65.33	67.09
64	上海博意咨询有限公司	75.44	60.12	65.38	66.98
65	北京捷盟管理咨询有限公司	66.66	69.38	64.43	66.82
66	上海万隆管理咨询有限公司	74.62	61.28	63.83	66.58
67	北京信永方略管理咨询有限公司	77.05	56.21	66.28	66.51
68	青岛创杰管理咨询有限公司	63.04	70.11	66.23	66.46
69	山东瑞华管理咨询有限公司	73.07	60.29	65.63	66.33

排名	名称	iBrand	iSite	iPower	综合得分
70	深圳市华景企业管理咨询有限公司	69.14	63.45	65.68	66.09
71	广州三易品牌管理咨询有限公司	71.52	61.23	65.48	66.08
72	优道管理咨询顾问公司	68.60	62.59	66.71	65.97
73	福州汇智达企业管理顾问有限公司	61.88	70.34	65.18	65.80
74	新华商智文化发展有限公司	61.32	70.58	65.08	65.66
75	成都亿达管理咨询有限公司	72.18	58.31	66.33	65.61
76	北京多星管理咨询有限公司	60.11	71.23	64.48	65.27
77	天津市智道管理科技咨询有限公司	70.81	60.23	64.28	65.11
78	北京九略管理咨询有限公司	68.57	60.12	66.43	65.04
79	济南金盛通咨询管理有限公司	73.07	58.12	63.88	65.02
80	成都大势管理顾问有限公司	69.64	55.28	69.92	64.95
81	北京海德国际咨询有限公司	67.30	62.12	64.57	64.67
82	厦门胜卓管理咨询有限公司	59.41	68.12	66.13	64.55
83	武汉翰宇文化企业管理咨询有限公司	57.48	70.12	65.53	64.38
84	名仕硕学管理顾问有限公司	67.52	60.21	65.03	64.25
85	赛格教育科技有限公司	47.17	79.12	66.18	64.16
86	深圳市圣瑞企业管理顾问有限公司	57.82	69.89	64.73	64.15
87	北京成伟企业管理咨询有限公司	68.59	56.34	64.93	63.29
88	上海慧朴企业管理有限公司	66.61	59.27	63.50	63.13
89	北京索荣管理咨询有限公司	63.54	58.27	66.48	62.76
90	东莞亿鑫企业管理咨询有限公司	62.03	58.32	66.58	62.31
91	北京中企联企业管理咨询顾问有限公司	65.66	56.31	64.58	62.18
92	北京中通网信息咨询有限公司	68.49	52.89	64.53	61.97
93	世纪兰达国际企业管理(北京)有限公司	59.67	60.12	65.64	61.81
94	北京博原慧达企业顾问有限公司	61.49	59.35	64.18	61.67
95	广东中咨联管理顾问公司	64.52	56.31	63.93	61.59
96	武汉中盈智源企业管理顾问有限公司	65.23	53.21	66.08	61.51
97	北京中清汇通市场信息咨询有限公司	66.95	52.34	64.88	61.39
98	苏州金方略国际教育训练机构	65.88	56.28	60.29	60.82
99	北京国富创新管理咨询有限公司	65.30	50.34	65.98	60.54
100	成都纳什管理顾问有限公司	53.68	59.44	64.08	59.07

　　虽然业内对"互联网+"十分关注,但目前互联网培训仅是作为面授培训的有效补充,许多微课程应运而生,取代部分原来面授培训中的纯知识部分或不需要太多互动的部分(已经有标准的解决方案和方法),而面授培训越来越聚焦解决实际问题。

　　然而互联网技术发展虽快,但仍有诸多问题尚未解决,比如:

　　(1)高交互性。能够利用技术手段让学员更多的产生与知识的交互和链接;

（2）社群运营。社区学习可以提升学习的效果，但是社群运营需要有更高投入，也要有社群运营的方法；

（3）多系统融合。不是每个系统都是一个孤岛。

（4）从碎片化到系统化。互联网上可以产生海量碎片知识，这些海量知识如何逐步系统化解决职场问题。

总结

目前在激烈的市场竞争条件下，一个企业要想有长足的发展，就必须有人才、技术、信息、资源作支撑，其中人才素质的高低对企业发展发挥着不可估量的作用。在面临全球化、高质量、高效率的工作系统挑战中，培训显得更为重要。

2015互联网+工程咨询TOP100

对于大众来说，工程咨询可能是一个似乎熟悉又相对陌生的行业，但走进或走近业内，你就会发现其博大精深，其影响无所不在。

各类基础设施和项目在不断推动社会进步，为人类带来巨大便利，这一切无不与工程咨询行业紧密相关。工程咨询涵盖了项目前期准备、可行性研究、勘查设计、项目管理、施工监理、竣工验收乃至后评价等等。我们在购买房产、使用水电、享受机场环境及设施等等的时候，一开始更关心的可能是实物或当下的服务形态，但坐下来想想时，就不同了。

尤其是一旦遇突发诸如天津812特大爆炸一类的公众事件，从建设者到各级管理部门有时会变得束手无策。公众会拷问，为什么会这样？工程咨询机构扮演了什么角色？但这样的事情是不应该发生在今天的互联网时代的。

中国近代以来的经济建设，特别是新中国改革开放带来的经济腾飞，极大地促进了中国工程咨询行业的发展，铸就了一大批工程咨询机构。这些机构为国家的发展、社会的进步所发挥的作用无可替代。2015中国工程咨询机构100强的推出是为了让社会更好认识他们，也希望咨询机构更好服务于社会。

此次排名，不同于传统意义上的次序罗列，我们试图从互联网的角度来审视和确定咨询机构的排序，比如它的互联网知名度，它在行业的影响力等。因为这是互联网的时代。

2015互联网+工程咨询TOP100

排名	名称	iBrand	iSite	iPower	综合得分
1	中国国际工程咨询公司	94.81	91.67	98.66	95.05
2	中国建筑材料工业规划研究院	82.10	91.75	95.24	89.70
3	电力规划设计总院	83.08	83.45	95.37	87.30
4	中国地铁工程咨询有限责任公司	81.03	91.09	88.50	86.87
5	中铁第一勘察设计院集团有限公司	81.10	86.06	92.12	86.43
6	武汉市规划研究院	81.01	88.67	82.10	83.93
7	北京市工程咨询公司	82.06	81.65	87.12	83.61
8	国网北京经济技术研究院	74.37	88.06	87.42	83.28
9	天津国际工程咨询公司	81.65	81.60	86.35	83.20
10	重庆国际投资咨询集团有限公司	76.88	93.36	78.69	82.98
11	中国电子工程设计院	75.28	81.89	91.55	82.91
12	中铁第四勘察设计院集团有限公司	78.98	81.10	88.54	82.87
13	长江水利委员会长江科学院	72.11	91.03	85.22	82.79
14	北京国际工程咨询公司	81.83	79.18	86.56	82.52
15	安徽省交通规划设计研究总院股份有限公司	91.70	64.80	89.20	81.90
16	中国电力工程顾问集团公司	75.52	83.36	86.55	81.81
17	铁道第三勘察设计院集团有限公司	75.82	79.41	90.15	81.79
18	浙江省发展规划研究院	75.05	88.41	80.55	81.34
19	广东省国际工程咨询公司	83.53	74.43	84.25	80.74
20	中国电力工程顾问集团西南电力设计院	75.01	82.85	82.31	80.06
21	上海东方投资监理有限公司	88.58	72.28	78.35	79.74
22	中国石油天然气管道工程有限公司	86.49	71.68	80.33	79.50
23	中国联合工程公司	68.47	81.76	87.65	79.29
24	中交公路规划设计院有限公司	81.64	73.64	82.37	79.22
25	机械工业规划研究院	82.07	65.10	90.38	79.18
26	中国移动通信集团设计院有限公司	73.85	82.87	79.65	78.79
27	山西省水利水电勘测设计研究院	76.64	82.92	76.25	78.60
28	石油和化学工业规划院	73.80	71.05	90.68	78.51
29	中国国际经济咨询公司	72.94	72.41	89.75	78.37
30	煤炭工业太原设计研究院	73.13	81.01	80.85	78.33
31	中铁大桥勘测设计院集团有限公司	63.54	81.47	89.71	78.24
32	冶金工业规划研究院	63.96	84.15	86.25	78.12
33	中国能源建设集团广东省电力设计研究院	77.69	76.38	80.15	78.07
34	中讯邮电咨询设计院有限公司	64.05	88.58	81.30	77.98
35	中国环境科学研究院	64.63	83.88	85.16	77.89
36	水利部水利水电规划设计总院	62.44	82.18	88.27	77.63

续表

排名	名称	iBrand	iSite	iPower	综合得分
37	中交水运规划设计院有限公司	62.59	81.46	88.76	77.60
38	上海市隧道工程轨道交通设计研究院	62.86	81.40	88.34	77.53
39	环境保护部南京环境科学研究所	71.45	81.79	79.28	77.51
40	北京市市政工程设计研究总院有限公司	78.65	74.12	79.51	77.43
41	中铁二院工程集团有限责任公司	62.17	82.21	87.90	77.43
42	农业部规划设计研究院	64.27	81.50	86.13	77.30
43	上海市政工程设计研究总院（集团）有限公司	71.89	81.77	78.08	77.25
44	广州市交通运输研究所	81.25	71.92	78.54	77.24
45	山东省工程咨询院	71.32	81.50	78.69	77.17
46	长江航道规划设计研究院	74.31	73.31	83.06	76.89
47	国信招标集团有限公司	61.44	81.26	87.40	76.70
48	湖北省电力勘测设计院	74.10	78.99	76.35	76.48
49	福建省交通规划设计院	66.13	81.53	81.60	76.42
50	中国石油天然气集团公司咨询中心	81.92	60.00	87.19	76.37
51	北京城建设计发展集团股份有限公司	71.96	77.78	78.30	76.01
52	中国煤炭工业发展研究中心	77.34	60.00	89.19	75.51
53	国家投资项目评审中心	71.13	64.80	00.12	75.35
54	中国民航机场建设集团公司	61.40	78.95	85.69	75.35
55	中国寰球工程公司	61.15	76.10	88.71	75.32
56	中国五洲工程设计集团有限公司	76.05	60.00	89.66	75.24
57	中国核电工程有限公司	72.72	82.16	70.25	75.04
58	中国民航工程咨询公司	61.53	88.36	75.20	75.03
59	广东省林业调查规划院	75.56	72.63	76.15	74.78
60	浙江省交通规划设计研究院	62.45	81.97	79.68	74.70
61	中国电建集团昆明勘测设计研究院有限公司	71.11	82.07	70.33	74.50
62	上海投资咨询公司	81.32	60.00	82.15	74.49
63	中冶京诚工程技术有限公司	56.76	91.19	75.38	74.44
64	中国水电工程顾问集团公司	65.05	78.56	79.54	74.38
65	中海油山东化学工程有限责任公司	73.16	69.30	80.61	74.36
66	北京城建设计研究总院有限责任公司	65.34	77.78	79.68	74.27
67	交通运输部规划研究院	65.37	67.00	90.33	74.23
68	中国石化咨询公司	73.84	60.00	88.65	74.16
69	中投咨询有限公司	64.69	69.20	88.34	74.08
70	北京市水利规划设计研究院	63.93	77.92	78.22	73.36
71	机械工业部汽车工业天津规划设计研究院	66.28	71.90	81.77	73.32
72	国家林业局华东林业调查规划设计院	61.07	78.18	80.29	73.18
73	中煤国际工程集团北京华宇工程有限公司	63.31	81.29	74.32	72.97
74	北京中设泛华工程咨询有限公司	61.26	82.15	75.36	72.92

排名	名称	iBrand	iSite	iPower	综合得分
75	中国石油集团工程咨询有限责任公司	72.89	60.00	85.36	72.75
76	华杰工程咨询有限公司	68.89	74.97	74.22	72.69
77	中国石油集团工程设计有限责任公司西南分公司	79.11	60.00	78.38	72.50
78	中国电建集团北京勘测设计研究院有限公司	71.81	73.67	71.85	72.44
79	中国海诚工程科技股份有限公司	62.40	82.59	71.01	72.00
80	北京交科公路勘察设计研究院有限公司	62.13	78.93	74.84	71.97
81	云南省交通规划设计研究院	62.52	74.18	78.94	71.88
82	国家林业局调查规划设计院	56.73	77.31	81.56	71.87
83	煤炭工业规划设计研究院	56.90	78.15	80.10	71.72
84	杭州市工程咨询中心	78.74	60.00	74.80	71.18
85	煤炭工业合肥设计研究院	59.84	74.33	79.33	71.17
86	中水北方勘测设计研究有限责任公司	59.65	77.74	75.26	70.88
87	北京大岳咨询有限责任公司	57.32	82.41	72.55	70.76
88	昆明煤炭设计研究院	72.90	60.00	78.96	70.62
89	新时代工程咨询有限公司	72.76	60.00	77.36	70.04
90	中国纺织工业设计院	73.53	60.00	75.31	69.61
91	中水东北勘测设计研究有限责任公司	58.09	75.18	75.03	69.43
92	中钢集团金信咨询有限责任公司	54.63	72.98	79.68	69.10
93	中国恩菲工程技术有限公司	56.45	78.53	71.12	68.70
94	广东省电信规划设计院有限公司	61.11	60.00	80.73	67.28
95	北京中兴华源投资咨询有限公司	68.65	60.00	72.88	67.18
96	黄河勘测规划设计有限公司	62.16	60.00	79.25	67.14
97	博拓投资有限公司	52.61	74.81	71.50	66.31
98	北京国信新创投资有限公司	61.25	60.00	76.59	65.95
99	上海申康卫生基建管理有限公司	61.36	60.00	75.21	65.52
100	北京华协交通咨询公司	51.07	60.00	71.00	60.69

尤其在"互联网+"推动的即将来临的产业互联网浪潮下,工程咨询将从后台走向前台。

一方面,所有的工程或商业项目最终都是要服务于消费者的;另一方面,值得特别关注的是互联网带来的社交网络的未来,它同样将开始帮助人从相对简单的生活消费到一切原来看起来相对复杂的工作层面,产业互联网或工业互联网的时代正在到来。

无论从什么角度看,向产业互联网或工业互联网进军都将是更刺激的一个历史阶段,与所有行业、所有人密切相关,不仅关忽效率,也关忽品质及体验,关忽个体与行业发展。

所谓通过互联网打造产品或服务,简单地理解,就是通过网上设计、网上宣传、网上销售、网上服务,为消费者或用户提供的定制化产品或服务。除了线下OEM生产之外,所有的经营活动都是基于互联网的。互联网使得生产者和用户(客户)结成一个整体。对于工业或产业，比如工程咨询行业，最前端的设计资源的组织与有效分享，可能要复杂得多，但这正是互联网（具体来说就是社交网络）下一步要解决的。

从目前来看，社交网络发展到今天，仍然仅只是在娱乐、信息方面，功能非常局限。一个更衣室就可以引爆微博、微信。这显然不是社交网络的发展方向。可以肯定的是，未来任何一个企业都可以将其大部分工作放在网上完成。那么，任意一个互联网上的个人，是不是也可以把他的工作放到网上去完成呢？答案是肯定的。

工程咨询行业是一个强调专业、智力资源的行业，如何让这些人类最根本的资源合理流动、分配，这不仅是最大的机会，也是最大的责任。如果说劳动是人的第一需要，那么联合起来就是internet。其中，工程咨询行业或成为这场革命性创新浪潮的领导者。

2015互联网+律师事务所TOP100

2015年2月，"钱伯斯（Chambers and Partners）"律师年度排名结果揭晓，这一堪称律师界"春晚"的盛事自然引起了业界的关注与热议。

而这一次的"钱伯斯"律师排名也由于移动互联网的快速增长，手机阅读的广泛普及，而在公众之间快速地传播开来，这也似乎证明了一个事实，互联网对于各行各业的改造，正在悄然无声、循序渐进地进行着。如今，它瞄准了整合一个城市法律与秩序的律师事务所，想要为此注入新的活力与可能。

2015互联网+律师事务所TOP100

排名	名称	iBrand	iSite	iPower	综合得分
1	金杜律师事务所	97.56	98.39	98.25	98.07
2	大成律师事务所	95.87	98.67	98.78	97.77
3	中伦律师事务所	96.00	97.37	97.36	96.91
4	君合律师事务所	96.25	97.23	97.12	96.87
5	方达律师事务所	95.12	96.64	96.33	96.03
6	国浩律师事务所	94.56	94.76	94.00	94.44
7	金诚同达律师事务所	89.85	95.44	95.88	93.72
8	观韬律师事务所	86.20	96.32	96.20	92.91

排名	名称	iBrand	iSite	iPower	综合得分
9	环球律师事务所	89.50	93.92	93.20	92.21
10	敬海律师事务所	92.04	90.82	92.16	91.67
11	锦天城律师事务所	89.50	91.89	92.45	91.28
12	嘉源律师事务所	95.03	89.09	89.26	91.13
13	德恒律师事务所	90.62	90.39	91.80	90.94
14	汉坤律师事务所	83.22	94.88	94.28	90.79
15	通力律师事务所	86.30	92.48	92.89	90.56
16	世泽律师事务所	92.14	88.34	88.31	89.60
17	竞天公诚律师事务所	78.44	95.00	95.31	89.58
18	广和律师事务所	94.23	87.02	86.56	89.27
19	阳光时代律师事务所	87.18	89.72	90.18	89.03
20	金诺律师事务所	90.44	88.05	88.12	88.87
21	权亚律师事务所	90.68	87.25	87.15	88.36
22	通商律师事务所	84.80	89.66	90.10	88.19
23	天元律师事务所	82.27	90.21	91.57	88.02
24	浩天信和律师事务所	85.76	88.39	88.59	87.58
25	高地律师事务所	95.36	95.27	70.87	87.17
26	安杰律师事务所	89.42	86.25	85.78	87.15
27	瀛泰律师事务所	83.71	88.46	89.17	87.11
28	中咨律师事务所	89.68	86.07	85.49	87.08
29	海问律师事务所	81.01	89.88	90.22	87.04
30	文康律师事务所	98.50	82.78	79.56	86.95
31	汇衡律师事务所	98.23	82.64	79.23	86.70
32	德衡律师事务所	80.91	89.36	89.35	86.54
33	恒信律师事务所	84.05	87.85	87.66	86.52
34	达辉律师事务所	91.88	84.34	82.71	86.31
35	盈科律师事务所	88.54	85.47	84.88	86.30
36	协力律师事务所	93.03	83.17	81.00	85.73
37	世纪同仁律师事务所	88.00	84.81	83.69	85.50
38	润明律师事务所	94.11	82.34	79.12	85.19
39	海华永泰律师事务所	79.57	87.59	87.42	84.86
40	建纬律师事务所	80.89	86.58	86.27	84.58
41	浙江六和律师事务所	92.00	92.10	69.58	84.56
42	重庆百君律师事务所	92.04	82.21	79.01	84.42
43	四方君汇律师事务所	83.55	85.06	84.11	84.24
44	上海邦信阳中建中汇律师事务所	79.57	86.66	86.49	84.24
45	段和段律师事务所	91.90	81.98	78.56	84.15
46	京衡律师事务所	81.22	85.94	85.13	84.10

续表

排名	名称	iBrand	iSite	iPower	综合得分
47	合森律师事务所	91.81	81.76	78.49	84.02
48	浙江天册律师事务所	84.89	84.25	82.43	83.86
49	铸成律师事务所	91.76	81.45	78.35	83.85
50	索通律师事务所	80.70	85.33	84.50	83.51
51	高朋律师事务所	90.75	81.32	78.26	83.44
52	中豪律师事务所	90.36	81.17	77.89	83.14
53	建中律师事务所	84.19	83.24	81.23	82.89
54	隆安律师事务所	80.70	84.63	83.22	82.85
55	四川英济律师事务所	89.78	80.58	77.58	82.65
56	泰和泰律师事务所	89.62	80.35	77.56	82.51
57	天阳律师事务所	79.39	84.72	83.41	82.51
58	万慧达知识产权代理有限公司	81.15	83.67	81.39	82.07
59	君泽君律师事务所	88.42	80.31	77.42	82.05
60	云南八谦律师事务所	78.52	83.72	82.37	81.54
61	天地和律师事务所	86.14	80.27	77.41	81.27
62	辽宁法大律师事务所	79.52	83.09	79.85	80.82
63	江苏法德永衡律师事务所	85.00	80.14	76.59	80.58
64	保华律师事务所	84.53	79.88	76.45	80.29
65	立方律师事务所	83.96	79.66	76.27	79.96
66	中国国际贸易促进委员会专利商标事务所	83.90	79.49	76.16	79.85
67	中国专利代理（香港）有限公司	83.38	79.30	75.49	79.39
68	柳沈律师事务所	82.70	79.00	75.32	79.01
69	海通律师事务所	82.63	78.52	75.23	78.79
70	天腾律师事务所	82.52	78.40	75.19	78.70
71	集佳律师事务所	82.37	78.22	74.87	78.49
72	国枫律师事务所	81.56	76.31	74.26	77.38
73	华商律师事务所	81.28	76.28	74.10	77.22
74	广信君达律师事务所	81.03	76.10	73.80	76.98
75	广大律师事务所	80.81	75.49	73.59	76.63
76	广东信达律师事务所	80.74	75.37	73.26	76.46
77	康桥律师事务所	79.28	75.28	73.08	75.88
78	山东琴岛律师事务所	79.18	74.86	72.96	75.67
79	山东众成清泰律师事务所	76.31	74.63	72.45	74.46
80	众成仁和律师集团	75.19	74.21	72.39	73.93
81	上海金茂律师事务所	74.85	73.58	72.11	73.51
82	上海方旭律师事务所	73.76	73.19	71.89	72.95
83	上海润一律师事务所	72.73	72.13	71.36	72.07
84	上海源泰律师事务所	71.52	71.89	71.00	71.47

续表

排名	名称	iBrand	iSite	iPower	综合得分
85	虹桥正瀚律师事务所	59.94	83.22	68.88	70.68
86	辽宁智库律师事务所	69.50	69.50	69.13	69.38
87	四川君合律师事务所	67.54	74.69	65.23	69.15
88	山东敏洋律师事务所	66.40	74.48	65.23	68.70
89	同方律师事务所	54.78	82.45	67.59	68.27
90	江三角律师事务所	58.53	78.58	67.28	68.13
91	中伦文德律师事务所	51.82	85.28	67.10	68.07
92	华诚律师事务所	66.41	70.35	66.59	67.78
93	中科专利商标代理有限责任公司	57.25	78.25	66.43	67.31
94	北京康信知识产权代理有限公司	68.36	66.96	66.22	67.18
95	永新专利商标代理有限公司	66.93	65.93	68.54	67.13
96	辽宁诺实律师事务所	48.40	86.30	66.10	66.93
97	嘉润道和律师事务所	65.56	65.55	69.34	66.82
98	四川康维律师事务所	66.98	67.24	65.70	66.64
99	瀚一律师事务所	68.36	65.38	65.48	66.41
100	北京炜恒律师事务所	66.40	64.15	65.08	65.21

　　律师事务所经营的业务，尽管其对象上至世界五百强的上市公司，下至食不果腹的市井小民，但终归仍旧是一种服务。其未来的发展方向，不论是要专注单一领域还是要进军综合领域，都必须要有充分且广泛的资源、专业且高效的律师才能够达到。而这些在如今的互联网环境下，显然都并非难事。

　　除去借助互联网来整合与收集资源、通过网络技术提高律师执行效率以外，当今的互联网热潮还为律师事务所提供了更多新的发展可能。譬如通过法律线上网站的模式，直接为中小企业与个人提供法律相关服务，这不论是对事务所还是对客户而言都大大减少了时间与金钱的成本开销。由此使得一些相对简单的非诉讼业务能够形成一套规范化、标准化的流程，而律师事务所则能将其中节省下来的时间与精力投入到对他们而言更为重要与繁琐的工作中去。由于不会占用律师太多的时间，甚至不需要律师经手处理，这种服务的收费显然也比传统做法更为低廉，时间效率上也更加简短。

　　除此之外，事务所也可以将法律咨询业务搬到网上。尽管目前国绝大部分事务所已经开设了自己的网站，但其主要任务仍旧是向人们展示自己所取得的成就，或是已经处理过的重要案件，这种展示的象征意义要大过实际意义。对于浏览他们网站的客户而言，相熟的客户，或是重要客户，必然在选择这家律所之前已经对整个行业有过清晰的比对与了解；而那些小客户以及个人则更加急迫地想要了解这家律所是否能够解决自己的法律问题。因而无论从哪个角度而言，法律的在线咨询的出现都比简单的信息展示要实用得多。

"互联网+"时代里的各行各业都理应运用互联网对自己进行武装与改造，这不仅仅是为了不被时代抛弃，更是为了让自己能够不放过每一个可能突破的机会。对于律师事务所而言，每一座城市都需要他们的守护，而互联网能够用一张无形的网，将这种保护的能力加到最强。

09 | 在线服务

2015互联网+电子商务TOP100

2015年已经过去了多半年，中国的电子商务整体趋于平稳。在B2C领域，阿里系淘宝、天猫、京东等电商巨头仍占据着较大优势，占据了B2C电商交易额中的较大部分。根据《2015上半年中国家电网购分析报告》显示，在经历了上半年一系列大促之后，京东的销售额在整体家电网购市场占比达到了60%，同比增长了2%，而天猫则下降了4%，其空出的份额被苏宁易购与国美在线等电商所蚕食。

2015互联网+电子商务TOP100

排名	名称	iBrand	iSite	iPower	综合得分
1	淘宝	98.91	96.21	98.12	97.95
2	天猫	95.58	97.10	97.21	96.95
3	京东商城	91.22	91.78	94.67	93.72
4	阿里巴巴	87.12	94.87	91.53	91.37
5	苏宁易购	86.32	99.00	90.12	90.88
6	美团	89.81	95.11	89.85	90.63
7	亚马逊中国	85.91	89.17	88.12	87.95
8	大众点评	84.38	87.91	87.21	86.89
9	百度糯米	85.23	87.23	86.67	86.54
10	国美在线	83.32	85.67	85.96	85.52
11	1号店	86.11	84.17	84.31	84.56
12	唯品会	93.12	73.11	84.12	83.82
13	蘑菇街	79.34	85.21	83.97	83.46
14	返利网	85.82	82.11	81.67	82.36
15	聚美优品	80.71	87.49	81.12	82.01
16	大麦网	80.92	85.28	81.17	81.75
17	美丽说	78.65	85.59	80.11	80.71
18	土巴兔	79.82	82.79	79.01	79.70
19	拉手网	74.41	84.93	79.13	79.29
20	乐蜂网	76.51	83.92	77.82	78.54
21	孔夫子旧书网	72.71	86.31	77.01	77.76
22	小米官网	68.88	76.71	79.32	77.36
23	苹果中国	65.61	81.12	78.56	77.00
24	慧聪网	56.03	89.32	78.34	76.64
25	华为商城	76.39	72.81	75.96	75.55

排名	名称	iBrand	iSite	iPower	综合得分
26	窝窝团	86.88	80.19	72.02	75.47
27	贝贝网	84.78	76.11	73.12	75.32
28	中粮我买网	61.29	87.62	75.56	75.23
29	好乐买	77.27	83.89	72.89	75.20
30	麦乐购	63.69	69.71	78.37	74.87
31	酒仙网	60.69	72.98	78.19	74.78
32	优购网	87.71	68.81	72.51	74.24
33	万表网	86.61	66.18	72.89	73.94
34	猪八戒网	68.92	75.92	74.26	73.71
35	尚品网	59.35	70.07	76.79	73.17
36	蜜芽宝贝	74.51	80.79	71.12	73.08
37	凡客诚品	87.02	67.55	70.05	72.22
38	洋码头	80.12	71.16	70.69	72.18
39	齐家网	72.89	69.51	72.32	71.98
40	日日顺商城	62.95	77.88	71.02	70.84
41	顺丰优选	84.51	65.63	68.92	70.77
42	名鞋库	63.11	79.98	70.23	70.62
43	母婴之家	67.61	74.94	70.21	70.53
44	壹药网	77.82	70.91	68.78	70.46
45	义乌购	58.71	87.81	69.23	70.44
46	海尔商城	64.82	85.98	68.21	70.37
47	中国采购与招标网	75.01	65.58	69.67	69.94
48	永乐票务	67.88	80.09	68.12	69.88
49	华强北商城	62.69	77.13	69.78	69.82
50	敦煌网	84.11	67.56	66.89	69.57
51	本来生活网	76.81	66.18	68.72	69.55
52	银泰网	83.01	67.81	66.67	69.29
53	钻石小鸟	69.07	77.93	67.43	69.25
54	麦包包	65.96	69.11	69.76	69.09
55	乐视商城	66.88	80.11	67.12	69.03
56	药房网	66.71	69.98	69.23	68.96
57	韩都衣舍官网	67.15	67.81	69.28	68.74
58	李宁官方商城	74.03	69.01	67.21	68.50
59	生意宝	71.77	70.61	67.24	68.43
60	美味七七	58.69	73.88	68.89	68.11
61	中国制造网	56.09	69.51	69.78	67.69
62	中国供应商	78.87	68.71	64.89	67.56
63	蜘蛛网	78.11	72.91	63.78	67.30

续表

排名	名称	iBrand	iSite	iPower	综合得分
64	优衣库官网	72.63	70.99	65.23	67.20
65	走秀网	65.78	75.26	65.23	66.82
66	世界工厂网	77.56	69.79	63.82	66.78
67	梦芭莎	61.81	69.23	66.97	66.54
68	时尚起义	72.19	68.69	64.42	66.23
69	天天网	71.95	68.88	64.12	66.01
70	中国图书网	63.29	76.91	63.12	65.21
71	口袋购物	68.86	71.08	63.09	65.15
72	我的钢铁网	57.84	80.51	63.23	65.01
73	上品折扣	59.08	75.89	61.98	63.63
74	衣联网	56.81	82.36	60.92	63.52
75	YOHO! 有货	68.32	70.67	59.78	62.69
76	黄页88网	54.81	67.39	63.29	62.63
77	一呼百应	73.56	69.98	57.98	62.12
78	美菜网	63.11	69.58	60.23	62.07
79	拍鞋网	62.59	70.12	60.11	61.98
80	辣妈商城	69.17	69.72	58.72	61.94
81	乐友孕婴童网上商城	57.82	81.53	57.73	61.32
82	沱沱工社	70.07	68.79	57.82	61.30
83	趣玩网	82.82	65.78	55.72	61.29
84	马可波罗网	63.88	74.31	57.92	61.27
85	金银岛	63.79	68.91	58.56	60.90
86	新蛋网	71.89	74.81	55.23	60.67
87	珍品网	63.18	69.19	58.17	60.57
88	易果生鲜	63.09	69.01	57.78	60.26
89	新居网	69.56	69.29	56.32	60.25
90	志趣网	68.58	68.61	56.32	60.00
91	麦考林	54.89	68.78	59.11	59.93
92	机电之家	62.89	68.09	56.89	59.47
93	八方资源网	64.23	69.81	55.89	59.23
94	阿土伯交易网	60.59	71.42	56.21	59.15
95	易趣网	61.32	70.02	56.33	59.13
96	中国化工网	65.83	69.92	55.23	59.02
97	海王星辰健康药房网	60.52	83.23	53.23	58.82
98	顺企网	69.32	69.41	54.23	58.77
99	奥特莱斯商城	55.13	65.19	58.11	58.73
100	中国建材网	65.91	72.88	54.12	58.70

在榜单中B2C企业相对B2B企业仍是主力，但这一状况正在发生改变。IDG资本创始合伙人熊晓鸽表示，下一代BAT将不再是清一色的2C公司，2B创业者有更多机会。也有业内人士甚至将2015年称为2B企业的爆发元年。同时，中国的2B2被资本方所看好，多家企业在今年上半年获得了丰厚的投资。随着"互联网+"时代的到来，互联网基础设施将不断完善，相关的专业人员逐渐选择进入传统行业，以及传统企业结合互联网技术自我改造升级的愿望愈发强烈和紧迫。这一切都使得未来会有越来越多的传统企业选择触网，这对于B2B电商而言是千载难逢的良机。2B将很有可能成为中国电商的下一个风口。

O2O作为近年来电商的新发展方向得到了较大的发展，不仅专门的O2O企业大量出现，传统的B2C电商也纷纷涉足O2O领域。其中饿了么、百度外卖等餐饮O2O企业在该领域中的表现可谓已逐渐从隐性到显性。可以肯定的是，O2O正在渗透进人们生活中的各个领域，但也正因为大量企业的出现，注定了O2O领域的竞争将会异常的激烈，甚至是惨烈。

从传统到现代，从现代到传统，历史仍然会继续周而复始，但今后的变化也仍会继续始料未及，看点会越来越不同，新兴的东西会出来。从今后的某天看，此金秋会是一个转折点吗？请拭目以待。

 # 2015互联网+O2O服务平台TOP100

O2O即Online To Offline，是指将线下的商务机会与互联网结合，让互联网成为线下交易的平台。随着互联网与移动互联网的高速发展，一时间O2O成为了各大佬与创业者眼中共同的商机，极大满足人们日常需求的各类O2O平台层出不穷，几乎遍布人们生活的吃、穿、住、行、乐等各个方面。本榜单通过对各平台的考察、分析，以窥现今O2O市场的繁华与落寞。

2015互联网+O2O服务平台TOP100

排名	名称	iBrand	iSite	iPower	综合得分
1	上海携程商务有限公司	98.61	98.01	96.25	97.62
2	北京小桔科技有限公司	98.18	94.05	96.98	96.40
3	上海雾博信息技术有限公司	96.71	94.05	96.51	95.76

续表

排名	名称	iBrand	iSite	iPower	综合得分
4	北京三快科技有限公司	96.45	92.86	95.25	94.85
5	上海汉涛信息咨询有限公司	93.38	94.05	92.18	93.20
6	北京趣拿信息技术有限公司	94.36	88.86	95.16	92.79
7	上海拉扎斯信息科技有限公司	97.82	78.86	92.62	89.77
8	神州租车有限公司	96.59	83.67	88.39	89.55
9	浙江去啊网络技术有限公司	91.31	80.67	92.12	88.03
10	北京百度网讯科技有限公司	96.23	83.48	84.04	87.92
11	苏州同程网络科技股份有限公司	90.36	94.05	78.96	87.79
12	安彼迎信息科技（北京）有限公司	91.44	81.48	90.25	87.72
13	南京途牛科技有限公司	88.83	95.48	77.69	87.33
14	北京五八信息技术有限公司	90.09	92.67	78.73	87.16
15	北京东方车云信息技术有限公司	92.53	83.11	85.81	87.15
16	北京京东世纪贸易有限公司	94.63	82.48	83.41	86.84
17	北京拉卡拉网络技术有限公司	96.46	78.48	85.08	86.67
18	深圳市房多多网络科技有限公司	96.97	76.86	85.57	86.47
19	深圳市彬讯科技有限公司	87.86	94.05	76.46	86.12
20	浙江天猫技术有限公司	94.37	80.48	83.11	85.99
21	北京河狸家信息技术有限公司	88.00	92.67	76.65	85.77
22	北京荣昌科技服务有限责任公司	98.04	72.24	86.64	85.64
23	北京穷游天下科技发展有限公司	92.53	72.24	87.33	84.03
24	上海景域文化传播有限公司	92.17	72.24	86.89	83.77
25	北京融世纪信息技术有限公司	80.56	94.05	75.36	83.32
26	北京窝窝团信息技术有限公司	80.33	94.05	75.13	83.17
27	北京微积分网络科技有限公司	86.38	72.24	89.98	82.87
28	上海一嗨汽车租赁有限公司	85.03	83.67	79.89	82.86
29	浙江康健绿线网络技术有限公司	82.55	89.48	76.43	82.82
30	北京众信国际旅行社社股份有限公司	82.59	89.67	76.13	82.80
31	北京春秋永乐文化传播有限公司	86.10	81.30	80.95	82.78
32	北京时尚人家网络科技有限公司	89.02	67.11	90.55	82.23
33	北京亿心宜行汽车技术开发服务有限公司	84.43	83.67	77.94	82.01
34	上海欢校信息科技有限公司	90.93	72.24	82.73	81.97
35	北京众成汇通信息技术有限公司	90.42	72.24	80.22	80.96
36	北京邻家科技有限公司	82.15	84.67	75.66	80.83
37	北京帷米科技发展有限公司	86.92	74.86	80.42	80.73
38	北京春雨天下软件有限公司	93.40	61.30	87.29	80.66
39	上海天天鲜果电子商务有限公司	84.62	64.86	92.22	80.57
40	北京本来工坊科技有限公司	73.21	83.11	84.95	80.42
41	途家在线信息技术(北京)有限公司	86.71	73.67	80.23	80.20

排名	名称	iBrand	iSite	iPower	综合得分
42	团博百众（北京）科技有限公司	76.33	94.05	69.83	80.07
43	北京顺丰电子商务有限公司	77.23	83.30	79.59	80.04
44	北京快跑信息科技有限公司	81.39	83.67	74.93	80.00
45	北京家捷送电子商务有限公司	85.74	74.48	79.35	79.86
46	易云游网络技术(北京)有限公司	89.53	59.67	90.03	79.74
47	上海家谐网络科技有限公司	84.18	76.30	78.73	79.74
48	宝驾（北京）信息技术有限公司	91.94	61.67	85.44	79.68
49	指弋（上海）网络技术有限公司	88.46	68.48	82.07	79.67
50	深圳市美丽加互联网有限公司	92.39	60.67	85.90	79.65
51	上海华源大药房连锁经营有限公司	86.39	71.86	79.89	79.38
52	上海西示网络科技有限公司	86.92	70.67	80.47	79.35
53	观澜网络（杭州）有限公司	86.16	72.24	79.66	79.35
54	深圳市拓源天创实业发展有限公司	72.41	81.30	76.61	76.77
55	上海点我吧信息技术有限公司	83.76	68.67	77.30	76.58
56	上海赛可电子商务有限公司	81.84	72.24	75.34	76.47
57	上海医药大健康云商股份有限公司	81.36	72.24	74.86	76.15
58	上海萌兔信息科技有限公司	74.27	85.67	67.96	75.97
59	深圳市永佳天成科技发展有限公司	74.25	83.48	69.79	75.84
60	北京九城天时生态农业有限公司	79.04	63.11	85.27	75.81
61	上海美味七七网络科技有限公司	96.44	59.48	71.29	75.74
62	乐视互联网生态农业(北京)有限公司	91.03	72.24	63.83	75.70
63	中国海王星辰连锁药店有限公司	83.04	65.67	76.56	75.09
64	上海丫丫信息科技有限公司	79.30	70.67	73.69	74.55
65	深圳市百米生活电子商务有限公司	66.19	81.30	75.95	74.48
66	老百姓大药房连锁股份有限公司	78.39	72.24	71.89	74.17
67	快客蚁族商贸（北京）有限公司	75.55	71.48	74.85	73.96
68	北京廿一客食品有限公司	71.68	74.48	75.69	73.95
69	北京创物众包科技有限公司	75.81	65.67	79.33	73.60
70	成都易贷网络科技有限公司	81.65	63.48	75.34	73.49
71	深圳市背包客商务旅游咨询服务有限公司	75.10	75.86	68.61	73.19
72	上门帮电子商务（北京）有限公司	74.05	69.48	75.12	72.88
73	上海到喜啦信息技术有限公司	79.56	63.48	75.38	72.81
74	泰笛洗衣（上海）有限公司	74.36	75.67	68.39	72.81
75	深圳市百果园实业发展有限公司	76.76	67.48	73.41	72.55
76	广州美丽元网络科技有限公司	75.77	66.48	74.83	72.36
77	贵州泽西装饰工程有限责任公司	66.47	69.86	79.97	72.10
78	南京八天在线网络科技有限公司	69.17	59.48	86.77	71.81
79	深圳市齐家互联网科技有限公司	69.26	59.48	85.77	71.50

续表

排名	名称	iBrand	iSite	iPower	综合得分
80	福建万鞋云商股份有限公司	74.32	72.24	67.82	71.46
81	杭州格子箱网络有限公司	75.02	67.48	71.01	71.17
82	北京美丽来佳人网络技术有限公司	67.44	80.67	65.11	71.07
83	北京每日优鲜电子商务有限公司	73.58	69.48	69.61	70.89
84	深圳市彩生活服务集团有限公司	77.35	59.48	74.87	70.57
85	北京两刻钟科技有限公司	78.69	60.67	72.33	70.56
86	上海多利农业发展有限公司	66.04	65.48	79.73	70.42
87	杭州熊菅佳电子商务有限公司	72.53	72.24	66.03	70.27
88	深圳车发发科技有限公司	64.72	68.30	77.50	70.17
89	上海紫邻居信息科技有限公司	75.78	64.86	69.37	70.00
90	北京爱可丽美容科技发展有限公司	71.71	72.24	65.21	69.72
91	互动峰科技（北京）有限公司	73.59	67.67	67.62	69.63
92	上海多维度网络科技股份有限公司	71.43	72.24	64.97	69.55
93	北京喜小宝网络科技有限公司	71.94	69.86	65.52	69.11
94	苏州我淘信息技术有限公司	73.01	60.67	66.62	66.77
95	上海青年汇物业管理有限公司	62.02	69.48	67.68	66.39
96	享悦(上海)信息技术有限公司	71.45	59.67	65.43	65.52
97	北京天悦荠合电子商务有限公司	71.46	58.86	64.93	65.08
98	北京飞鹿科技发展有限公司	62.57	59.48	67.87	63.31
99	蜜蜂收纳（北京）科技有限公司	52.60	68.48	65.70	62.26
100	才俊青年（北京）科技有限公司	54.98	59.48	65.02	59.83

寒冬将至？

O2O业务的"烧钱"现象虽然令人心惊，但似乎暂时也别无他法。随着入局者的不断增加，本就开拓市场艰难的各企业也只能接着硬着头皮向前，竞争也就变成了漫长的拉锯战。以外卖业务为例，美团、饿了么为了争夺市场份额正在"烧钱"烧得火热之时，百度糯米又突然带着它的"200亿战略"紧紧跟上，让本就激烈的战况变得更加血雨腥风。而三家看似发展得火热，知名度和活跃用户日益增加，但其实谁也还没赚到钱。这种"自己的业务含着泪"也要做完的状态，是O2O各行业共同的现状。

有人说O2O的寒冬即将到来，其实是资本的寒冬即将到来。不论是股市的动荡，还是诸多互联网巨头们纷纷裁员，资本对互联网公司的过度"宠爱"将暂告一段落。当资本回归理性，投资也将变得格外谨慎，而O2O业务赖以生存的"融资"也将变得举步维艰，这也是造成一批O2O公司无奈出局的原因。

还是市场进化？

我们现在看到各投入到O2O行业中的公司都陷入"融资—烧钱—融资"的无限循环中，看似火热，但却总也摸不到真金白银，这也就造成愈来愈多的人开始对O2O抱有悲观的态度。

是O2O市场真的进入寒冬，并且春天也将遥遥无期？答案当然是否定的。

国内O2O发展时间尚短，成熟的市场体系尚未形成，从"百团大战"，到格局分明的成熟市场需要一段过程，这过程也许长，也许短，但只要紧随互联网脉搏，跟随用户需求，总会走进下一阶段。正如始终亏损的携程网，也终于在最新的季度扭亏为盈。

市场的进化总伴随着淘汰，寒冬仅是市场进化某一阶段的表象，与其哀叹于寒冬的寒冷，不如强化自身，与严寒战斗。即便是"烧"钱"烧"出的温暖，只要能"烧"出个未来，又何尝不可？

 # 2015互联网+医疗平台公司TOP100

人们都关注"雾霾"，尤其是北京的朋友。而且其中缘由，则是人们思维的转变，开始关注健康，从"得病再就医"到"个人健康的预防/监测"。借由互联网技术的发展，结合现有医疗条件，兴建了许多医疗服务平台。大致可以认为：①依托知名医院建立服务平台，如：门诊挂号、信息查询等；②自建智慧平台进行健康数据采集、分析，如：可穿戴设备、智能硬件，手机APP；③依托数据进行大数据分析。

通过调查发现，借由互联网在智能硬件、服务平台、数据分析、线上咨询/问诊、对接医疗平台等方面的发展呈现多元化，共同为人们的健康提供服务。

2015互联网+医疗平台公司TOP100

排名	名称	iBrand	iSite	iPower	综合得分
1	观澜网络（杭州）有限公司	96.29	93.27	93.26	94.27
2	东软医疗系统有限公司	87.72	92.19	88.46	89.46
3	北京春雨天下软件有限公司	83.33	91.11	89.27	87.90
4	中信二十一世纪（中国）科技有限公司	81.82	90.03	87.53	86.46

续表

排名	名称	iBrand	iSite	iPower	综合得分
5	深圳华大基因健康科技有限公司	99.90	88.95	77.86	88.90
6	浙江康健绿线网络技术有限公司	75.36	87.87	92.28	85.17
7	深圳市倍泰健康测量分析技术有限公司	91.59	86.79	74.89	84.42
8	天津九安医疗电子股份有限公司	71.16	85.71	94.31	83.73
9	深圳京柏医疗设备有限公司	87.77	84.63	76.53	82.98
10	广东壹号药业	85.22	83.55	78.34	82.37
11	云南鸿翔一心堂药业（集团）股份有限公司	81.06	82.47	82.17	81.90
12	上海趣医网络科技有限公司	77.69	81.39	82.17	80.42
13	杏树林信息技术（北京）有限公司	79.75	80.31	79.36	79.81
14	世纪闻康(北京)科技发展有限公司	76.60	79.23	91.56	82.46
15	缤刻普锐（北京）科技有限责任公司	82.45	78.15	75.46	78.69
16	宜华企业(集团)有限公司	92.36	77.07	65.34	78.26
17	乐普（北京）医疗器械股份有限公司	72.27	75.99	85.43	77.90
18	安华亿能医疗影像科技（北京）有限公司	72.26	74.91	84.25	77.14
19	广东康美之恋大药房连锁有限公司	63.72	73.83	90.38	75.98
20	中国医药科技出版社	98.64	72.75	54.17	75.19
21	爱博诺德(北京)医疗科技有限公司	95.29	71.67	57.38	74.78
22	珠海和佳医疗设备股份有限公司	75.30	70.59	86.27	77.39
23	一呼（北京）电子商务有限公司	82.18	69.51	68.45	73.38
24	诊通健康科技（上海）有限公司	95.05	68.43	55.51	73.00
25	北京世康怡生健康科技有限公司	93.28	67.35	56.77	72.47
26	北京时代网创科技发展有限公司	68.13	66.27	81.56	71.99
27	九州通医药集团股份有限公司	89.56	65.19	57.62	70.79
28	互动峰科技（北京）有限公司	91.35	64.11	55.29	70.25
29	嘉事堂药业股份有限公司	93.02	63.03	52.89	69.65
30	智玩互动（北京）科技有限公司	71.32	61.95	73.28	68.85
31	橙意家人科技（天津）有限公司	91.92	60.87	52.37	68.39
32	北京盛诺一家医院管理有限公司	76.79	59.79	67.28	67.95
33	深圳市牙邦科技有限公司	71.18	78.15	71.59	73.64
34	东亚医讯（北京）网络技术服务有限公司	61.53	77.07	80.67	73.09
35	北京康康盛世信息技术有限公司	79.92	75.99	61.16	72.36
36	上海友康信息科技有限公司	66.48	74.91	72.18	71.19
37	重庆新一科技有限公司	68.04	73.83	69.83	70.57
38	广州启生信息技术有限公司	82.08	72.75	55.29	70.04
39	北京睿仁医疗科技有限公司	73.58	71.67	63.48	69.58
40	汇马医疗科技（上海）有限公司	71.82	70.59	64.58	69.00
41	玖玖叁玖网络技术(北京)有限公司	82.93	69.51	52.89	68.44
42	爱康国宾健康体检管理集团有限公司	84.18	68.43	51.27	67.96

排名	名称	iBrand	iSite	iPower	综合得分
43	贝联（上海）信息科技有限公司	83.74	67.35	51.27	67.45
44	沃迪康(北京)医院管理有限公司	83.37	66.27	51.64	67.09
45	上海若初信息科技有限公司	63.14	65.19	70.78	66.37
46	上海格平信息科技有限公司	73.79	64.11	59.04	65.65
47	北京阳光飞华科技发展有限公司	72.46	63.03	59.48	64.99
48	宜康国际（北京）科技有限公司	57.40	61.95	83.36	67.57
49	上海爱海斯信息技术有限公司	68.49	60.87	62.18	63.85
50	广东康爱多连锁药店有限公司	75.64	59.79	54.17	63.20
51	深圳可爱医生网络技术有限公司	72.77	78.15	56.21	69.04
52	成都市易纪元科技有限公司	62.59	77.07	66.34	68.67
53	康德乐（中国）医药有限公司	73.49	75.99	55.29	68.26
54	广州诚益信息科技有限公司	75.37	74.91	52.89	67.72
55	青岛联创优内信息技术有限公司	69.75	73.83	58.33	67.30
56	北京青果工坊科技有限公司	76.75	72.75	50.68	66.73
57	广东健客医药有限公司	68.42	71.67	58.67	66.25
58	上海么柚网络科技有限公司	71.01	70.59	55.29	65.63
59	广州智生网络技术有限公司	69.36	69.51	56.87	65.25
60	上海孚正生物科技有限公司	74.26	68.43	51.27	64.65
61	厦门冬日暖阳网络科技有限公司	75.10	67.35	59.74	67.40
62	名汇天下(北京)科技有限公司	66.91	66.27	56.92	63.37
63	北京维识科技有限公司	71.64	65.19	51.64	62.82
64	北京彩虹乐享信息技术有限公司	68.89	64.11	54.37	62.46
65	杭州康晟健康管理咨询有限公司	69.27	63.03	53.84	62.05
66	北京紫藤康桥科技有限公司	67.69	61.95	55.29	61.64
67	成都快健商务服务有限公司	67.95	60.87	54.80	61.21
68	北京思邈互联医药科技有限公司	68.69	59.79	53.84	60.77
69	深圳市宁远科技股份有限公司	68.57	60.01	53.84	60.81
70	广州太医健康科技有限公司	62.11	71.67	60.07	64.62
71	北京便利到家信息技术有限公司	68.09	70.59	53.84	64.17
72	尚奇浩康（北京）科技有限公司	71.20	69.51	60.54	67.08
73	北京好药师大药房连锁有限公司	68.13	68.43	53.21	63.26
74	明锐思成（北京）信息科技有限公司	67.71	67.35	52.89	62.65
75	北京东方时光科技有限公司	64.02	66.27	54.17	61.49
76	海思德塔(北京)科技有限公司	64.48	65.19	53.47	61.05
77	北京首卫康勤医院管理有限公司	85.00	64.11	54.37	67.83
78	成都互联分享科技有限公司	72.60	63.03	54.57	63.40
79	上海创贤网络科技有限公司	62.84	61.95	54.17	59.65
80	成都小樵科技有限公司	64.46	60.87	52.37	59.23

续表

排名	名称	iBrand	iSite	iPower	综合得分
81	上海亿库信息科技有限公司	62.05	59.79	54.37	58.74
82	北京基云惠康科技有限公司	63.48	60.01	52.37	58.62
83	杭州锐傲网络科技有限公司	61.39	60.01	52.37	57.92
84	北京福瑞众合健康科技有限公司	68.70	71.67	54.17	64.85
85	北京雅酷时空信息交换技术有限公司	61.51	70.59	51.27	61.12
86	成都心泽科技有限公司	62.40	69.51	58.97	63.63
87	北京我要奇迹科技有限公司	65.10	68.43	55.29	62.94
88	成都汇智融通信息技术有限公司	69.10	67.35	50.68	62.38
89	北京图胜网络技术有限公司	67.90	66.27	50.68	61.62
90	北京完美创意科技有限公司	61.80	65.19	51.64	59.54
91	成都春风优护网络科技公司	57.40	64.11	52.89	58.13
92	北京奇点万象科技有限公司	58.80	63.03	51.27	57.70
93	深圳市甫居科技有限公司	57.70	61.95	51.64	57.10
94	微诊集智健康信息咨询有限公司	54.70	60.87	54.37	56.65
95	景德镇市效检健康科技有限公司	54.50	59.79	54.17	56.15
96	重庆妙手回春信息技术有限公司	53.10	60.01	55.29	56.13
97	杭州卓健信息科技有限公司	54.40	50.05	53.84	52.76
98	深圳市去动鹰捷信息技术有限公司	54.50	50.03	53.21	52.58
99	上海奎科医院投资管理有限公司	54.80	50.08	52.37	52.42
100	广州觅博医疗科技有限公司	56.10	50.06	50.68	52.28

由此可见，在"互联网+医疗"中，有的传统企业开始向互联网战略转型，有的企业开始研发智能硬件，像服务解决提供商也开始针对医疗行业的云服务、大数据开展业务。固有的传统医疗模式正在发生内在的变革，未来人们足不出户，即可在家门口享受"世界级"医疗健康服务。

然而这仅仅是个开始，国内互联网医疗尚不成熟。据国家卫生部统计数据显示，我国人口占世界人口的22%，但医疗资源仅占世界医疗资源的2%。医疗资源的缺少以及优质医疗资源的过度集中无法为患者提供高效优质的医疗服务。

流量时代，互联网医疗平台却靠不了流量

医疗不是软需求，用户不会被广告吸引去，口号喊得响，最终还是看疗效。严格来讲，互联网时代，流量对医疗的导向并不占决定性因素。比如现在颇具人气的春雨和丁香园，如果单纯的作为互联网企业，靠人气（流量）很快就能转化为现金，就像天猫一样。然而实际并不是这样，春雨有医生很多，而且回答问题有补贴，但补贴吸引不了好医生，好医生不在乎这些补贴，也没有精力做这些。没有好医生也就难以吸引病人，留

不住用户，平台的流量就不能转化。

归根结底，医疗脱不开重资产，纯粹的互联网医疗只能浮在面上，要转化流量，仍逃不开线下服务。如果未来能把医病、健康服务和卖药（处方药）联系起来，以及远程医疗的推进，或许真正可以把流量转化为收入。

互联网是技术，是手段

互联网的定位应该是技术，是手段，为医生和病人服务。在医疗过程中，"人"才是决定性因素。作为技术保证和辅助手段，互联网对医学有很大的帮助（效率、信息共享等方面）。以远程会诊为例，移动医疗技术提高了医疗的效率。乡镇卫生院在远程医疗技术的帮助下，通过网络获取上级医院的帮助，但根本的医疗支持还是靠医生之间的交流。医学是操作性很强的学科，目前来看网络技术尚不能取代人的作用。

互联网技术为病人搭建了一个好的就医条件和平台，使他们能更加方便地获得帮助。传统模式的挂号必须要到医院窗口排队，在诊室里见到医生本人。现在，通过互联网，患者可以方便地与医生沟通，甚至通过手机便可解决挂号、缴费等一系列问题。

未来将更好，但一切的出发点都是"以人为本"。

2015互联网+在线旅游服务平台TOP100

在提到互联网+旅游的时候，在线旅游平台就已经发展得比较成熟了，如今网络入口变得更加多元化，移动LBS技术撬动了线下万亿规模的传统零售和服务业。旅游行业是绝对的重头戏，OTA是旅游产业的开端，通过在线旅游打开的窗口聚合消费者的需求，然后交给下游的旅行社、航空公司、酒店、渠道分销商等进行实施，让在线旅游的商业模式一再推陈出新。本次在线旅游服务平台的排行旨在深思OTA在我国发展至2015年是怎样的局面。

在线旅游史诗

互联网带动旅游论坛和BBS出现后，游客不仅交流旅游资讯，更需要提供酒店、机票等深度信息服务。20世纪八十年代在美国已经出现了机票酒店分销商推出在线预订服务。1996年，微软旗下一个叫做Expedia的业务部门发布了自己的网站，提供机票、酒店和租车服务的在线预订，1998年Priceline诞生，如今已是在线旅游的王者，2001年美国六大主流航空公司中的五家联合发布了他们自己的OTA网站Orbitz，2004年TripAdvisor上线，2005年HomeAway的租赁模式裂变式增长，在线旅游十年正式从萌芽期步入爆发期。消费者从多个提供信息的旅游网站对比价格和路线变作通过一次搜索即可将多个渠道的查询结果进行对比，这就是在线旅游服务平台最先出现的意义，创新都是因为需求所致。

同样的2005年去哪儿网成立，这是中国首家含有在线比较国内酒店、票务功能的旅游搜索引擎。不过在此之前，携程网已经做旅游咨询网站5年之久，起初按省、市、县逐级细分的吃、住、行、购、娱等信息传递给用户，简单地将旅游电子商务化。但是2003年携程在纳斯达克上市，让旅游OTA市场受到资本的青睐。而后携程也增加了平台的投入和开放度，依托于此前资源的累积，在线旅游更多的还是在线的流量和线下结合的优势。2006年，以UGC旅游社区为起点的蚂蜂窝上线；以休闲度假游产品组织的途牛起步。

在线旅游无非还是一个招揽客人的入口，具体的产品和服务还要依托于线下，所以资源是在线旅游的核心竞争力，携程在发展时的各个业务上增速明显。当然去哪儿网也从垂直搜索网站转型为在线旅游服务网站，与携程、艺龙三家在很长一段时间里并称OTA三大巨头。后期阿里去啊分拆、途牛上市以及蚂蜂窝异军突起，市场格局更加不稳定。

如今综合类的OTA代表企业包括携程、去哪儿、去啊、同程，依然做垂直类平台的包括艺龙（机票酒店）、航班管家（行程管理）等，线上旅游行社包括途牛、驴妈妈等。自由行的普及让游记攻略类的内容型OTA、以目的地为中心的个性化OTA、以驴友交流的社交OTA等在线旅游如雨后春笋般生长。

2015互联网+在线旅游服务平台TOP100

排名	名称	iBrand	iSite	iPower	综合得分
1	携程网	97.65	96.76	98.97	98.40
2	去哪儿网	98.37	97.18	98.66	98.34
3	蚂蜂窝	95.73	96.13	98.35	97.64
4	途牛旅游网	93.57	95.29	98.04	97.04
5	欣欣旅游网	96.45	93.82	97.73	96.82
6	艺龙旅行网	96.93	94.66	97.42	96.82
7	乐途旅游网	93.09	96.34	96.49	96.12
8	新浪旅游	94.77	98.23	95.56	96.02
9	驴妈妈旅游网	87.09	95.92	96.80	95.65
10	穷游网	91.89	95.50	96.18	95.62

排名	名称	iBrand	iSite	iPower	综合得分
11	酷讯网	87.33	93.19	97.11	95.35
12	户外资料网	91.65	94.87	95.87	95.25
13	同程旅游网	97.17	96.55	94.32	95.05
14	芒果网	90.93	95.71	94.94	94.69
15	网易旅游	86.85	97.81	94.63	94.49
16	搜狐旅游	87.57	98.02	93.70	93.95
17	阿里旅行	98.13	95.08	92.46	93.55
18	猫途鹰	92.61	93.40	93.39	93.31
19	磨房	94.05	92.56	92.77	92.86
20	米胖	83.25	85.42	95.25	92.08
21	中华户外网	95.84	92.84	90.91	91.79
22	十六番	92.13	93.02	89.98	90.80
23	游多多	75.09	85.84	94.01	90.48
24	一起游	91.17	79.96	93.08	90.26
25	旅交汇	94.29	85.63	90.60	89.97
26	春秋旅游	72.21	94.24	90.29	89.27
27	九游网	86.61	83.32	91.22	89.18
28	遨游网	74.61	85.00	92.15	88.97
29	众信旅游悠哉网	80.13	82.27	91.84	88.75
30	小猪短租	73.89	93.61	89.05	88.45
31	拼途网	75.81	92.77	88.74	88.25
32	80天环游网	79.36	94.18	87.81	88.24
33	阳光旅行网	81.33	90.88	88.43	88.21
34	51766旅游网	84.69	82.06	89.67	87.65
35	绿野户外网	76.77	86.89	89.36	87.61
36	自在客	89.97	90.67	86.26	87.51
37	相约久久	70.53	81.85	91.53	87.49
38	澳游搜	77.01	88.57	88.12	87.10
39	神舟国旅	86.13	84.58	87.19	86.56
40	第一旅游网	78.21	86.26	87.50	86.32
41	梦之旅	87.81	88.15	85.33	86.14
42	Agoda	88.53	96.97	82.54	86.02
43	驴评网	90.45	81.43	86.57	85.93
44	泰格旅游网	84.21	90.04	84.71	85.73
45	中国旅游信息网	79.17	87.52	85.95	85.59
46	博雅旅游网	76.53	85.21	86.88	85.51
47	凤凰旅游	90.69	97.60	80.99	85.28
48	百度旅行	85.41	98.65	81.30	85.18

续表

排名	名称	iBrand	iSite	iPower	综合得分
49	路趣网	95.01	86.47	83.16	85.01
50	美辰旅游	84.45	89.20	83.78	84.93
51	天巡网	73.41	91.98	84.40	84.82
52	游侠客旅游网	72.93	89.83	85.02	84.77
53	极限户外网	88.05	87.31	83.47	84.70
54	行天下	96.21	94.03	79.75	84.25
55	蝉游记	95.49	83.74	82.23	83.86
56	来订吧预订网	83.97	76.81	85.64	83.71
57	旅视网	77.73	95.62	80.68	83.37
58	背包兔	82.29	80.59	84.09	83.21
59	Airbnb	89.49	97.39	76.34	81.87
60	要出发旅行网	77.25	82.90	81.92	81.65
61	中国古镇网	76.05	88.36	80.37	81.54
62	好订网	82.53	80.17	81.61	81.41
63	中国旅游网	82.77	75.13	82.85	81.30
64	517旅行网	89.01	81.22	80.06	81.19
65	环视旅游网	79.41	87.73	79.44	81.09
66	畅游旅行网	77.97	88.99	79.13	80.99
67	旅游名店城	71.73	92.35	78.20	80.38
68	QQ旅游	97.41	98.44	72.62	80.26
69	远方网	95.97	87.94	75.10	79.76
70	悦旅行	92.37	87.10	75.41	79.44
71	开元旅游	85.89	80.38	77.89	79.19
72	金色世纪商旅网	71.01	84.37	78.82	79.15
73	ok旅行网	69.57	89.62	77.27	78.97
74	108天周边游	93.89	77.86	76.96	78.83
75	百程旅行网	92.85	80.80	76.03	78.67
76	山水旅游黄页	84.93	78.70	77.58	78.54
77	锦江旅行家	70.05	82.69	78.51	78.50
78	非常准	86.37	91.93	73.24	78.29
79	6人游旅行网	74.85	91.30	74.79	78.10
80	稻果旅游网	70.77	86.68	75.72	77.42
81	51you	83.73	76.60	76.65	77.35
82	度周末	93.81	79.12	73.86	76.91
83	发现旅行	95.25	77.44	73.55	76.50
84	木鸟短租	88.77	79.54	72.93	75.84
85	搜旅网	89.73	74.71	74.17	75.83
86	爱旅行	94.53	78.49	72.31	75.77

排名	名称	iBrand	iSite	iPower	综合得分
87	航旅纵横	77.49	78.91	74.48	75.67
88	铁友旅行网	79.65	91.51	70.45	75.58
89	途家网	80.61	90.46	70.14	75.25
90	国旅在线	81.09	82.48	71.38	74.57
91	世界邦	93.33	92.98	66.42	74.42
92	天涯客	91.41	77.23	70.76	74.12
93	缤客	69.33	84.16	71.69	73.95
94	住哪网	90.21	84.79	67.97	73.56
95	面包旅行	85.17	90.25	67.04	73.49
96	路路行	73.65	91.09	68.28	73.38
97	百酷网	72.69	78.28	72.00	73.32
98	蚂蚁短租	89.25	83.53	67.66	72.99
99	青芒果	81.81	79.33	69.52	72.71
100	七洲网	83.01	77.02	69.83	72.59

迅猛发展导致市场混沌

然而BAT的加入开始让在线旅游服务平台过度开发。百度2011年控股去哪儿网；阿里自建阿里旅行·去啊，同时入股穷游网、佰程旅行网、在路上等在线旅游企业；腾讯投资了艺龙、同程、驴妈妈、我趣旅行、面包旅行等；途牛得到京东和携程的投资又与驴妈妈达成合作；OTA竞争日益激烈，携程主动做出改变，通过日股的方式与竞争对手达成同盟，减少内耗，成为艺龙的第一大股东，间接与腾讯联手巩固地位，同时携程也垂涎于微信巨量的入口，只是现在还未实现。

岂要仁里誉，感此乱世忙。跑马圈地是BAT目前较量的战场，一方面渴望流量变现，通过旅游涵盖的酒店、票务、用车、休闲娱乐等领域完善各自的生态圈，另一方面BAT也在比拼各自的眼界。在线旅游行业如今主要通过营销活动及打价格战来笼络用户。在不同的程度上，OTA都呈现亏损的态势，并预计在未来很长的一段时间内，这一状况还会得以延续。

但是纷乱背后绝不能说在线旅游没有前途，目前线上的交易只占整个旅游交易量的10%，而在互联网的发展中却渗透得完全不够深入，万亿的旅游市场，会吸引更多行业的加码，说是混沌，但在未来一定会产生井然有序的强者。

如何面对红海后OTA机遇

2015年上半年携程占在线旅游市场份额的38.65%，去哪儿占30.03%，远远高于其他。旅游向出境游发展，而本土OTA也要跨越思维的国界，一些品牌形象良好的跨国企业也参与其中。

美国在线旅游巨头已经在全球市场的本地化方面做了大量的投资和布局，如Priceline支持四十余种语言的服务；Tripadvisor旗下拥有多个旅游媒体品牌，包括在中国的到到网（现更名猫途鹰）；Expedia旗下12个品牌，在全球70个国家开通了150个旅游订票站点。相比之下，中国的在线旅游公司在全球化发展上仍任重道远，携程到目前为止仅开通了12种语言的服务，去哪儿2种，途牛、艺龙没有开通外文服务界面，从这点上看出业务国际化布局差别很大。同时Priceline早在2007年就收购了泰国的Agoda，Expedia对艺龙控股，但是我国的OTA依然持续在内部斗争。

各行各业都在去中心化中寻求更高的效率和价值，从而降低成本。国外的OTA大部分都是直销，而我国OTA在产业链中依然存在大量的代理、中介等。价格战的背后还体现着目前OTA市场同质化严重，并没有做到企业间的分工与合作。巨头的加入是为了导入流量而非抢夺流量，同时旅游社交论坛等产品的加入也是要从差异和垂直中贡献流量，这才是我国在线旅游未来应该出现的大团结的局面，这样才能从根本上增加在线旅游的渗透率，从而更加靠近国际化的水平。显然，这种大颠覆的端倪已经显现。

用户经常在旅游过程中产生偏好和习惯，接下来，就要看市场的服务环节，谁将用优质的服务换来更高的用户满意度，未来消费者就会选择哪一家OTA当做出行的习惯。

2015互联网+在线教育服务商TOP100

在线教育（E-Learning）概念约在10年之前提出来，如今看来，通过互联网已成为学习途径中必须掌握的学习行为或方法。目前，远程教育、在线学习已是人们提升能力、开拓思维、掌握专业技能的主要途径。以"互联网"为介质的教学方式，能让学员与教师即使相隔万里也可以开展教学活动；还能让学员随时随地进行学习，打破时间和空间的限制，对于工作繁忙、学习时间不固定的职场人士而言，网络远程教育是最方便不过的学习方式。

目前在线教育的形式较多，比如：网易公开课、北京四中网校、黄冈网校、魔方格、理臣教育、麦子学院、思酷教育等是针对在校学生、上网人员进行技术学习。而一些会计网则是代替课堂教育。对于网校，利用好就是自己的财富，利用不当，便是浪费资源。

2015互联网+在线教育服务商TOP100

排名	名称	iBrand	iSite	iPower	综合得分
1	新东方在线	87.01	92.75	90.87	90.21
2	网易公开课	82.58	92.98	94.53	90.03
3	新浪公开课	81.91	97.79	89.57	89.76
4	腾讯课堂	81.81	97.88	89.58	89.76
5	YY教育	81.46	96.11	91.36	89.64
6	邢帅教育	90.29	94.89	82.37	89.18
7	网易云课堂	85.76	93.22	85.31	88.10
8	百度传课	81.53	91.05	91.38	87.99
9	沪江网校	80.29	96.11	86.23	87.54
10	跨考考研	86.02	92.01	82.33	86.79
11	慕课网	81.49	96.23	82.01	86.58
12	正保远程教育	84.96	92.49	81.56	86.34
13	尚德机构	82.49	94.01	82.34	86.28
14	学而思网校	85.93	95.32	77.56	86.27
15	人教学习网	95.34	89.02	73.68	86.01
16	黄冈中学网校	84.86	94.32	78.39	85.86
17	极客学院	80.41	93.01	84.12	85.85
18	北京四中网校	83.11	92.02	82.34	85.82
19	课后网	80.35	90.95	86.12	85.81
20	考试吧	81.42	92.63	83.36	85.80
21	中华会计网校	80.89	91.17	85.34	85.80
22	ABC360	81.54	91.99	83.67	85.73
23	智慧树	82.11	86.55	88.36	85.67
24	鲨鱼公园	81.79	89.76	85.46	85.67
25	说客英语	81.55	94.22	81.21	85.66
26	万学教育（海文考研）	80.19	93.09	83.46	85.58
27	百度营销大学	81.82	91.45	83.26	85.51
28	51talk	85.09	89.06	82.35	85.50
29	麦子学院	80.96	91.15	83.57	85.23
30	魔方格	82.09	90.55	82.34	84.99
31	学习宝	84.49	89.11	81.29	84.96
32	51CTO学院	79.95	92.31	82.34	84.87
33	洋葱数学	82.16	90.91	81.37	84.81
34	童讯网	84.56	87.77	81.34	84.56
35	中欧商业在线	80.07	92.16	81.34	84.52
36	中公网校	88.67	89.52	75.34	84.51

续表

排名	名称	iBrand	iSite	iPower	综合得分
37	自学引擎	87.96	84.33	80.59	84.29
38	环球网校	85.32	90.69	76.78	84.26
39	计蒜客	87.84	92.86	71.89	84.20
40	海天网校	79.69	92.28	80.12	84.03
41	我赢职场	84.77	92.76	74.35	83.96
42	华图网校	82.13	89.39	80.34	83.95
43	猿题库	82.08	92.22	77.36	83.89
44	学易网校	81.85	92.74	77.03	83.87
45	100教育	85.89	91.31	74.38	83.86
46	天下网校	86.56	83.55	81.33	83.81
47	第九课堂	80.31	91.39	79.38	83.69
48	e学大	87.23	91.52	72.31	83.69
49	乐乐课堂	80.05	91.04	79.36	83.48
50	快乐学堂	85.12	90.49	74.32	83.31
51	好外教	81.56	92.56	75.69	83.27
52	宝宝巴士	79.82	89.49	80.33	83.21
53	中大网校	80.46	92.97	76.03	83.15
54	快乐学	86.88	92.35	70.13	83.12
55	德智教育	78.05	91.11	80.12	83.09
56	233网校	89.93	88.96	70.34	83.08
57	开心学	83.29	88.49	77.21	83.00
58	微课网	84.51	92.14	72.34	83.00
59	跟谁学	80.43	88.56	79.89	82.96
60	酷学习	80.49	86.98	81.37	82.95
61	开课吧	85.31	92.51	71.02	82.95
62	爱考拉	80.21	91.24	77.37	82.94
63	101网校	83.17	89.42	76.21	82.93
64	酷学网	81.89	91.35	75.06	82.77
65	北风网	82.87	91.02	74.01	82.63
66	智课网	76.05	90.68	81.12	82.62
67	Wordoor	80.15	92.18	75.46	82.60
68	高顿网校	79.89	90.79	76.89	82.52
69	理臣教育	77.78	89.28	80.37	82.48
70	TutorGroup	83.15	90.93	73.22	82.43
71	粉笔网	82.2	92.38	72.34	82.31
72	好学教育	77.91	89.59	79.36	82.29
73	笔头网	80.32	93.89	72.45	82.22
74	学大教育	81.77	92.53	72.14	82.15

排名	名称	iBrand	iSite	iPower	综合得分
75	爱语吧	80.09	92.47	73.45	82.00
76	云学堂	80.25	92.83	72.49	81.86
77	嗨学网	80.52	90.98	74.01	81.84
78	决胜网	81.52	92.61	71.34	81.82
79	小站教育	80.16	92.36	72.01	81.51
80	菁优网	78.92	86.66	78.68	81.42
81	东奥会计在线	77.93	90.71	74.98	81.21
82	萝卜网	79.79	91.19	72.34	81.11
83	多贝公开课	80.12	89.68	73.46	81.09
84	思酷教育	80.27	88.86	73.44	80.86
85	英盛网	81.41	88.91	72.18	80.83
86	飞盒教育	78.96	91.28	72.06	80.77
87	课课家教育	79.99	90.01	72.18	80.73
88	课工场	79.01	91.49	71.24	80.58
89	学云网	80.56	90.31	70.49	80.45
90	MOOC学院	80.03	90.86	70.38	80.42
91	Fenby	80.39	90.59	70.12	80.37
92	简单学习网	83.22	85.89	71.56	80.22
93	极智批改网	77.89	92.41	70.33	80.21
94	大家汇	80.44	85.91	73.89	80.08
95	奇迹曼特	77.82	90.53	71.28	79.88
96	智慧教育云	82.01	82.55	74.35	79.64
97	另客网	77.73	88.79	72.34	79.62
98	沃学教育	79.93	84.44	74.31	79.56
99	题谷网	77.96	83.11	77.46	79.51
100	91外教网	80.01	82.55	75.69	79.42

早在2012年，各界精英就开始布局互联网在线教育。前网易总裁李甬创办粉笔网，前世纪佳缘CEO龚海燕创办91外教网。新东方董事长俞敏洪曾断言，教育行业将迎来颠覆式的变革，"线上占40%，线下占60%。这个情况的发生，就是未来3—5年的事情。"现在看来，互联网教育之势所言非虚。

纵观我国现阶段的在线教育网站，很多网站囊括小学至大学、考试、培训等所有内容，却由于人力、物力、财力等资源有限，致使内容杂而无章、全而不专。其结果便是千篇一律，半死不活。反之，国内的中华会计网校、新东方、学而思等以其突出的特色赢得了市场和用户的认可。对众多的在线教育网站而言，只有利用自身的优质资源，深挖资源价值，找到合适的服务群体，最大限度做好有针对性的教育资源整合才是生存之道。

在我们开来，当前在线教育模式主要有以下四种：1）以新东方、学而思为代表的传统网校。这类主要把传统的教学内容通过远程视频播放，但缺乏互动和针对性教育。2）MOOC模式，是优质视频教育资源的聚合，如网易公开课，腾讯微课堂等，汇总了各个领域国内外顶尖学府的优质视频教学课程。3）平台加社交模式。基于移动互联网的O2O教育平台，连接老师、家长和学生，同时具备学习及社交属性的O2O平台类APP。4）电子商务模式（B2B，B2B2C等），像沪江网这些。

在线教育的本质，是教育。

2015互联网+招聘服务平台TOP100

在一项企鹅智酷的调查中，参与调查者在被问及"你是如何找到现在这份工作的"，有31.34%的人回答是利用招聘网站。而对于如何获得招聘信息的渠道，有53.7%的求职者表示依赖于招聘网站。在这个各行各业都已经拥抱互联网的时代，互联网招聘平台已经成为了求职者和企业招聘的首选渠道。

本榜单收集评估了国内100家具有影响力的互联网招聘平台，供广大企业和求职者参考。

2015互联网+招聘服务平台TOP100

排名	名称	iBrand	iSite	iPower	综合得分
1	智联招聘	97.53	98.45	98.17	97.85
2	前程无忧网	96.84	97.73	98.70	97.77
3	58同城	95.97	97.43	97.28	96.63
4	赶集网	95.22	97.29	97.04	96.13
5	拉勾网	95.09	96.70	96.25	95.67
6	猎聘网	94.53	94.82	96.12	95.33
7	大街网	89.82	95.50	95.80	92.81
8	看准网	89.60	86.42	95.23	92.42
9	中华英才网	92.00	90.88	92.08	92.04
10	若邻网	91.78	91.65	91.72	91.75

排名	名称	iBrand	iSite	iPower	综合得分
11	周伯通招聘	88.38	94.14	94.20	91.29
12	职友集	89.46	93.98	93.12	91.29
13	领英	89.46	91.95	92.37	90.92
14	天际网	87.46	93.74	92.81	90.14
15	我的CSDN	89.43	91.14	90.19	89.81
16	应届毕业生网	86.28	94.38	93.12	89.70
17	百姓网招聘	90.19	90.35	89.18	89.69
18	528招聘网	89.52	90.57	89.58	89.55
19	应届生求职网	88.69	89.47	88.13	88.41
20	Nextoffer	87.30	89.76	88.23	87.77
21	微招聘	86.93	88.67	87.16	87.05
22	过来人求职网	83.96	88.82	89.31	86.64
23	数字英才网	86.67	86.61	85.92	86.30
24	乐聘网	83.05	88.08	89.11	86.08
25	一览英才网	85.48	88.44	86.57	86.03
26	才客	83.01	88.75	87.60	85.31
27	伯乐网	83.14	87.16	86.82	84.98
28	英才网联	80.00	88.67	88.51	84.26
29	内推	78.15	83.24	84.36	81.26
30	我的工作网	82.97	80.49	78.87	80.92
31	第一招聘	80.63	81.62	81.04	80.84
32	人和网	80.09	80.96	79.85	79.97
33	国际人才网	79.64	81.34	80.18	79.91
34	中国人才热线	81.26	80.37	78.30	79.78
35	卓博人才网	76.82	83.43	82.63	79.73
36	智通人才网	76.98	82.86	82.43	79.71
37	中国人才网	75.66	83.74	83.58	79.62
38	兼职猫	80.61	74.65	78.01	79.31
39	精英人才网	77.29	82.22	81.20	79.25
40	百才招聘网	75.66	82.94	82.56	79.11
41	中国高校就业网联盟	77.77	81.85	80.29	79.03
42	中国外语人才网	77.96	77.38	75.50	76.73
43	伍亿人才网	73.77	78.46	77.57	75.67
44	举贤网	79.83	74.58	71.42	75.63
45	猎上网	77.37	77.00	73.37	75.37
46	乐职网	75.22	77.89	75.46	75.34
47	大上海人才网	76.12	76.32	74.16	75.14
48	牵牛招聘	77.20	75.49	72.28	74.74

续表

排名	名称	iBrand	iSite	iPower	综合得分
49	首都人才网	78.60	74.10	70.45	74.53
50	兼职网	71.46	78.94	77.48	74.47
51	齐鲁人才网	77.07	74.36	71.66	74.37
52	厦门人才网	76.82	74.45	71.33	74.08
53	约聘网	75.49	74.53	72.49	73.99
54	北极星电力招聘网	75.90	75.26	71.63	73.77
55	内聘网	73.59	77.31	73.92	73.76
56	轻招聘	74.85	73.80	72.65	73.75
57	有招网	74.69	75.57	72.63	73.66
58	千里马校园网	75.21	74.49	71.48	73.35
59	中国海峡人才网	74.88	74.89	71.56	73.22
60	中国招聘热线	72.64	77.14	73.70	73.17
61	山西人才网	71.13	75.49	72.08	71.61
62	中国医疗人才网	66.59	77.94	76.44	71.52
63	工艺品人才网	70.43	73.30	71.96	71.20
64	好牛才人才网	70.35	71.27	69.04	69.70
65	黑马人才网	68.56	71.53	70.59	69.58
66	鸿途人才网	69.32	71.85	69.67	69.50
67	华跃人才网	69.22	71.50	69.55	69.39
68	大昆山人才网	70.10	71.95	68.34	69.22
69	福州人才网	66.80	72.83	71.48	69.14
70	船舶英才网	70.84	71.16	67.41	69.13
71	百大英才网	70.66	70.56	67.28	68.97
72	Boss直聘	70.44	70.38	66.96	68.70
73	求贤网	65.23	73.85	71.98	68.61
74	招聘会网	68.04	71.65	68.23	68.14
75	推猎网	68.77	70.68	67.32	68.05
76	华聘网	69.63	68.47	66.35	67.99
77	深圳人才网	67.52	71.46	67.56	67.54
78	天牧人才网	69.09	60.63	63.74	66.42
79	我的打工网	66.35	68.44	66.19	66.27
80	央企人才网	66.07	68.26	65.89	65.98
81	中国网店人才网	66.54	61.99	65.22	65.88
82	中国职业经理人才交流网	65.85	67.56	65.68	65.77
83	珠宝人才网	64.77	66.77	65.95	65.36
84	100offer	65.78	66.94	64.85	65.32
85	万行教师人才网	62.89	68.22	66.70	64.80
86	联英人才网	62.60	61.54	65.43	64.02

续表

排名	名称	iBrand	iSite	iPower	综合得分
87	广西人才网	65.40	60.10	62.31	63.86
88	天基人才网	65.40	58.52	61.57	63.49
89	三茅人力资源网	63.45	63.99	63.18	63.32
90	建筑英才网	64.58	67.83	61.32	62.95
91	1010兼职吧	64.02	60.38	61.79	62.91
92	俊才招聘网	60.26	67.40	64.31	62.29
93	找工易人才网	63.44	68.12	60.74	62.09
94	592招聘网	58.86	62.92	63.69	61.28
95	广东人才网	57.82	66.09	64.18	61.00
96	丁香人才网	56.98	66.36	64.97	60.98
97	南方人才网	55.57	62.22	63.87	59.72
98	中国卫生人才网	53.97	59.07	64.63	59.30
99	九博人才网	55.44	59.44	62.19	58.82
100	新安人才网	54.29	55.39	52.52	53.41

　　与传统招聘手段相比，网络招聘的优势显而易见。首先，互联网像神经网络一样，把千千万万的企业和求职者紧紧连接起来。互联网不受地域限制，具有资源丰富、信息量大、更新快速的特点，让企业和求职者有了更多的选择。其次，互联网的大连接是低成本的大连接，它让企业和求职者省了大量的时间和经济成本。最后，互联网招聘网站人才数据库的建立能力、职位匹配的精准度，让求职招聘的成功率大大提升。

　　不过互联网招聘目前也有很多问题，随着企业、招聘网站和求职者三方数量的激增，信息数量巨大，而行业内对于信息采集、管理的无序导致了一定的信息泛滥。企业和求职者不得不去花大量时间去筛选信息，让原本可以简单的事情变得复杂。另外更为严重的是信息的真实性，虚假的招聘和简历信息大幅削减了互联网招聘的优势，企业需要花费人力和时间来甄别简历信息，却难以约试到合适的人；求职者相信了虚假招聘信息，却被骗取报名费。这需要招聘网站和监管部门共同监督，比如推行实名制，考察企业资质，从根本上解决问题。

　　最近涌现出很多新的招聘网站，有的公司通过猎头打开招聘缺口，有的公司定位垂直行业领域，有的公司凭借标签搜索等特色吸引用户。他们的特点都是传统招聘网站的短板，这些短板成了这些创业公司的新机会，让整个互联网招聘行业不断向着更好的方向发展。

　　虽然互联网招聘用户还主要集中于PC端，但由于移动互联网的不断发展，向移动端移动的趋势已经愈加明显。各大互联网招聘平台也借此势头开发移动端市场，通过开发出用户体验好的移动应用，占领移动招聘市场空间，在快速变化和日益多话的市场中取得竞争优势。

未来的互联网，一定是重回更有质量的连接的本质。谁能通过合理的数据细分和精准的样本分析，规范信息流程，扩大数据库的建立，增加匹配的精确度，让流程精准化、扁平化，成功地扮演好人（企业的本质还是人）与人之间的桥梁角色，让一切不真实、不诚信、不平等的行为死亡，向着新市场、新需求、新人类发出光芒，谁就能一览众山小，一统天下，超越目前的BAT也根本就不是问题。

10 文化传播

2015互联网+数字娱乐服务平台TOP100

数字娱乐是指以动漫、网络游戏等基于数字技术的娱乐产品，涉及移动内容、互联网、游戏、动画、影音、数字出版等多个领域。可以说互联网数字娱乐服务是顺应互联网时代而生，极大程度上促进了原有文化娱乐产业链的进化。

互联网数字娱乐服务平台以极为迅猛的速度渗入人们日常生活，各数字娱乐服务平台层出不穷。本榜单对包括游戏、动漫、影音、数字出版等领域的平台进行综合考虑，以此展现互联网数字娱乐服务平台2015年的丰富现状。

2015互联网+数字娱乐服务平台TOP100

排名	名称	iBrand	iSite	iPower	综合得分
1	腾讯游戏	99.31	91.21	99.25	96.59
2	中文在线	91.98	87.25	92.98	90.74
3	腾讯视频	90.51	87.25	91.51	89.76
4	网易游戏	98.16	72.06	98.16	89.46
5	乐视网	90.25	86.06	91.25	89.19
6	腾讯文学	87.18	87.25	88.18	87.54
7	bilibili	91.62	78.06	92.62	87.43
8	爱奇艺	96.33	65.44	97.33	86.37
9	优酷	90.39	76.87	91.39	86.22
10	搜狐视频	95.97	65.44	96.97	86.13
11	QQ音乐	91.24	74.68	92.25	86.06
12	起点中文	90.03	76.68	91.04	85.92
13	新浪游戏	98.82	60.31	98.55	85.89
14	晋江文学城	91.11	73.87	92.12	85.70
15	178.COM	95.18	65.44	96.18	85.60
16	YY游戏	84.16	87.25	85.16	85.52
17	多玩游戏网	82.63	88.68	83.89	85.07
18	新浪玩玩	98.42	58.06	98.42	84.97
19	17173.COM	83.89	85.87	84.93	84.90
20	百度爱玩	86.33	76.31	92.01	84.88
21	电玩巴士	88.43	75.68	89.61	84.57
22	咪咕游戏	90.26	71.68	91.28	84.41
23	土豆	90.77	70.06	91.77	84.20
24	腾讯动漫	81.66	87.25	82.66	83.86

排名	名称	iBrand	iSite	iPower	综合得分
25	爱游戏	88.17	73.68	89.31	83.72
26	ACFUN	81.80	85.87	82.85	83.51
27	盛大在线	91.84	65.44	92.84	83.37
28	网易云音乐	80.56	87.25	81.56	83.12
29	58游戏	80.33	87.25	81.33	82.97
30	音悦Tai	91.03	65.44	92.03	82.83
31	有妖气	90.93	65.44	91.93	82.77
32	有趣点	85.03	76.87	86.09	82.66
33	PPTV	90.42	65.44	91.42	82.43
34	网易云阅读	96.44	52.68	97.49	82.20
35	37游戏	81.25	82.68	82.63	82.19
36	51游戏	81.29	82.87	82.33	82.16
37	纵横中文网	84.80	74.50	87.15	82.15
38	起点女生网	95.23	52.87	96.23	81.44
39	太平洋游戏网	83.13	76.87	84.14	81.38
40	微游戏	80.85	77.87	81.86	80.19
41	一游网	85.62	68.06	86.62	80.10
42	发号网	92.10	54.50	93.49	80.03
43	11773手游网	71.91	76.31	91.15	79.79
44	游迅网	85.41	66.87	86.43	79.57
45	游戏狗	75.03	87.25	76.03	79.44
46	5173.COM	75.93	76.50	85.79	79.41
47	多米音乐	80.09	76.87	81.13	79.36
48	E蜗卡	84.44	67.68	85.55	79.22
49	365音乐网	91.87	52.68	92.97	79.17
50	1905电影网	82.88	69.50	84.93	79.10
51	8477手游网	90.64	54.87	91.64	79.05
52	No.77 疯人院	87.16	61.68	88.27	79.04
53	超级玩家	91.09	53.87	92.10	79.02
54	游民星空	85.09	65.06	86.09	78.75
55	芒果TV	85.62	63.87	86.67	78.72
56	搞趣网	84.86	65.44	85.86	78.72
57	酷我音乐	90.96	52.68	91.97	78.54
58	酷狗音乐	85.17	63.06	86.17	78.13
59	磨铁中文网	80.38	67.68	81.89	76.65
60	榕树下	84.74	58.68	85.93	76.45
61	游侠网	84.51	58.87	85.53	76.30
62	微漫画	71.11	74.50	82.81	76.14

续表

排名	名称	iBrand	iSite	iPower	综合得分
63	游戏堡	82.46	61.87	83.50	75.94
64	咪咕音乐	80.54	65.44	81.54	75.84
65	5068儿童网	80.06	65.44	81.06	75.52
66	口袋巴士	72.97	78.87	74.16	75.33
67	2144游戏	72.95	76.68	75.99	75.21
68	新浪动漫	77.74	56.31	91.47	75.17
69	九游	81.74	58.87	82.76	74.46
70	微博读书	78.00	63.87	79.89	73.92
71	动漫星空	64.89	74.50	82.15	73.85
72	喜马拉雅FM	77.09	65.44	78.09	73.54
73	唱吧	74.25	64.68	81.05	73.33
74	布丁动画	80.35	56.68	81.54	72.86
75	悦声无限	73.80	69.06	74.81	72.56
76	天天动听	72.75	62.68	81.32	72.25
77	天方听书网	78.26	56.68	81.58	72.17
78	3839小游戏	73.06	68.87	74.59	72.17
79	766.COM	75.46	60.68	79.61	71.92
80	虾米音乐	74.47	59.68	81.03	71.73
81	虎牙直播	73.02	65.44	74.02	70.83
82	魔方网	73.72	60.68	77.21	70.54
83	hao123游戏	66.14	73.87	71.31	70.44
84	游族网络	72.28	62.68	75.81	70.26
85	叶子猪	76.05	52.68	81.07	69.93
86	搜狗影视	77.39	53.87	78.53	69.93
87	网易漫画	71.23	65.44	72.23	69.63
88	豆丁网	63.42	61.50	83.70	69.54
89	天极游戏	74.48	58.06	75.57	69.37
90	红袖添香	70.41	65.44	71.41	69.09
91	新科动漫	72.29	60.87	73.82	68.99
92	猫扑游戏	70.13	65.44	71.17	68.91
93	游久网	70.64	63.06	71.72	68.47
94	5253手游网	71.71	53.87	72.82	66.13
95	52PK游戏网	60.72	62.68	73.88	65.76
96	响巢看看	70.15	52.87	71.63	64.88
97	中国知网	70.16	52.06	71.13	64.45
98	机锋游戏	61.27	52.68	74.07	62.67
99	九酷音乐	46.30	61.68	71.90	59.96
100	淘米视频	53.68	52.68	71.22	59.19

创新、多元，不断挑战娱乐边界

互联网让世界变得更加宽广，地域、语言、文化等客观现实因素对人与人之间交流的影响日益削弱。互联网是创新的、多元的、无边界的，而这些特点在互联网数字娱乐方面展现得更加淋漓尽致。

最初，互联网娱乐繁荣的也不过是游戏、动漫、影视以及音乐。而这4个领域除了游戏，其他大多奉行"拿来主义"，不讲版权，资源从茫茫互联网上四处收集来，可以说那时大多平台的资源是建立在"不请自拿"的基础上，内容是丰富得很，但总归是让人觉得"虚"。

但随着互联网的不断发展，国内的数字娱乐产业日渐规范。奉行"拿来主义"的平台不是转型便是消失于人们视线之中，最好的例子就是乐视视频的崛起和优酷土豆的霸主地位不再。从看谁"搜刮"的资源多，到看谁收购的版权多，数字娱乐的市场竞争愈加激烈。

不断健全的行业规范，让市场开始呈现健康的繁荣，而繁荣又孕育着创新。今日，与数字娱乐产业相对应的数字娱乐服务平台从种类到内容，愈加丰富，如从音乐、阅读、娱乐需求衍生而出的手机KTV"唱吧"，带有有声小说的FM软件"喜马拉雅"。

数字娱乐服务平台作为数字娱乐产业最直接的体现，我们从中可以发现，中国的数字娱乐产业正在朝着更具创新、更加多元化的方向大步前进，不断挑战娱乐边界。

从圈地自萌，到生态建立

不知从何时起，数字娱乐市场开始对IP进行疯狂争夺，大有"得IP者，得天下"的势头。IP，Intellectual Property，知识产权，直接放到数字娱乐市场中来看就是一个拥有无限潜力的聚宝盆，种类繁多，但绝不重样，市场中的诸豪们像收集卡牌一样收集着各种优秀IP，有实力的更是自建IP。

IP的魅力为什么这么大？IP就像一株幼苗，待它壮大，不仅自身枝繁叶茂，还可继续播种繁衍，从一株，变为拥有自己生态体系的整片森林。如此强大的潜力，怎么能不让人心向往之？

在建立IP生态方面，几家互联网巨头都非常强势，但最为典型的还是要数腾讯。腾讯旗下拥有腾讯游戏、腾讯动漫、腾讯文学、腾讯视频等多个娱乐平台。过去，腾讯的这些平台都是各自运营，除了一些宣传需求，很少有联系，而如今，各平台都成为腾讯数字娱乐生态中的重要一环。以IP为中心，以游戏、动漫、影视、文学多方共同出击，将IP的能力发掘到最大。如腾讯与像素合作建立的IP"勇者大冒险"，从建立最初便从文学、动画、游戏三大领域同时出击，从零开始，互动共生。

未来数字娱乐服务平台终将难逃与IP生态的联系。IP矩阵的力量虽不稳定，但至少比圈地自萌更能适应时代发展的脚步。

2015互联网+音乐与影视制作提供商TOP100

在去年的上海电影节上，博纳影业的总裁于冬称，未来传统的电影公司都将为BAT打工。一石激起千层浪，一些人认为这个预言有些危言耸听。不过，即将过去的2015年，种种迹象似乎正在证明于冬的预言。虽然，这只是很表面性的东西，不涉及本质，不必介意。

在今年的上海国际电影节上，举办了"互联网电影嘉年华"。不仅是影视，在音乐领域也能见到互联网的身影。"2015优酷·土豆理想音乐节"上，优酷土豆音乐中心总经理李宇和会员中心总经理刘培尧共同宣布，将打造中国首个互联网音乐嘉年华。

这是要在影视、音乐中融合互联网技术和元素的节奏。

但互联网可以成为推动影视与音乐产业全面升级的核心力量吗？或者可以，或者不可以。

2015互联网+音乐与影视制作提供商TOP100

排名	名称	iBrand	iSite	iPower	综合得分
1	华谊兄弟	96.02	83.97	95.87	94.11
2	光线传媒	95.78	95.20	92.77	93.59
3	海润影视	95.03	78.27	92.57	90.79
4	华策影视	95.58	75.08	92.12	90.08
5	滚石唱片	95.09	69.63	91.31	88.63
6	华录百纳	86.59	85.08	89.61	88.48
7	阿里影业	95.49	54.00	93.75	88.05
8	中影集团	98.92	65.23	88.83	86.80
9	唐人影视	96.15	85.10	84.87	86.60
10	电广传媒	86.21	85.11	86.71	86.40
11	新文化传媒	99.10	54.00	88.69	85.05
12	合一影业	97.23	95.37	78.71	83.99
13	中国唱片	78.47	69.37	86.86	82.98
14	万达影视传媒	97.09	54.00	85.87	82.77
15	乐视影业	75.46	80.80	83.93	82.19
16	寰亚电影	88.18	59.90	85.27	81.90
17	江苏广电	95.13	83.54	78.23	81.56
18	华研国际音乐	95.34	82.64	78.11	81.37
19	快乐阳光互动娱乐传媒	95.33	95.01	74.71	80.85

排名	名称	iBrand	iSite	iPower	综合得分
20	完美世界影视	97.70	97.08	72.89	80.24
21	本山传媒	95.57	96.45	73.22	80.06
22	种子音乐	65.90	61.21	86.97	79.95
23	长影集团	95.55	65.93	78.51	79.18
24	山影集团	76.23	77.97	79.86	79.03
25	福广影视	95.31	87.43	73.67	78.98
26	华夏视听环球传媒	75.64	55.05	84.61	78.83
27	长城影视	95.15	56.58	79.95	78.72
28	唐德影视	78.57	91.40	75.97	78.67
29	相信音乐	78.06	80.36	78.29	78.57
30	东亚唱片	88.38	95.04	72.89	78.54
31	博纳影业	98.72	98.89	69.61	78.37
32	福茂唱片	89.25	95.61	72.16	78.24
33	慈文传媒	86.66	85.39	74.52	77.97
34	少城时代	77.61	63.86	80.87	77.83
35	上影集团	76.72	79.34	77.71	77.81
36	天娱传媒	98.32	81.80	72.53	77.79
37	金牌大风	76.24	97.89	73.81	77.79
38	荣信达影业	65.47	66.34	82.87	77.78
39	新丽传媒	87.17	66.42	78.12	77.72
40	中国国际电视	76.96	93.07	73.67	77.07
41	杰威尔音乐	75.68	85.58	75.31	76.91
42	星美传媒	86.15	66.71	76.89	76.75
43	中影股份	75.06	85.17	75.11	76.61
44	金英马影视	79.00	83.92	74.21	76.39
45	京文唱片	75.55	85.07	73.98	75.88
46	小马奔腾	96.12	86.42	69.17	75.80
47	海蝶唱片	86.57	85.38	71.35	75.74
48	太合麦田	95.37	94.42	67.23	75.53
49	欢瑞世纪影视传媒	86.56	55.30	77.39	75.45
50	星文唱片	88.19	85.68	70.53	75.45
51	中视传媒	88.97	72.23	73.18	75.41
52	星外星文化	95.13	79.68	70.23	75.38
53	浙江广电	96.14	84.44	68.43	74.99
54	河南影视	76.27	79.64	72.93	74.44
55	亚神音乐	88.09	85.27	69.15	74.41
56	新鲜音乐	67.67	85.11	73.51	74.37
57	银润传媒	67.21	71.33	76.15	74.09

续表

排名	名称	iBrand	iSite	iPower	综合得分
58	天影	95.05	72.83	69.56	73.87
59	鸟人艺术唱片	65.36	67.47	76.58	73.53
60	华数唱片	75.33	84.78	70.72	73.52
61	英皇电影	75.76	72.77	72.91	73.32
62	映艺娱乐	76.17	55.23	76.27	73.10
63	孔雀唱片	76.71	87.19	69.12	72.97
64	丰华唱片	75.89	97.21	67.12	72.95
65	橙天娱乐	76.32	57.45	75.01	72.57
66	思远影业	79.05	85.53	68.12	72.37
67	乐华娱乐	79.64	57.97	73.77	72.28
68	峨眉电影	87.35	86.56	65.83	72.17
69	强视影业传媒	95.15	61.95	69.23	72.03
70	恒大音乐	79.60	85.75	67.21	71.85
71	大唐辉煌传媒	79.40	86.56	66.83	71.68
72	强视传媒	77.68	70.27	70.67	71.66
73	寰宇国际	76.43	94.38	65.17	71.24
74	美妙音乐	87.16	76.00	66.61	71.10
75	巨力影视传媒	95.27	65.87	66.89	70.99
76	能量影视	76.61	61.45	71.67	70.88
77	西影	96.40	55.45	68.67	70.85
78	天中文化	79.05	55.08	71.83	70.40
79	鑫宝源影视	77.50	81.16	66.51	70.36
80	珠影	75.93	55.11	72.21	70.20
81	紫禁城影业	66.15	78.06	68.64	69.68
82	尚世影业	88.64	64.85	66.41	69.51
83	华视影视投资	69.18	64.05	70.67	69.45
84	东阳青雨影视	75.24	66.63	68.78	69.43
85	金翼龙唱片	78.74	59.25	69.23	69.16
86	永乐影视	85.17	67.73	65.19	68.57
87	世纪伙伴文化传媒	98.34	56.30	64.79	68.55
88	互联网电影	89.54	59.75	65.23	68.05
89	兄弟时代	58.16	51.01	73.43	67.78
90	星泽国际	67.68	69.60	67.16	67.60
91	盟将威影视	76.86	58.55	67.46	67.53
92	潇湘电影	59.61	59.78	70.16	67.02
93	世纪众和影视文化	69.48	65.50	66.61	66.87
94	中视精彩影视	75.43	55.85	66.95	66.56
95	星光灿烂影业	69.57	65.10	65.83	66.28

排名	名称	iBrand	iSite	iPower	综合得分
96	星皓娱乐	59.23	58.20	69.33	66.15
97	世纪长龙影视	76.18	57.35	65.26	65.71
98	游族影业	76.87	59.30	63.62	64.96
99	中北电视艺术中心	68.16	67.73	62.11	63.86
100	南广影视	59.16	58.30	65.91	63.76

BAT涉足影视音乐，产业格局真的在改变吗？

阿里巴巴在所有互联网公司中是表现最为积极的一个。

2014年，阿里巴巴收购了香港上市公司文化中国作为基础成立了"阿里影业"。阿里集团还将娱乐宝和淘宝电影整合进了阿里影业当中，这令阿里影业成为了一个兼具投资、制作、发行的全产业链电影公司。

阿里影业的市值曾达到过818.26亿港元，相当于华谊兄弟和光线传媒两家上市公司市值的总和。

另一方面，阿里还投资了华谊兄弟和光线传媒两家公司。

3月16日，阿里整合了旗下的两款音乐服务应用虾米音乐和天天动听，成立了阿里音乐。阿里音乐称将在音乐版权、音乐人的挖掘与培养、娱乐数据营销等多个方面打造一个全新的音乐产业。

腾讯在去年的9月17日，宣布"腾讯电影+"正式成立，称该平台将被打造为一个以优质IP为核心的影视业务平台。

与阿里相似的，腾讯也在与传统的电影公司进行合作，华谊兄弟、新丽传媒都成为了腾讯的合作伙伴。

在音乐方面，腾讯推出了在线演唱会平台"Live Music"，每月4场，全年共60场演唱会通过将互联网基因植入演唱会的方式打造了一个集视听、互动、分享于一体的音乐直播平台，为所有乐迷带来空前的音乐享受。

百度涉足该领域，先是斥资10亿元入股华策影视，后又于2015年1月份低调成立了电影业务部——百度影业。

尽管目前百度影业仍以在线销售电影票业务为主，但未来像所有人意料的那样，亦不例外地会逐渐进入电影产业的上游，参与影视的投资与制作。

在互联网+影视、互联网+音乐等各行各业的大浪潮中，众多互联网公司都已或正参与其中，BAT三家公司只是其中的一部分。各传统产业也都已或正学会玩互联网。

产业格局真的在改变吗？这取决于所有人。

互联网不仅提供了内容、观众，也同时提供了传播渠道，各种达到传统目的新方法。

由同名小说所改编的网剧《盗墓笔记》席卷网络，在全集上线的当晚，爱奇艺的服务器收到了260万份会员订单和1.6亿的播放请求，令服务器难以承受，从而迅速发生崩溃。IP改编剧或将成为又一个热点现象。

被改编的IP很多来自热门的网络小说，热播几乎就是必然的结果。有数据显示，截止2014年底，共有114部网络小说被购买了影视版权，其中的24部被拍成了电影。即使如《暗黑者》这样在传统影视当中不可能播出的作品，也可以通过网络成为热播剧。

互联网不仅为影视业提供了内容、观众，也同时提供了传播渠道。从理论和实践上，缩短制作周期但不违背质量规律都成为可能。这从内在逻辑上使从业者看到了曙光。

对于资金这个哪行哪业都存在的问题，众筹让影视和音乐的制作也有了新的选择。《大圣归来》就是其中的代表性作品，89个众筹者共带来了780万元的投资，这让人们看到了众筹为影视产业发展带来的新可能。

关于营销，社区、微信、微博、贴吧都可以成为主战场。

线上线下相结合的O2O营销模式不仅仅可以有效地提升影视和音乐的运作效率，通过对这些数据的分析可以帮助公司做出更加精准的决策，也就是说可以将犯错误的可能性降到更低。

还有，就是按需定制。

 # 2015互联网+公关传播业TOP100

传播的力量从未像互联网时代体现得这样充分，广告与公关传播业也从未有过今天这样的繁荣。企业与企业，企业与公众，企业与产品，企业与策略，企业与法规之间都需要搭建沟通的桥梁。所以，公关不是华而不实的概念，而是声誉管理的必需品。为了避免"失之毫厘、谬以千里"的错误，企业在公关处理上都小心谨慎，这已经是一个长期的事实。

另一个事实是，大企业会成立自己的公关部门，但无论拥有多么反应敏捷、抗压能力强的人才，依然需要第三方公关服务。今天，公关公司也在寻求转型，向数字化传播及营销、大数据营销等领域迈进；今后，公关公司不只是为客户完成广告与营销任务，更重要的将是代表或根据品牌主的价值观向社会传递正能量。在"2015互联网+公关传播业TOP100"榜单中，除传统性重点关注公关公司的资源、创意、执行力等因素之外，通过iBrand、iSite和iPower三个维度考量了其网络社会影响力、自身的互联网建设水平及行业地位延续，因为目前已经是一个"互联网+"的时代。

2015互联网+公关传播业TOP100

排名	名称	iBrand	iSite	iPower	综合得分
1	奥美公共关系国际集团	94.85	97.66	98.59	97.03
2	蓝色光标传播集团	96.19	98.01	96.07	96.76
3	博雅公共关系有限公司	92.07	95.65	96.88	94.87
4	万博宣伟国际公关顾问有限公司	97.25	91.68	94.01	94.31
5	迪思传媒集团	95.76	95.96	88.35	93.36
6	罗德公共关系顾问有限公司	91.92	91.74	94.08	92.58
7	宣亚国际传播集团	92.31	92.05	93.05	92.47
8	际恒公关顾问机构	95.05	97.02	85.02	92.36
9	爱德曼国际公关有限公司	96.63	83.00	95.12	91.58
10	上海海天网联公关顾问有限公司	92.17	91.82	90.04	91.34
11	普乐普公共关系顾问有限公司	91.40	91.82	89.47	90.90
12	中国环球公共关系公司	96.60	84.40	91.52	90.84
13	凯旋先驱公关顾问公司	92.53	87.00	92.32	90.62
14	伟达公共关系顾问公司	91.02	85.80	94.69	90.50
15	博达公关有限公司	91.43	91.29	88.52	90.41
16	安可顾问有限公司	92.37	87.50	91.03	90.30
17	凯维营销策划咨询有限公司	91.55	94.97	82.31	89.61
18	北京嘉利公关顾问公司	86.71	83.20	93.50	87.80
19	南京世通利方公关策划有限公司	91.95	92.83	78.00	87.59
20	融创公关顾问有限公司	91.28	91.32	80.11	87.57
21	上海友拓公关顾问有限公司	92.36	91.37	78.00	87.24
22	北京橙意公关顾问有限公司	91.11	91.58	78.96	87.22
23	上海视点公共关系有限公司	88.03	83.60	89.08	86.90
24	上海君策公关顾问有限公司	91.04	85.60	84.00	86.88
25	北京新势整合公关顾问有限公司	89.27	91.11	80.18	86.85
26	众为国际传播集团	82.04	95.29	83.00	86.78
27	上海埃特公关咨询有限公司	88.49	92.65	79.00	86.71
28	北京睿博纵横公关顾问有限公司	91.11	87.90	81.00	86.67
29	广州注意力公关顾问有限公司	91.53	91.60	76.00	86.38
30	北京普纳国际公关顾问集团	86.13	92.85	80.14	86.37
31	明思力公关顾问有限公司	85.22	91.78	82.00	86.33
32	北京广通伟业公关策划有限公司	83.27	82.60	90.89	85.59
33	北京福莱国际传播咨询有限公司	81.30	86.02	88.96	85.43
34	典范公关顾问有限公司	92.71	83.70	79.00	85.14
35	北京东方易为公关咨询有限公司	82.98	84.70	87.27	84.98
36	科闻100公共关系公司	91.04	76.00	87.52	84.85

续表

排名	名称	iBrand	iSite	iPower	综合得分
37	致蓝经纬公关策划有限公司	82.74	83.20	87.92	84.62
38	北京海唐宋元公关顾问有限公司	84.83	93.55	75.00	84.46
39	霍夫曼公关顾问有限公司	91.10	73.00	88.06	84.05
40	上海睿钰文化传播有限公司	86.77	92.15	73.00	83.97
41	博诚智杰公关咨询有限公司	91.51	83.10	77.00	83.87
42	上海哲基公共关系咨询服务有限公司	87.99	92.23	71.00	83.74
43	北京扬思公关策划有限公司	78.40	91.91	80.00	83.44
44	世纪双成信息咨询有限责任公司	86.38	77.00	86.85	83.41
45	北京道原广告有限公司	81.17	92.98	75.85	83.33
46	上海太立光标公关顾问有限公司	82.79	91.41	74.16	82.79
47	北京道康市场咨询有限公司	82.29	84.60	81.02	82.64
48	上海璞锐公关策划咨询有限公司	81.65	92.46	73.46	82.52
49	台湾精英公关集团	84.62	81.00	81.02	82.21
50	北京紫天公关顾问有限公司	82.88	84.60	78.78	82.09
51	视袭国际传播机构	81.72	87.20	77.10	82.01
52	深圳战国策公关顾问有限公司	91.99	74.00	80.00	82.00
53	北京长策天成公关策划有限公司	81.85	86.00	76.85	81.57
54	上海泰势公关策划有限公司	78.50	91.03	75.00	81.51
55	森博公关集团	92.31	82.05	70.15	81.50
56	汉马传播顾问机构	88.09	81.10	75.00	81.40
57	南京红房子公关策划有限公司	83.35	83.40	77.30	81.35
58	北京达毅思创公关顾问有限公司	81.80	91.53	70.18	81.17
59	北京斐然文化传播有限公司	81.14	92.14	70.11	81.13
60	上海誉起公关咨询有限公司	81.17	91.17	71.00	81.11
61	北京顶智传扬公关顾问有限公司	81.87	91.27	70.16	81.10
62	北京斯曼公关顾问有限责任公司	81.60	82.20	79.16	80.99
63	北京明智思达公关顾问有限责任公司	75.00	91.58	76.32	80.97
64	势合能力公关咨询有限责任公司	81.23	81.60	79.89	80.91
65	上海蓝色未来公关顾问有限公司	81.62	81.40	79.66	80.89
66	赢虎公共关系有限公司	84.18	80.00	78.36	80.85
67	北京景行闻达公关顾问有限公司	82.89	88.40	71.08	80.79
68	联科安致信息咨询有限公司	81.42	81.90	78.99	80.77
69	北京同策未来公关发展有限公司	81.05	86.10	75.00	80.72
70	中青旅联科公关顾问有限公司	82.62	81.50	77.88	80.67
71	上海华欣公关有限公司	81.66	83.40	76.32	80.46
72	成都黑格智慧公关顾问有限公司	82.25	85.60	73.45	80.43
73	广东方圆公关管理顾问有限公司	88.32	81.80	71.00	80.37
74	深圳时代龙音公关顾问有限公司	85.09	78.03	78.00	80.37

排名	名称	iBrand	iSite	iPower	综合得分
75	北京思必瑞咨询有限责任公司	81.37	81.40	77.85	80.21
76	北京东方正隆公共关系咨询有限公司	81.91	83.80	74.68	80.13
77	北京车闻公关咨询有限公司	81.49	88.70	70.01	80.07
78	朗德公关顾问有限公司	84.05	76.85	79.18	80.03
79	北京思锐传盟国际公关策划有限公司	82.46	87.10	70.42	79.99
80	成都宇修公共关系策划有限公司	82.71	85.00	71.88	79.86
81	德盛嘉会公共关系公司	82.52	87.00	70.00	79.84
82	上海颐展公关策划有限公司	82.61	86.66	70.21	79.83
83	启越东方公关顾问有限公司	81.95	78.19	79.32	79.82
84	广州时空视点公关顾问有限公司	82.05	81.40	76.00	79.82
85	上海联纵智达公关顾问有限公司	81.86	87.50	70.00	79.79
86	成都西岭公共关系顾问有限公司	81.72	87.60	70.00	79.77
87	上海莱媒公关咨询有限公司	81.18	87.13	70.81	79.71
88	上海简洁公关策划有限公司	82.07	82.30	74.68	79.68
89	上海精传音和公关顾问有限公司	82.51	83.13	73.25	79.63
90	天津炫泰企业公关策划有限公司	81.56	85.10	71.99	79.55
91	北京蓝色春天公关顾问有限公司	78.70	89.90	70.00	79.53
92	大连壹品公关顾问有限公司	83.93	82.00	72.00	79.31
93	北京学古文化交流有限公司	81.47	81.30	75.00	79.26
94	北京泛太天成国际公关顾问有限公司	79.70	85.90	71.99	79.20
95	北京新洲联合公关咨询有限公司	79.20	88.10	70.28	79.19
96	北京远海鹰咨询有限公司	82.42	78.00	76.94	79.12
97	广州天演广告有限公司	82.68	77.00	77.39	79.02
98	广州心裁公关顾问有限公司	82.68	84.11	70.26	79.02
99	北京时代翰林咨询有限公司	82.22	78.10	76.39	78.90
100	上海瑞欧广告有限公司	80.25	73.55	78.01	77.27

公关产业的收入近几年稳定增长，国外发展较早，榜首由最受国际瞩目的奥美公关获得。在国内公关行业刚刚经历了成长中的黄金十年，IT和互联网行业正是公关服务的第一批对象，在本榜单中的绝大多数企业是近几年才快速成长起来的。中国公关公司蓝色光标2014年的收入增长208.8%，并进入全球视野，是我国第一家上市公关公司，目前市值近300亿左右。除了资本层面，很多国内外公关公司也在技术上（如在大数据挖掘和应用上）更加深入和精准。

未来中国更多非商业的客户也会考虑使用公关代理商或者类似的公关机构，为他们提供公关关系服务，甚至国家相关部门也会寻求公关公司配合相关活动和政策的推广传播。接下来本土与全球化的合作也将是公关公司未来的发展重点，公关代理商也需要在更垂直的领域，更多的接触海外的资源与平台，伴随着广告和营销行业的介入做出更加全面的业务组合。

  要问什么是最好的公关，答案就是"不公关"，并不是不做公关，而是以最真诚的心搭建起互联网的公共关系环境，使市场营销成为市场经营，公开、冷静、透明、积极地推动和守护每一个企业冲向巅峰。

11 智慧产业

2015互联网+电子政务与智慧城市解决方案提供商TOP100

当前，"互联网+"时代给社会发展拓展了空间，提供了较为有利的发展机遇和多样化模式。一些地方政府通过接入"城市服务"平台，打造手机上的"市民之家"，更加高效、便捷地为居民提供了基础公共服务。但这样的城市毕竟还仅是少数，也仅仅是在经济发展比较好的大中型城市中正式上线推广，全国绝大多数的城市和乡镇还没有解决政府公共办公服务APP平台上线问题。因此，加快政府电子政务APP平台上线，全面推进智慧城市、智慧乡镇、智慧农村建设，以适应"互联网+"时代的发展要求，是摆在各级政府面前的重要任务。

伴随着物联网、云计算、移动互联网、Web 2.0等新一代信息技术飞速发展，电子政务也正由电子政府到"智慧政府"转变。

电子政务，毋庸置疑，其核心是政务，但一定是基于电子信息和通信技术之上的。信息通信技术的每一个进步，都会给传统的政务服务带来创新的力量。进入"互联网+"时代，不管是提升创客创新水平和企业发展速度，还是对政府处理政务的要求，都将带来巨人的冲击。一些地方政府找准时代发展命脉，与互联网巨头合作，力推电子政务，建设数字政府，却是如火如荼。

政府是一个城市的大脑，建设"智慧城市"的首要任务是建设"智慧政府"。"智慧政府"是电子政务发展的高级阶段，"智慧政府"先行，可以带动经济、社会领域的智慧化建设，如智慧企业、智慧学校、智慧医院、智慧社区等。

2015互联网+电子政务与智慧城市解决方案提供商TOP100

排名	名称	iBrand	iSite	iPower	综合得分
1	华为	87.43	97.14	97.25	93.94
2	浪潮	86.14	95.71	95.75	92.53
3	中兴	87.12	95.92	91.59	91.54
4	IBM	87.01	95.05	85.27	89.11
5	神州数码	86.97	94.87	84.36	88.73
6	惠普	86.93	94.64	83.21	88.26
7	中国电信	86.89	94.44	82.18	87.84
8	软通动力	86.87	94.37	81.84	87.69
9	华三通信	86.74	93.69	78.75	86.39
10	大唐电信	86.69	93.46	77.28	85.81
11	数字政通	86.65	93.26	76.31	85.41
12	东软集团	86.62	93.12	75.62	85.12

排名	名称	iBrand	iSite	iPower	综合得分
13	万达信息	86.59	92.94	74.69	84.74
14	安防投资	86.54	92.71	73.55	84.27
15	长城计算机	86.47	92.34	72.69	83.83
16	用友	86.33	91.64	68.19	82.05
17	英立讯	86.28	91.41	67.04	81.58
18	联想	86.25	91.24	66.18	81.22
19	文思海辉	86.25	91.23	66.15	81.21
20	飞企互联	86.24	91.19	65.95	81.13
21	南威软件	86.23	91.16	65.82	81.07
22	中科曙光	86.20	90.99	64.93	80.71
23	中国联通	86.18	90.92	64.62	80.57
24	英特尔	86.18	90.90	64.52	80.53
25	Oracle	86.17	90.87	64.37	80.47
26	银江股份	86.11	90.56	62.81	79.83
27	NEC	86.10	90.50	62.49	79.70
28	SAP	86.10	90.50	62.48	79.69
29	太极	86.10	90.49	62.46	79.68
30	立人科技	86.09	90.45	62.24	79.59
31	思科	86.09	90.45	62.24	79.59
32	中国移动	86.09	90.45	62.24	79.59
33	中软国际	86.08	90.40	62.02	79.50
34	亚信联创	86.08	90.40	62.02	79.50
35	华盛天成	86.08	90.39	61.93	79.47
36	方正国际	86.07	90.37	61.87	79.44
37	红有软件	86.07	90.34	61.68	79.36
38	中地数码	86.06	90.31	61.55	79.31
39	延华智能	86.06	90.30	61.51	79.29
40	九鼎图业	86.06	90.30	61.48	79.28
41	海尔	86.06	90.30	61.45	79.27
42	积成电子	86.06	90.29	61.44	79.26
43	贝尔信	86.05	90.27	61.33	79.22
44	北京启创卓越	86.05	90.26	61.32	79.21
45	巅峰美景	86.05	90.26	61.31	79.21
46	航天信息	86.05	90.23	61.17	79.15
47	普天	86.04	90.22	61.09	79.12
48	富士通	86.04	90.21	61.06	79.10
49	亚安集团	86.04	90.20	61.02	79.09
50	中控科技	86.00	89.98	59.88	78.62

续表

排名	名称	iBrand	iSite	iPower	综合得分
51	超图软件	85.98	89.90	59.49	78.46
52	清华同方	85.97	89.83	59.14	78.31
53	慧点科技	85.94	89.70	58.49	78.04
54	航天科工	85.94	89.69	58.43	78.02
55	新开普	85.93	89.66	58.32	77.97
56	东华软件	85.93	89.65	58.26	77.95
57	中国电科	85.93	89.63	58.14	77.90
58	浙大网新	85.92	89.58	57.91	77.80
59	飞利信	85.91	89.54	57.70	77.72
60	达实智能	85.90	89.51	57.53	77.65
61	紫光股份	85.89	89.45	57.23	77.52
62	能通科技	85.87	89.34	56.68	77.30
63	广通软件	85.87	89.34	56.68	77.30
64	联科集团	85.86	89.32	56.61	77.26
65	天玑科技	85.84	89.20	56.45	77.16
66	阿里	85.85	89.26	56.29	77.13
67	榕基软件	85.85	89.25	56.24	77.11
68	腾讯	85.85	89.24	56.18	77.09
69	网宿科技	85.85	89.23	56.17	77.08
70	汉王科技	85.85	89.24	56.12	77.07
71	天地超云	85.84	89.18	55.91	76.98
72	蓝汛	85.82	89.09	55.44	76.78
73	汉柏科技	85.81	89.04	55.21	76.69
74	普元信息	85.81	89.04	55.18	76.68
75	中兴网安	85.80	88.99	54.96	76.58
76	华睿易成	85.80	88.99	54.93	76.57
77	汉云合创	85.79	88.96	54.79	76.51
78	有孚网络	85.79	88.93	54.67	76.46
79	远光软件	85.79	88.93	54.63	76.45
80	联创信安	85.77	88.86	54.31	76.31
81	尚为视讯	85.78	88.90	54.25	76.31
82	暴风科技	85.78	88.88	54.24	76.30
83	方物软件	85.78	88.88	54.24	76.30
84	普金科技	85.76	88.82	54.11	76.23
85	瑞友信息	85.76	88.79	53.96	76.17
86	灵动科技	85.75	88.77	53.84	76.12
87	西部云谷	85.75	88.75	53.76	76.09
88	和信创天	85.74	88.74	53.51	76.00

排名	名称	iBrand	iSite	iPower	综合得分
89	威德电子	85.74	88.69	53.46	75.96
90	京华科讯	85.74	88.69	53.44	75.96
91	云翼科技	85.73	88.66	53.36	75.92
92	东方荣华	85.73	88.67	53.34	75.91
93	北明软件	85.72	88.61	53.06	75.80
94	安久科技	85.72	88.26	53.01	75.66
95	初志科技	85.68	87.16	53.01	75.28
96	有生软件	85.57	86.56	53.01	75.05
97	乾云科技	85.52	85.76	52.99	74.76
98	天云融创	85.25	84.65	52.45	74.12
99	鼎鼎科技	85.19	84.47	52.15	73.94
100	甘肃万维	85.15	84.12	51.75	73.67

　　可见，"智慧城市"也并非是什么"高大上"的概念，其核心就在于能够让政府信息和民众实现沟通，必须实施"互联网+"时代的移动办公系统，真正让政府办公和公众办事变得无处不在，并通过各种形式实现政府信息和民众信息之间的无缝链接。

2015互联网+网络摄像机品牌企业TOP100

　　几年前，网络摄像机对大众来说还仅是公共场所使用的视频监控设备，随着技术的革新和硬件成本的下降，网络摄像机价格快速降低，加之人们对安防意识的普遍提高，网络摄像机开始走下神坛，逐渐融入到人们的日常生活中来。

　　一方面，近几年市场对网络摄像机的需求始终呈增长的趋势，另一方面，人们对网络摄像机的性能要求也越来越高，但是现在网络摄像机市场鱼龙混杂，从欧美的霍尼韦尔、安讯士、博世，国内的海康威视、大华、宇视等传统品牌，到因推出智能家居网络摄像机而为人所知的网视无忧、雄迈小黄人等小众品牌，网络摄像机市场似乎转入红海，从功能、品质到营销，企业在产品定位的方向上各有不同。

2015互联网+网络摄像机品牌企业TOP100

排名	名称	iBrand	iSite	iPower	综合得分
1	施耐德电气(中国)有限公司	92.85	94.17	99.98	95.67
2	杭州海康威视数字技术股份有限公司	95.98	92.13	98.46	95.52
3	浙江大华技术股份有限公司	90.03	88.98	98.23	92.41
4	松下电器（中国）有限公司	95.34	84.23	97.06	92.21
5	浙江宇视科技有限公司	99.89	79.23	97.03	92.05
6	霍尼韦尔安防集团	86.56	92.09	96.54	91.73
7	上海三星商业设备有限公司	90.23	87.56	96.23	91.34
8	安讯士网络通讯有限公司	86.53	91.98	95.49	91.33
9	泰科安防设备有限公司	87.23	91.03	95.62	91.29
10	苏州科达科技股份有限公司	85.45	90.23	94.98	90.22
11	索尼中国专业系统集团	85.19	86.89	94.65	88.91
12	天津天地伟业数码科技有限公司	74.89	96.85	94.53	88.76
13	北京汉邦高科数字技术股份有限公司	82.67	89.32	94.26	88.75
14	博世(上海)安保系统有限公司	86.89	84.57	93.93	88.4
15	浙江大立科技股份有限公司	76.34	94.32	93.88	88.18
16	深圳中兴力维技术有限公司	85.23	82.36	93.86	87.15
17	LG商业解决方案公司	82.34	80.34	93.65	85.44
18	杭州中威电子股份有限公司	85.46	75.49	93.58	84.84
19	深圳英飞拓科技股份有限公司	76.47	81.89	93.46	83.94
20	北京蓝色星际软件技术发展有限公司	82.45	75.14	93.38	83.66
21	广州美电贝尔电业科技有限公司	72.89	83.87	93.29	83.35
22	喜恩碧电子（深圳）有限公司	76.89	79.45	93.21	83.18
23	神州数码索贝科技有限公司	75.89	79.56	93.19	82.88
24	天津市亚安科技股份有限公司	71.83	82.35	92.59	82.26
25	四川艾普视达数码科技有限公司	75.21	78.45	92.56	82.07
26	金三立视频科技有限公司	70.45	83.26	92.16	81.96
27	深圳市景阳科技股份有限公司	72.13	79.56	91.48	81.06
28	晶睿通讯股份有限公司	69.79	83.09	90.25	81.04
29	华为技术有限公司	74.25	78.12	89.86	80.74
30	浙江红苹果电子有限公司	70.12	81.45	89.56	80.38
31	杭特电子股份有限公司	78.56	72.65	89.26	80.16
32	奇偶科技股份有限公司	70.23	80.21	88.23	79.56
33	博康智能网络科技股份有限公司	70.56	79.56	88.16	79.43
34	升锐电子股份有限公司	63.79	86.78	87.62	79.40
35	广州帝视尼电子科技有限公司	81.23	69.21	87.56	79.33

排名	名称	iBrand	iSite	iPower	综合得分
36	AVTECH Software, Inc.	75.31	75.12	87.29	79.24
37	杰伟世（中国）投资有限公司	75.98	74.25	87.13	79.12
38	MOBOTIX AG	70.12	80.46	86.56	79.05
39	深圳市同洲电子股份有限公司	74.56	75.23	86.45	78.75
40	IndigoVision Ltd.	73.89	75.89	86.23	78.67
41	深圳市中电视讯有限公司	75.19	75.49	85.29	78.66
42	TKH智能建筑系统(上海)有限公司	81.34	68.98	85.12	78.48
43	深圳市锐明技术股份有限公司	70.56	79.14	85.09	78.26
44	韩国科高姆数字通信株式会社	88.26	62.23	84.03	78.17
45	Verint Systems Inc.	70.12	80.63	83.56	78.10
46	佳能（中国）有限公司	70.35	80.56	83.26	78.06
47	深圳市迪威乐数字技术股份有限公司	70.12	81.67	81.98	77.92
48	深圳朗驰欣创科技有限公司	69.89	81.98	82.19	78.02
49	深圳波粒科技股份有限公司	76.12	75.89	81.45	77.82
50	Avigilon Corporation	68.97	82.89	81.35	77.74
51	深圳市安尼数字技术有限公司	79.97	80.21	71.03	77.07
52	深圳市翔飞科技有限公司	74.23	80.14	76.59	76.99
53	深圳市科恩科技发展有限公司	78.33	75.56	76.89	76.93
54	上海广拓信息技术有限公司	68.87	87.29	74.29	76.82
55	海视云威科技(深圳)有限公司	74.56	78.56	77.03	76.72
56	深圳市九阳安防设备有限公司	85.85	82.79	61.33	76.66
57	深圳市安视宝科技有限公司	70.15	80.56	79.15	76.62
58	深圳市强美智能科技有限公司	72.34	79.19	78.29	76.61
59	深圳世国科技股份有限公司	70.35	80.19	79.23	76.59
60	深圳市中瀛鑫科技股份有限公司	76.25	84.63	68.89	76.59
61	尚亚电子科技（深圳）有限公司	85.97	79.15	63.89	76.34
62	深圳市英特安防实业有限公司	70.23	78.16	79.98	76.12
63	深圳领航员数码技术有限公司	62.56	83.95	80.23	75.58
64	深圳领标科技开发有限公司	66.83	77.23	81.29	75.12
65	深圳市客方科技有限公司	72.83	70.46	80.56	74.62
66	深圳市宙视达科技有限公司	79.75	80.26	62.56	74.19
67	深圳市永辉乐科技有限公司	64.32	79.89	78.06	74.09
68	中星电子股份有限公司	59.89	82.46	77.08	73.14
69	深圳市施瑞安科技有限公司	82.79	71.24	64.23	72.75
70	兆赫电子股份有限公司	62.78	75.65	79.56	72.66
71	杭州开锐微视数字技术有限公司	75.02	71.49	71.06	72.52
72	深圳市丰巨泰科电子有限公司	73.98	73.98	69.56	72.51
73	锡安数码技术有限公司	76.45	84.56	56.32	72.44

续表

排名	名称	iBrand	iSite	iPower	综合得分
74	深圳市佳信捷技术股份有限公司	68.75	71.56	75.19	71.83
75	北京蛙视通信技术股份有限公司	59.87	80.42	75.18	71.82
76	南京杰迈视讯科技有限公司	69.86	78.14	65.23	71.08
77	深圳市德盟科技有限公司	66.02	76.21	70.26	70.83
78	深圳市中天防爆科技有限公司	71.93	73.56	65.12	70.20
79	深圳市中安合正科技有限公司	62.89	67.49	80.19	70.19
80	南京希博伦安防科技有限公司	69.89	79.31	60.25	69.82
81	佛山市华电智能通信科技有限公司	69.21	80.98	59.12	69.77
82	欧普罗科技股份有限公司	53.89	74.23	81.06	69.73
83	深圳市乐荣易安全安防科技有限公司	56.29	86.23	65.09	69.20
84	深圳市威鑫视界科技有限公司	78.57	71.46	57.16	69.06
85	深圳市富视康实业发展有限公司	75.03	71.56	60.32	68.97
86	宜兴市普天视电子有限公司	65.89	81.26	58.12	68.42
87	深圳尼恩光电技术有限公司	68.89	77.19	57.12	67.73
88	深圳市中安视科技有限公司	65.34	66.45	70.59	67.46
89	天津汇讯视通科技有限公司	69.79	71.45	60.56	67.27
90	深圳市海思达数字技术有限公司	61.89	76.32	63.45	67.22
91	深圳市富泓电子有限公司	65.86	81.32	54.21	67.13
92	深圳市九天实业发展有限公司	71.98	72.49	56.56	67.01
93	深圳市狮安联讯科技有限公司	66.89	75.73	58.32	66.98
94	北京和普威视科技股份有限公司	55.23	80.52	64.89	66.88
95	深圳市碧玺电子设备有限公司	63.21	79.23	55.46	65.97
96	深圳市威视特光电科技有限公司	61.08	79.25	55.23	65.19
97	深圳市卓创杰科技有限公司	56.32	78.25	60.98	65.18
98	深圳市海清视讯科技有限公司	58.34	71.12	61.23	63.56
99	北京天敏视讯科技有限责任公司	50.09	75.98	56.89	60.99
100	云南宸融科技有限公司	53.89	50.46	59.23	54.53

智能化带来新亮点，提高性能是刚需

  网络摄像机品牌企业在持续为安防监控领域创新的同时，也开始针对智能家居推出家庭版产品，这类产品将满足未来更加广阔的市场需求，成为新的增长点。

  综合来看，未来网络摄像机的发展将着重几个方面：高分辨率、提高压缩算法、网络监控云端化、民用化、平台整合、功能丰富多样化、更加规范和标准化。当然，一个总的前提是必须保证自身的安全性。在提高产品质量的前提之下，面向不同的领域进行全方位、多面化的发展创新，一方面根据市场需求及时调整战略，另一方面，搭乘"互联网+"列车，开启互联网视觉下的全新产业时代。

结语

目前国内品牌企业无论在核心技术的掌握和革新方面，还是在本土市场的占有比例上都有非常大的优势，与欧美等海外品牌相比具有较强竞争力，作为一个软件和硬件相结合的产业，加强产业间的协作和技术研发，努力拓展企业版图将成为网络摄像机产业发展的首要任务。

2015互联网+智慧家庭解决方案提供商TOP100

手机一键控制照明设备、监控室内安全、操控智能家居显然已经不是痴人说梦。到家前热水备好、饭煮好、菜解冻、温度调好、下雨不再担心没关窗户、出差不必想念没喂食的鱼。大带宽室内网络和丰富的应用载体，物联网、大数据以及云计算完全可以做到家庭中人与物体的互通，形成更加智能、舒适、安全、低碳的生活方式，这就是智慧家庭。自从2013年微软进军智能家居后，谷歌收购了nest，苹果发布HomeKit。海尔等企业能够直接推出整体的智慧家庭解决方案，有一种"有你在，就天不怕地不怕"的安心感。

这个极具潜力的新兴市场其实已经进入蓝海时代，从综合布线、楼宇自控、楼宇对讲、检测系统、智能家居、IBMS、防盗警报、门禁系统、停车场系统、摄像头设备、显示控制、图像记录、照明控制系统等多个方面涌现出很多优秀的解决方案提供商，本榜单依据多个维度对以上类别中的互联网+智慧家庭解决方案提供商进行评价。

2015互联网+智慧家庭解决方案提供商TOP100

排名	名称	iBrand	iSite	iPower	综合得分
1	西门子	75.28	97.06	98.00	95.54
2	施耐德电气	85.41	92.41	97.71	95.42
3	青岛海尔	72.41	97.37	96.26	94.10
4	海康威视	91.00	97.99	93.07	93.85
5	三星	73.13	92.72	96.84	93.65
6	康普	72.50	91.48	97.13	93.54
7	安居宝	71.05	86.21	98.58	93.35
8	霍尼韦尔	78.56	85.90	97.42	93.23

续表

排名	名称	iBrand	iSite	iPower	综合得分
9	视得安罗格朗	57.86	87.45	98.29	92.08
10	美国西蒙电气	62.17	88.07	96.55	91.42
11	华为	72.03	86.83	95.10	91.14
12	捷顺	62.25	89.62	95.68	91.13
13	中兴	84.58	94.89	90.17	90.56
14	同方	83.91	91.17	90.75	90.15
15	TCL	91.00	96.75	88.14	90.15
16	博世	71.76	92.10	91.91	89.93
17	索尼	84.06	82.80	92.49	89.71
18	大华股份	75.37	96.44	89.59	89.54
19	快思聪	72.66	81.56	93.36	88.93
20	新和创	72.20	72.36	95.97	88.87
21	松下	68.04	80.01	94.23	88.77
22	Control4	86.02	93.03	87.85	88.70
23	慧锐通	71.43	87.45	91.04	88.36
24	冠林	71.48	84.97	91.62	88.28
25	江森自控	56.67	79.08	94.52	87.65
26	河东电子	61.48	72.36	95.39	87.39
27	狄耐克	61.64	77.84	93.65	87.29
28	德特威勒	71.05	81.25	91.33	87.29
29	立林	61.04	72.36	94.81	86.94
30	台达	61.08	89.31	89.88	86.89
31	ABB振威	86.52	93.65	84.08	86.24
32	飞利浦	74.61	95.51	84.95	86.03
33	泰科	81.31	72.36	90.46	85.93
34	美电贝尔	62.84	72.36	92.78	85.70
35	佳乐	51.92	72.36	93.94	85.42
36	同方泰德	81.67	93.34	83.50	85.29
37	达实信息	61.21	72.36	92.20	85.13
38	HID	71.76	82.49	87.56	84.97
39	麦驰	61.41	94.58	85.24	84.73
40	柯蒂	64.75	89.93	85.82	84.54
41	立维腾	87.28	96.13	80.60	84.37
42	宇视科技	71.10	83.11	86.11	84.01
43	立方	65.43	74.12	89.30	83.88
44	英飞拓	62.71	93.96	83.79	83.72
45	普天天纪	64.46	76.29	88.43	83.61
46	中控仪表	68.23	72.36	89.01	83.60

排名	名称	iBrand	iSite	iPower	综合得分
47	瑞讯科技	68.94	72.36	88.72	83.47
48	耐克森	64.09	76.60	87.27	82.82
49	泛达	85.34	89.31	80.31	82.61
50	ABB	64.48	79.39	85.53	82.20
51	罗森伯格	72.21	78.46	84.37	81.97
52	蓝卡	73.94	82.18	82.92	81.87
53	英格索兰	71.78	75.36	84.66	81.51
54	中创立方	65.59	84.66	82.63	81.33
55	天地伟业	61.12	72.36	86.69	81.27
56	星光楼宇	55.65	74.74	86.40	80.99
57	新基点	67.37	90.86	80.02	80.92
58	中控科技	67.38	85.28	81.18	80.62
59	GVS视声	42.41	75.98	86.98	80.32
60	泰豪	72.54	78.15	81.76	80.12
61	宝信软件	62.31	88.38	79.15	79.31
62	红门科技	61.12	78.77	81.47	78.90
63	科达科技	64.93	95.20	75.67	78.50
64	腾龙	82.43	80.32	77.41	78.49
65	车安科技	71.80	72.36	80.89	78.28
66	科拓股份	51.41	85.59	79.73	78.07
67	汉邦高科	71.44	86.52	76.54	78.03
68	富士智能	59.97	72.36	82.05	77.90
69	夜狼	71.02	83.73	77.12	77.83
70	路创金域	36.08	94.27	78.86	77.66
71	锐高	73.55	90.55	74.51	77.62
72	瑞立德	55.03	72.36	82.34	77.61
73	欧品	42.01	72.36	83.21	76.92
74	雷士	75.03	88.69	73.64	76.79
75	一路	91.00	72.36	75.38	76.34
76	同方锐安	64.64	72.36	78.28	75.73
77	保千里	69.41	84.04	73.93	75.50
78	上海银欣	51.88	95.82	72.48	75.09
79	西安协同	55.71	72.36	78.57	75.04
80	LG安防	54.46	97.68	71.32	74.91
81	景阳科技	56.20	77.22	76.83	74.85
82	英特韦特	52.35	80.94	76.25	74.80
83	莱得圣	47.13	72.36	79.44	74.79
84	德国倍福	61.50	87.14	72.77	74.52

续表

排名	名称	iBrand	iSite	iPower	综合得分
85	上海格瑞特	53.71	72.36	77.99	74.44
86	豪恩安防	51.57	83.42	75.09	74.40
87	枫叶	82.94	77.53	72.19	74.33
88	万侨鸿科技	53.36	72.36	77.70	74.20
89	天敏	73.12	90.24	69.58	74.07
90	派尔高	61.22	91.79	70.45	73.80
91	力维	71.54	75.67	73.35	73.63
92	宏电	72.33	84.35	69.87	73.01
93	精华隆	56.18	74.43	74.80	72.86
94	时刻防盗	54.42	79.70	73.06	72.52
95	福科斯	61.79	81.87	71.03	72.27
96	亚司艾	43.72	72.36	75.96	72.02
97	科立信	61.93	75.05	71.61	71.33
98	金三立	67.83	76.91	70.16	71.28
99	上海希音	41.61	72.36	74.22	70.59
100	明景	64.38	72.36	70.74	70.43

海尔是传统企业向互联网转型进程中的标杆，早已从传统家电制造商转型U+开放平台，从硬件厂商转向用户和数据的经营，开放的2B的平台，可以接入采用同一规范的其他品牌的产品，做大型的物联网家电。针对非智能化的产品，也可以基于WIFI、ZigBee、BT的产品进行联动，在智能家居方面占据绝对优势。

当然，智能家居不等于智慧家庭。从门锁到照明灯光，从门到窗帘，不一而足，不论置身何地，都能随时随地掌控无忧。比如探测光照强度的窗帘，检测家庭空气中有害成分的智能硬件，监视周边安全情况的摄像头都是智慧家庭中的元素，同时信息技术也是重要的标准，完成从自控到遥控的跨越。再如榜单中的海康威视（综合监控解决方案曾应用于2008年北京奥运会、2012年世博会和2014年巴西世界杯）、安居宝（传统安防设备公司现已应用于智慧云停车）、太极公司（系统集成，也服务于政府以及国家的场馆建设）、大华股份（显示控制及视频智能分析，广泛用于公交系统）等国有企业均在全球领先。智慧家庭，以小见大，我们即将预见到我国智能化发展会使现在眼前的世界改头换面，也让世界因为我们万象更新。

或许目前智慧家庭还未全面普及，但当伟大的产品诞生，满足市场也迎合需求，你是会过未来感十足的智能生活，还是，安于现状？

答案自在人心。

2015互联网+知名医院TOP100

我们已经看到了一批在"互联网+医疗"上崭露头角的企业，借助互联网、大数据、线上问诊开展业务（疾病预防、私家医生、远程会诊、网络医疗、健康体检等），受到投资者的关注。而在其背后对接的平台，则是目前的知名医院，在众多平台上所能提供的医疗资源（医师、服务等）也不尽相同，各医院在专科领域、服务水平也略有不同。为此我们收集整理了各知名医院的互联网化水平，希望体现的不仅是医疗和互联网，而更是部分知名医院作为独立特殊机构的发展愿景+无限可能。

2015互联网+知名医院TOP100

排名	名称	iBrand	iSite	iPower	综合得分
1	北京协和医院	90.32	86.28	97.42	91.34
2	四川华西医院	92.22	83.70	96.89	90.94
3	北京301医院	91.45	82.22	94.99	89.56
4	上海瑞金医院	83.76	85.11	96.51	88.46
5	北大人民医院	91.56	79.36	92.37	87.76
6	西京医院	93.05	78.93	86.50	86.16
7	上海华山医院	91.63	82.74	78.85	84.41
8	武汉同济医院	93.29	72.85	84.38	83.51
9	交大一附院	89.11	79.16	78.66	82.31
10	北京阜外医院	88.78	81.31	75.56	81.88
11	郑大一附院	82.50	77.19	85.25	81.64
12	哈医大一院	81.62	81.05	80.06	80.91
13	首都儿科研究所	84.87	76.51	77.27	79.55
14	北京医院	82.07	83.68	70.79	78.85
15	复旦大学儿科医院	75.84	82.52	75.52	77.96
16	中日友好医院	82.06	68.80	80.67	77.18
17	武汉协和医院	82.66	83.14	63.45	76.42
18	上海长海医院	83.20	82.07	60.36	75.21
19	重庆医大第一医院	81.48	81.57	61.89	74.98
20	北京友谊医院	72.31	76.75	70.59	73.22
21	重庆西南医院	82.86	72.64	61.69	72.40
22	武汉人民医院	81.59	71.18	64.29	72.35
23	北大口腔医院	76.92	78.97	59.95	71.94
24	中山二院	73.43	74.46	67.37	71.75

续表

排名	名称	iBrand	iSite	iPower	综合得分
25	广东省人民医院	63.59	83.22	68.40	71.74
26	北医三院	71.57	82.38	57.64	70.53
27	浙大一院	71.62	82.52	55.33	69.82
28	上海红房子妇产科医院	62.36	81.44	64.40	69.40
29	中南湘雅二医院	72.32	81.03	52.79	68.71
30	北京中医院	71.11	82.12	52.10	68.44
31	中山一院	72.29	75.77	55.66	67.91
32	北京广安门医院	67.66	72.60	63.34	67.86
33	安徽省立医院	72.32	71.12	58.12	67.19
34	上海中山医院	62.78	82.19	53.20	66.06
35	北京第一医院	71.66	73.33	50.97	65.32
36	苏大附一院	71.64	72.37	50.55	64.85
37	北京同仁医院	67.14	72.93	51.78	63.95
38	南京鼓楼医院	67.67	63.53	60.35	63.85
39	中国医大二院	68.20	64.05	55.06	62.44
40	北京宣武医院	66.22	71.12	44.69	60.68
41	上海新华医院	70.22	69.22	40.68	60.04
42	中山肿瘤医院	60.52	62.28	55.38	59.39
43	上海第六人民医院	64.60	60.67	51.51	58.93
44	湘雅医院	67.56	66.54	41.82	58.64
45	上海仁济医院	56.45	69.32	49.09	58.29
46	浙医二院	58.66	66.27	49.76	58.23
47	南京军区医院	61.31	62.98	48.86	57.72
48	上海市肺科医院	61.28	59.10	52.71	57.70
49	北京积水潭医院	53.92	56.88	60.74	57.18
50	武汉大学口腔医院	61.56	68.08	41.14	56.93
51	中国医学学科血液研究所	62.01	66.61	42.07	56.90
52	北京大学第六医院	51.06	62.25	56.88	56.73
53	重庆大坪医院	56.04	60.15	53.46	56.55
54	中山眼科医院	56.90	61.08	51.56	56.51
55	上海长征医院	61.63	58.73	48.74	56.37
56	北京肿瘤医院	53.20	67.22	47.92	56.11
57	北京天坛医院	61.50	60.23	46.29	56.01
58	江苏省人民医院	62.31	54.13	51.48	55.97
59	山东省立医院	52.93	58.70	55.69	55.77
60	南方医院	61.15	64.18	40.58	55.30
61	吉大一院	61.65	60.82	43.42	55.30
62	西北医院	61.30	56.17	47.55	55.01

排名	名称	iBrand	iSite	iPower	综合得分
63	医科院肿瘤医院	55.00	59.02	50.56	54.86
64	天津医科总医院	54.25	62.96	46.80	54.67
65	安徽医科大学第一附属医院	54.70	67.22	41.79	54.57
66	上海第一人民医院	54.82	59.85	47.12	53.93
67	山东齐鲁医院	56.82	57.77	47.10	53.90
68	上海市儿童医院	58.85	53.95	48.85	53.88
69	上海市精神卫生中心	49.79	61.88	49.62	53.77
70	中国医学科学院皮肤病研究所	59.09	61.83	40.08	53.67
71	广州妇女儿童医疗中心	54.60	60.91	45.17	53.56
72	四川省人民医院	53.31	56.62	50.58	53.50
73	北京西苑医院	54.91	60.46	44.47	53.28
74	中国医学科学院整型外科医院	55.52	60.00	44.28	53.27
75	沈阳医大一院	56.51	58.10	44.97	53.19
76	上海市胸科医院	48.23	55.17	55.88	53.09
77	浙江大学医学院附属妇科医院	45.48	54.19	59.45	53.04
78	上海东方肝胆医院	45.63	63.36	49.89	52.96
79	北京地坛医院	45.37	54.53	58.62	52.84
80	重庆新桥医院	42.07	57.28	57.05	52.13
81	北京世纪坛医院	42.46	62.53	51.16	52.05
82	甘肃省人民医院	42.26	61.30	52.55	52.03
83	北京博爱医院	51.12	59.45	45.37	51.98
84	解放军302医院	51.92	57.30	46.56	51.93
85	华西口腔医院	47.08	66.27	42.38	51.91
86	青海省人民医院	44.76	56.15	54.64	51.85
87	上海华东医院	51.10	57.58	46.63	51.77
88	北京佑安医院	48.43	56.57	49.60	51.53
89	南京脑科医院	51.11	46.68	56.77	51.52
90	沈阳军区总医院	51.19	58.86	44.41	51.49
91	天津医科大学第二医院	51.00	58.55	44.35	51.30
92	天津市人民医院	52.91	56.08	44.71	51.23
93	上海第九人民医院	54.11	46.70	52.88	51.23
94	广西医大一院	52.40	56.47	44.26	51.04
95	浙江省肿瘤医院	51.06	57.64	44.15	50.95
96	黑龙江省肿瘤医院	51.52	56.81	42.85	50.39
97	西安医学院第二附属医院	45.71	57.38	47.73	50.27
98	山东肿瘤医院	44.09	53.42	52.71	50.07
99	贵州省红十字医院	47.62	57.39	45.08	50.03
100	昆华医院	42.27	66.35	41.46	50.03

在调查中我们发现，许多区域性知名医院，已展开医疗联合体，通过互联网让医疗资源得到合理的分配，实现小病在基层、大病在总院的目的；真正解决老百姓就近看病问题，让基层百姓切实分享到优质、实惠的医疗资源。

同时，我们也看到了一些不足。许多医院在开展医疗信息化建设，呈现区域性"抱团"，在信息流通上还存在壁垒，没有达到互联网所提倡的透明、公开的原则。甚至有些知名医院的网站建设，还停留在原始的信息公布阶段，对于线上的问诊、挂号等互联网所诉求的基本功能尚不具备。

虽然互联网+在实体医院层级上的发展，还不能像新兴企业那样"大刀阔斧"，但变革之潮已明显开始。暗流涌动，会使几年后的面貌和格局大变。今后的行业领导者，必始于今朝。

2015互联网+知名中学TOP100

近日，萨尔曼·可汗的在线教学颠覆了美国教育的事迹为大家所议论，同时也让人们引以反思，在互联网时代，我国的基础教育将如何借助互联网实现突破试发展。

在我国，优秀中学教育资源分布不均，如何让教育资源活化起来是一个大的课题。教育现代化、教育信息化的理念已经提出许久，各方也在大力推进"三通两平台"建设，即实现宽带网络校校通、优质资源班班通、网络学习空间人人通；建设教育资源公共服务平台和教育管理公共服务平台。

2015互联网+知名中学排行榜

排名	名称	iBrand	iSite	iPower	综合得分
1	北京大学附属中学	97.50	92.28	91.08	93.62
2	人民大学附属中学	91.89	87.43	96.98	92.10
3	华南师范大学附属中学	88.86	89.33	93.79	90.66
4	北京市第四中学	91.29	87.06	90.58	89.64
5	湖北黄冈中学	92.82	94.63	80.49	89.31
6	北京一零一中学	84.85	91.83	88.46	88.38
7	清华大学附属中学	91.75	92.04	81.07	88.29

排名	名称	iBrand	iSite	iPower	综合得分
8	华中师范大学第一附属中学	91.70	90.25	82.70	88.22
9	首师范大学附属中学	89.65	84.29	89.99	87.97
10	青岛第二中学	94.11	92.54	76.20	87.62
11	江苏省启东中学	91.12	83.64	85.37	86.71
12	南京外国语学校	91.01	91.76	76.26	86.34
13	复旦大学附属中学	85.58	83.77	85.50	84.95
14	中山纪念中学	85.34	81.05	83.50	83.30
15	北京师范大学附属实验中学	94.11	87.86	67.25	83.07
16	山东省实验中学	91.61	84.18	71.26	82.35
17	河南省实验中学	91.69	76.78	78.36	82.28
18	山东淄博实验中学	92.67	81.22	72.82	82.23
19	北京市十一学校	82.30	83.70	80.65	82.22
20	上海中学	92.17	75.82	78.39	82.13
21	厦门第一中学	95.81	75.53	74.40	81.91
22	长沙市雅礼中学	84.62	92.29	65.34	80.75
23	北京景山学校	87.97	73.65	79.36	80.33
24	合肥一六八中学	91.42	76.63	72.86	80.30
25	北京八一学校	87.93	71.97	80.08	79.99
26	北京汇文中学	79.79	92.59	67.25	79.88
27	河北衡水中学	81.94	77.43	79.84	79.74
28	成都市第七中学	71.56	82.72	84.08	79.45
29	福建师大附中	78.35	81.79	78.05	79.40
30	武汉外国语学校	91.04	76.40	70.23	79.22
31	宁波市镇海中学	83.49	71.22	78.94	77.88
32	深圳中学	87.79	76.33	68.54	77.55
33	江苏省苏州中学	81.72	81.93	68.13	77.26
34	湖南麓山国际实验学校	89.59	68.23	73.45	77.09
35	上海市南洋模范中学	82.94	81.26	66.74	76.98
36	江西师范大学附属中学	85.08	79.62	66.22	76.97
37	重庆市巴蜀中学	81.43	72.10	75.34	76.29
38	北京市第八中学	85.33	83.76	57.29	75.46
39	重庆市第一中学	83.76	72.97	69.27	75.33
40	四川绵阳东辰国际学校	87.07	75.18	63.64	75.30
41	北京朝阳外国语学校	81.04	67.71	76.21	74.99
42	四川绵阳中学	85.06	79.47	60.38	74.97
43	泉州市第五中学	72.83	81.97	69.06	74.62
44	石家庄市第二中学	78.81	63.90	79.95	74.22
45	江西省临川第一中学	79.73	81.03	61.48	74.08

续表

排名	名称	iBrand	iSite	iPower	综合得分
46	成都外国语学校	79.86	81.37	60.46	73.90
47	北京第三十五中学	85.39	73.81	62.22	73.81
48	河南省开封高级中学	81.47	77.32	59.68	72.82
49	安徽师范大学附属中学	86.52	72.92	58.75	72.73
50	华东师范大学第二附属中学	71.03	82.08	60.83	71.31
51	衡水市第二中学	72.33	73.85	66.86	71.01
52	合肥市第一中学	79.52	81.12	50.19	70.28
53	杭州第二中学	85.30	71.12	53.33	69.92
54	东北育才中学	81.11	81.21	44.77	69.03
55	厦门双十中学	68.13	75.55	62.34	68.67
56	东莞市东华高级中学	71.22	66.73	67.34	68.43
57	天津市南开中学	76.51	73.76	54.46	68.24
58	海南中学	74.52	73.64	56.51	68.22
59	北京师范大学第二附属中学	74.96	63.23	65.41	67.87
60	北京第八十中	73.96	71.53	56.89	67.46
61	武汉市第二中学	71.29	76.51	54.50	67.43
62	湖北省武钢三中	71.82	76.09	54.09	67.33
63	温州乐成寄宿中学	72.00	71.29	58.67	67.32
64	湖北襄阳市第四中学	73.78	72.65	54.25	66.89
65	广东培正中学	77.82	75.22	46.41	66.48
66	广东广州第六中学	72.56	69.34	57.22	66.37
67	乌鲁木齐市第一中学	77.77	77.40	42.36	65.84
68	杭州外国语学校	71.74	69.18	55.88	65.60
69	新疆生产建设兵团第二中学	74.46	71.36	50.42	65.41
70	长沙市长郡中学	78.09	72.73	44.99	65.27
71	济南市历城第二中学	71.06	71.46	52.95	65.16
72	西安市高新第一中学	55.12	71.80	67.84	64.92
73	北京二中	71.77	65.32	57.16	64.75
74	吉林大学附属中学	74.48	75.13	44.43	64.68
75	银川市第一中学	75.04	77.39	40.91	64.45
76	襄阳市第五中学	76.12	72.87	43.77	64.25
77	郑州市第一中学	78.70	64.99	47.53	63.74
78	重庆市第八中学	75.94	63.29	51.61	63.61
79	西北师范大学附属中学	71.44	63.21	54.57	63.07
80	哈尔滨市第三中学	72.00	74.06	41.86	62.64
81	广东佛山一中	71.36	67.86	48.04	62.42
82	山东寿光现代中学	71.65	68.03	46.76	62.15
83	宁波慈溪中学	69.17	71.87	45.00	62.01

排名	名称	iBrand	iSite	iPower	综合得分
84	江苏省扬州中学	71.30	65.57	48.76	61.88
85	贵阳市第一中学	63.59	73.80	46.97	61.45
86	湖南师范大学附属中学	61.45	78.76	42.69	60.97
87	呼和浩特市第二中学	58.09	77.36	47.44	60.96
88	浙江省温州中学	66.36	71.25	44.71	60.77
89	江苏常州高级中学	58.85	70.00	52.19	60.35
90	西北工业大学附属中学	59.14	72.01	49.08	60.08
91	山东师范大学附属中学	58.50	78.29	42.98	59.92
92	六安第一中学	56.15	72.21	50.94	59.77
93	南京金陵中学	56.69	79.44	43.15	59.76
94	郑州外国语学校	63.47	66.52	49.29	59.76
95	东北师范大学附属中学	59.26	74.44	45.50	59.73
96	西安市铁一中学	57.53	74.34	46.69	59.52
97	重庆市南开中学	60.38	77.15	40.68	59.40
98	杭州学军中学	47.99	71.47	58.48	59.31
99	四川省雅安中学	47.55	71.05	59.06	59.22
100	太原市第五中学	51.75	72.80	52.61	59.05

按照相关规划（《2015年教育信息化工作要点》），2015年内我国将基本完成全国中小学的互联网接入，实现各级各类学校互联网全覆盖，其中宽带接入比例达50%以上。基本实现每校至少拥有一套多媒体教学设备，基本实现各级各类学校拥有网络教学和学习环境。

现在以至将来的中学生越来越多的要伴随着网络成长，互联网有利于拓宽学生思维和行为空间。同时也给涉世未深、价值观尚未定型、辨别能力较差、缺乏抵御力的中学生带来了较大的消极影响，这需要家长和老师的教育、网络监管机构的监督。

当然，互联网在教育上也有着自身的优势，无论在推广模式还是在服务内容上。比如，互联网教育可引入视频、音频、动画、图片，并创立在线互动、模拟课堂、线上答疑等多种立体学习和资源传播模式。相比，传统教辅出版机构多为纸质图书，提供的都是一次性服务内容，而互联网教育却能为用户提供多次、延续的服务内容。

教育正在经历转型，从原来注重老师的"教"，到现在注重学生的"学"。在这一过程中，互联网发挥了积极的促进作用。而不管怎么变，处于哪个阶段，教育始终要以人为本。强调管理的人性化和学习的体验性。

2015互联网+博物馆TOP100

提到博物馆，可能很多人首先想到的便是解说员呆板犹如背书的讲解、昏暗低沉压抑的氛围、冰冷的陈列柜与充满距离感的展品，这些都让博物馆同公众之间的距离在无形中加强。尽管如今国内很多公立博物馆开始实现免费参观，但这些问题仍旧没有得到改善。近年来，随着互联网不断深入使得博物馆这个充满古朴气息的行业，有了一丝新鲜的气息。博古通今，似乎正逐渐成为博物馆们努力发展的方向。

2015互联网+博物馆TOP100

排名	名称	iBrand	iSite	iPower	综合得分
1	故宫博物院	95.87	98.78	98.67	97.77
2	中国国家博物馆	98.50	97.12	97.23	97.62
3	上海博物馆	98.23	95.31	98.39	97.31
4	首都博物馆	96.25	95.88	96.32	96.15
5	南京博物院	95.03	92.89	97.37	95.10
6	陕西历史博物馆	95.12	94.28	95.44	94.95
7	河南博物院	94.11	91.57	94.88	93.52
8	湖南省博物馆	92.14	91.80	95.00	92.98
9	北京自然博物馆	90.68	93.20	93.92	92.60
10	中国科学技术馆	88.42	96.33	92.10	92.28
11	上海科技馆	97.56	96.20	82.45	92.07
12	苏州博物馆	93.03	90.18	90.39	91.20
13	浙江省博物馆	90.62	90.22	92.48	91.11
14	中国人民抗日战争纪念馆	94.56	94.00	83.17	90.58
15	湖北省博物馆	91.90	89.26	89.09	90.08
16	秦始皇帝陵博物院	91.76	88.12	90.21	90.03
17	侵华日军南京大屠杀遇难同胞纪念馆	92.04	86.56	86.58	88.39
18	山东博物馆	89.68	92.45	81.98	88.04
19	吉林省自然博物馆	82.52	98.25	81.17	87.31
20	山西博物院	83.90	82.37	95.27	87.18
21	辽宁省博物馆	79.57	86.49	94.76	86.94
22	孙中山故居纪念馆	90.44	82.43	87.25	86.71
23	天津博物馆	92.00	78.26	88.46	86.24
24	重庆中国三峡博物馆	85.00	76.59	96.64	86.08
25	中国人民革命军事博物馆	91.88	75.49	90.82	86.06

排名	名称	iBrand	iSite	iPower	综合得分
26	河北省博物馆	84.05	85.49	87.85	85.80
27	甘肃省博物馆	95.36	88.59	71.89	85.28
28	广东省博物馆	90.75	75.23	89.66	85.21
29	福建博物院	68.36	97.36	89.72	85.15
30	中国地质博物馆	89.62	76.45	88.39	84.82
31	八路军太行纪念馆	80.70	87.66	86.07	84.81
32	深圳博物馆	89.85	89.17	74.21	84.41
33	中国煤炭博物馆	83.22	84.88	84.34	84.15
34	郑州博物馆	80.81	89.35	82.21	84.12
35	北京天文馆	94.23	92.16	65.93	84.11
36	南昌八一起义纪念馆	86.20	79.12	86.66	83.99
37	宁波博物馆	89.78	87.15	74.69	83.87
38	中国航空博物馆	90.36	75.19	85.94	83.83
39	南通博物苑	87.18	84.50	79.30	83.66
40	天津自然博物馆	86.30	84.11	80.35	83.59
41	旅顺博物馆	92.04	76.16	82.34	83.51
42	西安博物院	86.14	81.00	83.24	83.46
43	西安碑林博物馆	89.50	78.56	81.32	83.13
44	自贡恐龙博物馆	83.96	83.22	80.31	82.50
45	武汉市博物馆	81.15	77.58	88.05	82.26
46	井冈山革命博物馆	83.55	78.35	84.81	82.24
47	海南省博物馆	82.63	90.10	73.58	82.10
48	西汉南越王博物馆	83.38	77.89	84.72	82.00
49	沈阳"九·一八"历史博物馆	91.81	75.32	78.52	81.88
50	四川广汉三星堆博物馆	79.52	78.49	87.59	81.87
51	黑龙江省博物馆	88.00	74.10	82.64	81.58
52	新疆维吾尔自治区博物馆	81.03	82.71	80.58	81.44
53	韶山毛泽东同志纪念馆	81.56	77.41	85.28	81.42
54	江西省博物馆	85.76	73.80	84.25	81.27
55	青岛市博物馆	73.76	83.69	86.25	81.23
56	上海鲁迅纪念馆	78.44	81.39	83.72	81.18
57	荆州博物馆	82.37	72.39	88.34	81.03
58	浙江自然博物馆	79.28	88.31	75.28	80.96
59	周恩来邓颖超纪念馆	83.71	72.96	85.06	80.58
60	内蒙古博物院	80.70	70.87	89.88	80.48
61	成都武侯祠博物馆	80.89	85.13	72.13	79.38
62	延安革命纪念馆	84.80	77.56	75.37	79.24
63	中国丝绸博物馆	82.27	79.85	74.86	78.99

续表

排名	名称	iBrand	iSite	iPower	综合得分
64	四川博物院	84.19	73.08	79.66	78.98
65	沈阳故宫博物院	88.54	83.41	64.15	78.70
66	西柏坡纪念馆	82.70	72.45	80.27	78.47
67	北京鲁迅博物馆	79.57	69.58	85.33	78.16
68	西藏博物馆	89.50	74.87	69.50	77.96
69	古田会议纪念馆	81.01	71.89	79.88	77.59
70	中共一大会址纪念馆	84.89	73.59	74.26	77.58
71	邓小平故居陈列馆	81.22	72.11	79.00	77.44
72	中国农业博物馆	78.52	69.13	83.09	76.91
73	成都金沙遗址博物馆	74.85	79.23	76.28	76.79
74	西安半坡博物馆	79.39	76.27	74.48	76.71
75	青州市博物馆	65.56	77.42	87.02	76.67
76	扬州博物馆	80.74	71.00	78.25	76.66
77	汉阳陵博物馆	81.28	81.23	67.24	76.58
78	成都杜甫草堂博物馆	75.19	79.01	74.63	76.28
79	南京市博物馆	89.42	74.26	63.88	75.85
80	抗美援朝纪念馆	96.00	64.00	65.55	75.18
81	周口店猿人遗址博物馆	79.18	69.34	76.10	74.87
82	广西壮族自治区博物馆	66.98	67.28	89.36	74.54
83	孔庙和国子监博物馆	71.52	87.42	64.27	74.40
84	宁夏博物馆	80.91	71.36	70.35	74.21
85	安徽博物院	63.22	79.56	78.22	73.67
86	辛亥革命武昌起义纪念馆	84.53	73.26	62.55	73.45
87	中国闽台缘博物馆	66.41	66.59	86.30	73.10
88	东北烈士纪念馆	68.36	67.59	81.45	72.47
89	福建省泉州海外交通史博物馆	66.93	67.10	83.22	72.42
90	遵义会议纪念馆	72.73	68.54	75.49	72.25
91	河姆渡遗址博物馆	67.54	85.78	63.29	72.20
92	中国甲午战争博物馆	69.50	68.22	78.40	72.04
93	吉林省博物院	66.40	66.43	82.78	71.87
94	华侨博物院	76.31	68.88	66.96	70.72
95	黑龙江省黑河市瑷珲历史陈列馆	60.36	66.22	80.14	68.91
96	南阳汉画馆	57.25	65.70	83.67	68.87
97	大庆铁人王进喜纪念馆	50.38	64.33	91.89	68.87
98	北京古代建筑博物馆	55.68	86.27	64.39	68.78
99	中央革命根据地历史博物馆	52.78	65.23	79.49	65.83
100	固原博物馆	53.21	65.23	78.58	65.67

在借助互联网发展博物馆事业与普及博物馆知识这件事上，国内做得最好的要数故宫博物院了。作为国内甚至是世界博物馆行业的翘楚，故宫博物院早在2012年便开始了同互联网接触的尝试。在"数字故宫"的建设与探索上，他们计划用三年时间，通过立体、多元、全面的信息化手段，使故宫文化融入人们的日常生活。如今三年过去了，"数字故宫"的建设已然成为了国内互联网+博物馆的一个成功样板。

目前，故宫博物院已经自主研发并上线了6款故宫主题的APP应用软件，仅"每日故宫"这一款APP的下载量便已经达到了10万，这对于一个传统行业来说，无疑是成功的。这些APP的诞生，是古老的故宫焕发了不一样的新的活力，通过这种更接地气的方式，是每个普通人近距离地接触到那些以往只存在于图片与展柜中的藏品，通过互联网变得"触手可及"。同时，"故宫出品"的出现，也为国内同行们提供了一个极为可行的发展方向。通过故宫官方出品的周边纪念品的贩卖来达到故宫文化的广泛传播，这种纪念品的品位，显然比景区外小商贩中来自义乌的所谓"纪念品"不知道要高到哪里去了。然而这种销售并不只是简单的线下铺货，在淘宝，故宫开设了自己的淘宝店，如今已经是一家"五皇冠"级店铺，这对于专业的淘宝卖家来说也是一个十分难以达到的目标。

但是，故宫这种同互联网的接触可以说还处于初级阶段。由于移动互联网、虚拟现实技术、增强现实技术等一系列科技手段的不断进步，在未来，博物馆完全可以在传统内容与互联网技术的结合上创造出更多可能。譬如远在成都的金沙遗址博物馆正在实施的增强现实项目便可视为国内博物馆的蓝图：他们通过增强现实技术的运用，将3000多年前金沙文化展示在参观者面前，并配以3D视镜，使之展现得更为立体。

当我国的民众们，在某一天从外地旅游归来，向人们展示与炫耀的不再是又买了多少昂贵的纪念品，又拍了多少标准游客照，又吃到了多少奇特的山珍与海味，而是向人们娓娓道来那个地方的风土人情、历史文化，博物馆中的那些稀世珍藏、美术馆中那些色彩故事。这时候，也才真正标志着一个有着五千年文明历史的大国已经复兴。

 # 2015互联网+图书馆TOP100

早在公元前3000年，巴比伦神庙就有着收藏记载各类事件胶泥版的传统，这可以算作是图书馆的滥觞。在我国，尽管图书收藏的历史十分悠久，但人们往往称之为府、阁、殿、院、斋等，这种意义上的"图书馆"往往仅供个人或国家藏书之用，一般民众很难进入其间。直到19世纪末，"图书馆"一词才随着国门的打开进入到中国，真正意义上的现代图书馆也开始随之建立。

肩负传播知识、社会教育的责任，归于服务社会的根本

　　公共图书馆是图书馆中极为重要的一个组成部分，与学校图书馆仅允许在校学生、老师借阅不同，公共图书馆在很大程度上承担着社会教育、传播文化、信息普及的作用。在我国一所公共图书馆的好坏，往往可看作是当地政府对文化建设重视程度的一个衡量标准。近几年，随着政府主导的对县及县以上等级图书馆、文化馆的建设与改造，基本已经实现了公共图书馆全覆盖，其中地级市公共图书馆的覆盖率为79.3%，二线及图书馆的覆盖率则达到了85.1%。

　　高校及科研机构是培养人才、推动社会科学发展的重要力量，所设图书馆也与其自身职能紧密联系。与公共图书馆相比，高校和科研单位图书馆具有专业性更强的特点，由于现代科学知识更新速度飞快，高校或科研机构图书馆的书目更新步伐也在不断加快。

2015互联网+图书馆TOP100

排名	名称	iBrand	iSite	iPower	综合得分
1	国家图书馆	96.69	98.81	98.44	98.36
2	上海图书馆	93.75	91.37	98.65	96.34
3	中科院国家科学图书馆	81.15	94.59	98.23	95.61
4	北京大学图书馆	88.08	91.15	97.39	94.90
5	郑州大学图书馆	97.32	86.41	97.60	94.77
6	清华大学图书馆	83.04	89.83	98.02	94.47
7	吉林大学图书馆	81.57	90.49	97.81	94.36
8	武汉大学图书馆	94.38	89.07	96.34	94.33
9	南京图书馆	83.25	90.71	96.97	94.03
10	浙江大学图书馆	81.36	90.27	97.18	93.87
11	四川大学图书馆	90.60	87.36	96.76	93.79
12	山东省图书馆	97.11	86.60	95.71	93.57
13	广州图书馆	89.13	89.26	95.50	93.30
14	中山大学图书馆	84.72	89.45	95.62	92.99
15	湖北省图书馆	84.93	88.50	95.92	92.97
16	复旦大学图书馆	80.73	88.31	96.55	92.91
17	南京大学图书馆	78.84	89.64	96.13	92.78
18	浙江图书馆	92.49	87.74	94.45	92.58
19	西安交通大学图书馆	95.85	86.79	94.18	92.50
20	厦门大学图书馆	97.53	81.66	95.29	92.11
21	广东省立中山图书馆	94.17	85.46	94.24	92.04

排名	名称	iBrand	iSite	iPower	综合得分
22	重庆图书馆	92.07	83.94	95.08	91.99
23	北京师范大学图书馆	92.28	86.22	94.03	91.90
24	甘肃省图书馆	83.46	87.55	94.87	91.90
25	大连图书馆	93.33	85.08	92.98	91.04
26	华东师范大学图书馆	93.96	84.70	93.02	91.03
27	陕西省图书馆	97.74	78.91	94.66	91.03
28	山东大学图书馆	86.19	86.98	93.19	90.94
29	中南大学图书馆	78.21	88.88	93.40	90.75
30	西南大学图书馆	95.01	81.85	92.35	89.99
31	重庆大学图书馆	81.78	86.03	92.77	89.99
32	华中科技大学图书馆	80.31	88.69	91.93	89.96
33	同济大学图书馆	90.46	84.51	91.72	89.79
34	武汉理工大学图书馆	94.59	79.75	92.84	89.74
35	湖南图书馆	98.16	75.55	93.82	89.69
36	武汉图书馆	89.34	83.18	91.98	89.52
37	东南大学图书馆	96.27	79.99	92.14	89.52
38	苏州大学图书馆	95.64	82.99	90.88	89.38
39	湖南师范大学图书馆	82.20	87.17	91.09	89.22
40	西南交通大学图书馆	86.82	85.65	90.67	89.03
41	华南理工大学图书馆	91.65	78.79	92.56	89.03
42	深圳大学图书馆	84.30	84.32	91.51	88.99
43	山西大学图书馆	85.98	78.07	93.61	88.96
44	上海大学图书馆	96.48	79.87	91.30	88.96
45	广西大学图书馆	87.03	85.27	90.46	88.82
46	华南师范大学图书馆	90.18	83.75	90.25	88.62
47	陕西师范大学图书馆	85.14	83.56	89.83	87.79
48	中国人民大学图书馆	85.35	82.80	90.04	87.76
49	东北师范大学图书馆	97.95	82.42	87.52	87.29
50	上海交通大学图书馆	88.92	78.67	89.62	86.81
51	山西省图书馆	93.12	83.37	87.10	86.77
52	河北大学图书馆	95.22	75.79	89.41	86.59
53	南开大学图书馆	93.54	76.99	89.20	86.58
54	西北工业大学图书馆	82.62	82.61	88.57	86.49
55	哈尔滨工业大学图书馆	78.00	84.89	88.15	86.32
56	苏州图书馆	92.14	81.09	87.31	86.24
57	沈阳市图书馆	88.71	79.51	88.36	86.18
58	深圳图书馆	86.61	78.55	88.78	86.01
59	大连理工大学图书馆	91.86	90.05	83.11	85.72

续表

排名	名称	iBrand	iSite	iPower	综合得分
60	湘潭大学图书馆	83.67	77.83	88.99	85.67
61	福州大学图书馆	89.97	82.04	86.26	85.58
62	西北大学图书馆	88.50	80.71	86.47	85.23
63	华东理工大学图书馆	87.87	79.27	86.89	85.08
64	兰州大学图书馆	83.88	85.84	84.79	84.96
65	南京师范大学图书馆	85.56	76.39	87.94	84.81
66	首都师范大学图书馆	79.05	82.23	86.68	84.80
67	湖南大学图书馆	81.99	77.95	87.73	84.71
68	天津图书馆	82.41	84.13	85.21	84.66
69	南昌大学图书馆	92.91	77.23	85.84	84.39
70	天津师范大学图书馆	95.43	88.12	81.01	84.23
71	暨南大学图书馆	96.06	90.93	79.75	84.18
72	电子科技大学图书馆	87.66	80.90	84.58	83.97
73	北京航空航天大学图书馆	92.70	76.63	85.42	83.95
74	西安建筑科技大学图书馆	91.44	75.43	86.05	83.93
75	安徽大学图书馆	86.40	77.59	85.63	83.70
76	济南市图书馆	88.29	76.15	85.00	83.12
77	广西壮族自治区图书馆	96.90	75.19	83.95	83.05
78	东北大学图书馆	84.09	77.47	84.37	82.62
79	合肥工业大学图书馆	87.24	76.51	84.16	82.56
80	浙江师范大学图书馆	82.83	79.15	83.74	82.50
81	江苏大学图书馆	79.68	87.93	80.80	82.47
82	浙江工商大学图书馆	93.25	79.63	81.85	82.43
83	云南省图书馆	84.51	79.39	82.90	82.18
84	河海大学图书馆	85.77	76.75	83.53	82.06
85	南京航空航天大学图书馆	79.26	81.47	82.69	82.04
86	西安电子科技大学图书馆	80.94	81.28	82.48	82.03
87	杭州电子科技大学图书馆	80.52	77.35	83.32	81.55
88	福建省图书馆	89.76	76.27	82.27	81.52
89	华中师范大学图书馆	90.39	77.11	81.64	81.38
90	北京理工大学图书馆	94.80	75.31	81.43	81.24
91	天津大学图书馆	79.89	78.43	82.06	80.94
92	中国社会科学院图书馆	89.55	76.03	81.22	80.76
93	安徽省图书馆	91.23	77.71	80.17	80.66
94	厦门市图书馆	90.81	75.67	80.59	80.38
95	华南农业大学图书馆	91.02	75.91	79.96	80.05
96	浙江工业大学图书馆	87.45	76.87	79.33	79.53
97	西北农林科技大学图书馆	78.42	78.31	79.54	79.12

排名	名称	iBrand	iSite	iPower	综合得分
98	太原理工大学图书馆	79.47	75.07	80.38	78.96
99	长安大学图书馆	78.63	78.19	79.12	78.84
100	湖北大学图书馆	80.10	74.95	78.91	78.04

　　随着互联网时代的到来，读者对于图书馆的需求已不再仅仅局限于读书看报，而是向数字化信息不断进步。这也使得图书馆开始进行信息化改革。而信息化的完善程度，也成为评定图书馆等级的一项重要标准。在国家一级图书馆的评定标准中，便有着"现代化技术装备、数据库建设、自动化网络建设评估得分不低于80分"的要求。

　　这种改变从简单地增加电脑、电子阅览室开始，早在2011年，国家文化部便下发了"数字图书馆推广工程"有关省级与市级数字图书馆硬件配备标准的通知，国家正在推动数字图书馆的构建，试图建立一个覆盖全国的数字图书馆虚拟网。而如今，图书馆在转向数字化的道路上显然有了较原来更为远大的目标。

致力于文化兴国"全民阅读"终将实现

　　目前绝大多数市级及市级以上的公共图书馆以及高校图书馆已经达到了WiFi全覆盖，以更为便捷地为进入图书馆的公众提供高质量服务。同时，电子图书与期刊的数量也正在不断增加，目前国家图书馆中已拥有超过800TB的数字资源，其中自建数字资源总量超700TB，可供使用的中外文数据库达到273个。

　　尽管如此，建设数字图书馆仍旧道阻且长，一方面由于管理体制与传统思维的束缚，数字图书馆之间的开放共享迟迟没有得到真正的实施，资源与服务上没有达到互通有无的程度，这不仅造成了本就为数不多的图书馆经费的浪费，同时也使得数字图书馆始终无法开展战略性资源的建设。

　　另一方面，在开放合作上，始终没有一个统一的标准。不仅如此，一些已经建立起来的"标准"由于可操作性不强或难以接受与应用，往往会导致数字资源的损毁与消失。同时，这些"标准"之间，还存在着诸多难以解决的分歧与矛盾，这也成为上文中迟迟不能建设统一数字网络的一个重要原因。

　　除此之外，更为重要的一个问题在于，7×24的图书馆服务尚未能够得到实现。使任何人在任何地点、任何时间，使用任何数字设备便能够获取任何想要获取的信息与知识，这才是建设数字图书馆的最终目标。

　　如今在一些大城市的公交车与地铁上，看书的人越来越多，不论是纸质书还是电子书，能看书始终是一件好事。而随着数字图书馆的推广与完善，相信终究有一天，"全民阅读"不再仅仅只是一个存在于媒体、报刊的字眼，而是成为我们每个人的日常。因为能够让一个民族更有力量的不是强权与武力，而是代代传承的文化。

12 投资风向

2015互联网+主板上市公司TOP100

主板是"互联网+"的主战场。

由"中国制造2025"战略延伸而来的智能制造、高端制造,信息化与工业化融合、军民融合,在主板拥有众多潜力品种。

与"稳增长"相关的消费、投资领域也有价值再发现的巨大机会。与投资主题有关,更看重投融资模式,像PPP,涉及公共服务,包括基建、环保等。消费服务,其成长价值还未被充分挖掘,比如智能家电。

2015互联网+主板上市公司TOP100

排名	名称	iBrand	iSite	iPower	综合得分
1	工商银行	90.96	91.65	92.56	91.72
2	中国银行	89.25	93.58	90.23	91.02
3	招商银行	90.97	91.48	88.66	90.37
4	兴业银行	90.85	90.82	87.18	89.62
5	民生银行	89.83	93.17	85.68	89.56
6	中国人寿	89.22	90.95	84.74	88.30
7	浦发银行	89.17	93.18	81.55	87.97
8	中信证券	88.97	93.52	79.89	87.46
9	光大银行	89.01	91.68	80.02	86.90
10	中国神华	88.59	90.79	78.62	86.00
11	中国建筑	88.36	89.76	77.87	85.33
12	北京银行	87.57	90.75	77.29	85.20
13	中国石油	87.19	93.36	74.95	85.17
14	海通证券	88.19	91.34	75.26	84.93
15	华能国际	87.56	91.87	75.19	84.87
16	国泰君安	87.16	92.28	73.87	84.44
17	华夏银行	86.46	93.24	71.54	83.75
18	华泰证券	85.95	93.26	70.79	83.33
19	保利地产	86.32	92.31	70.43	83.02
20	中国中铁	85.64	93.85	68.79	82.76
21	长城汽车	86.13	91.74	69.77	82.55
22	长安汽车	86.17	91.42	69.83	82.47
23	广发证券	86.24	89.95	71.08	82.42
24	格力电器	85.66	90.57	70.58	82.27

排名	名称	iBrand	iSite	iPower	综合得分
25	光大证券	85.93	91.21	69.64	82.26
26	中国国航	85.13	93.87	67.49	82.16
27	中国铁建	85.96	90.47	68.85	81.76
28	上港集团	85.03	93.43	66.75	81.74
29	南方航空	85.53	90.51	68.44	81.49
30	国电电力	85.36	90.76	67.88	81.33
31	浙能电力	84.89	93.21	65.81	81.30
32	华电国际	85.38	90.57	67.92	81.29
33	中国交建	85.41	89.68	68.53	81.21
34	中国石化	85.28	90.17	67.59	81.01
35	宝钢股份	85.05	90.54	66.87	80.82
36	长江证券	84.6	92.12	65.68	80.80
37	中国中冶	84.94	89.85	66.49	80.43
38	国元证券	84.34	92.42	64.26	80.34
39	中国联通	84.52	90.79	65.52	80.28
40	万科A	83.87	92.74	63.58	80.06
41	东北证券	83.82	94.35	61.88	80.02
42	中天城投	84.28	91.28	64.21	79.92
43	海南航空	84.67	89.68	65.31	79.89
44	中国电建	84.41	90.35	64.53	79.76
45	中国中车	84.2	90.84	63.99	79.68
46	双汇发展	84.36	90.22	64.28	79.62
47	中海油服	83.98	91.45	62.74	79.39
48	粤电力A	83.07	93.85	60.87	79.26
49	上海电气	83.36	91.72	62.27	79.12
50	海天味业	83.92	89.49	63.25	78.89
51	百联股份	83.63	90.91	62.01	78.85
52	东兴证券	83.56	92.35	60.22	78.71
53	中国国旅	83.75	89.65	62.09	78.50
54	招商轮船	82.57	94.29	58.35	78.40
55	申能股份	82.67	92.99	59.34	78.33
56	中原高速	82.7	92.37	59.77	78.28
57	湖北能源	81.65	96.46	55.99	78.03
58	吉林敖东	82.51	92.19	58.89	77.86
59	上海机场	82.93	89.94	60.52	77.80
60	华润三九	83.26	90.58	59.01	77.62
61	江铃汽车	81.97	94.18	56.32	77.49
62	云南白药	82.45	92.18	57.76	77.46

续表

排名	名称	iBrand	iSite	iPower	综合得分
63	中山公用	82.05	93.34	56.84	77.41
64	重庆水务	82.15	92.32	57.45	77.31
65	中国重工	81.14	95.42	54.78	77.11
66	国海证券	82.8	89.81	58.56	77.06
67	桂冠电力	82.33	90.16	58.15	76.88
68	中国化学	82.24	90.32	57.94	76.83
69	武钢股份	82.38	90.26	57.16	76.60
70	中国西电	81.26	92.85	55.12	76.41
71	中海集运	81.9	89.97	56.56	76.14
72	太平洋	81.73	91.98	54.63	76.11
73	安信信托	81.12	92.97	53.81	75.97
74	白云机场	80.95	92.65	53.97	75.86
75	华东医药	81.8	89.54	56.11	75.82
76	上海电力	81.83	89.53	55.49	75.62
77	四川成渝	80.92	91.98	53.57	75.49
78	锦龙股份	81.39	90.54	54.34	75.42
79	皖能电力	80.03	96.14	50.01	75.39
80	中恒集团	81.42	89.88	54.72	75.34
81	东方集团	81.54	89.47	54.95	75.32
82	中南传媒	81.3	89.74	54.19	75.08
83	正泰电器	80.15	93.85	50.51	74.84
84	信威集团	80.52	92.15	51.72	74.80
85	隧道股份	80.86	89.52	52.85	74.41
86	楚天高速	80.67	89.75	52.63	74.35
87	世茂股份	80.12	93.26	49.66	74.35
88	新洋丰	80.6	90.35	51.99	74.31
89	金科股份	81.38	90.27	51.28	74.31
90	皖通高速	80.78	93.31	48.74	74.28
91	国新能源	80.79	89.66	52.22	74.22
92	梅花生物	79.57	93.84	48.96	74.12
93	深圳燃气	80.16	90.65	50.88	73.90
94	皖新传媒	80.38	89.64	50.46	73.49
95	鹏博士	79.26	94.41	46.52	73.40
96	华闻传媒	79.83	89.71	49.77	73.10
97	内蒙君正	79.77	90.02	49.47	73.09
98	盐湖股份	79.69	89.87	49.25	72.94
99	泰禾集团	79.37	91.24	47.59	72.73
100	东方明珠	79.41	89.95	47.93	72.43

如果说现在已完全不同于PC互联网时代，你要以怎样的原则、怎样的步骤去启动"互联网+"和实现互联网化的转型——只有靠自我颠覆、组织重构、管理进化。

除了我们自己，没有人能阻碍我们前进的脚步。

2015互联网+中小板上市公司TOP100

在不断融合的背景下，中小板上市公司已基于已有业务优势，正在快速全面地向产业链各环节延伸。

从"互联网+"业务面的行业看，主要涉及商贸零售、装饰建材、农林牧渔、医药健康以及包装印刷等。从不同行业的共性上看，大多都在通过不同方式积极开展电子商务业务。

2015互联网+中小板上市公司TOP100

排名	名称	iBrand	iSite	iPower	综合得分
1	同方国芯	91.31	84.60	94.36	90.09
2	大北农	88.65	83.94	93.23	88.61
3	万达院线	85.18	85.51	92.18	87.62
4	上海莱士	82.89	81.76	90.18	84.94
5	大华股份	80.29	84.99	88.68	84.65
6	苏宁云商	79.32	83.62	87.74	83.56
7	东华软件	78.79	81.52	86.32	82.21
8	比亚迪	76.86	83.12	85.02	81.67
9	中科金财	76.98	87.22	79.29	81.16
10	二三四五	76.76	90.95	74.95	80.89
11	东方雨虹	76.32	85.68	79.87	80.62
12	杰瑞股份	77.43	81.23	82.67	80.44
13	石基信息	76.56	88.90	73.66	79.71
14	美亚光电	76.58	81.64	80.62	79.61
15	中南重工	76.79	85.98	75.19	79.32
16	四维图新	76.51	82.86	78.26	79.21
17	荣之联	69.15	86.32	78.59	78.02

续表

排名	名称	iBrand	iSite	iPower	综合得分
18	奥拓电子	74.34	91.98	65.68	77.33
19	鸿达兴业	76.89	83.63	70.98	77.17
20	怡亚通	76.76	83.38	71.08	77.07
21	奥飞动漫	74.58	84.89	71.43	76.97
22	印纪传媒	69.21	84.41	76.54	76.72
23	欧菲光	76.32	82.23	71.54	76.70
24	贵州百灵	73.32	87.89	68.79	76.67
25	天润控股	76.77	82.59	70.52	76.63
26	科大讯飞	76.60	81.98	69.83	76.14
27	通鼎互联	73.21	86.35	67.88	75.81
28	恒康医疗	72.86	89.92	63.58	75.45
29	金风科技	73.33	83.02	69.94	75.43
30	瑞康医药	73.08	84.34	68.44	75.29
31	立讯精密	73.86	82.08	69.77	75.24
32	联络互动	76.49	80.28	68.19	74.99
33	飞马国际	72.58	84.68	67.49	74.92
34	康弘药业	72.58	88.17	63.86	74.87
35	中环股份	72.59	83.55	67.92	74.69
36	新时达	73.29	82.67	67.53	74.50
37	世联行	72.55	82.64	67.59	74.26
38	得润电子	71.87	88.75	62.09	74.24
39	金安国纪	72.65	83.26	66.75	74.22
40	万马股份	72.69	85.54	64.26	74.16
41	皇氏集团	71.78	84.94	65.46	74.06
42	众信旅游	71.57	89.52	60.59	73.89
43	七星电子	72.38	82.56	66.53	73.82
44	太极股份	73.49	85.53	62.43	73.82
45	广联达	72.00	83.20	65.52	73.57
46	达安基因	72.23	88.37	59.83	73.48
47	海格通信	70.87	86.17	63.25	73.43
48	昇兴股份	72.65	81.42	65.96	73.34
49	荣信股份	72.42	80.02	66.87	73.10
50	东华能源	71.62	83.46	64.21	73.10
51	大立科技	72.65	81.27	64.53	72.82
52	启明信息	71.95	85.96	58.89	72.27
53	巨龙管业	72.44	79.68	64.28	72.13
54	超华科技	72.14	85.23	58.35	71.91
55	常发股份	72.03	81.56	61.65	71.75

排名	名称	iBrand	iSite	iPower	综合得分
56	浙江世宝	72.56	82.78	59.77	71.70
57	杰赛科技	72.52	83.58	59.01	71.70
58	生意宝	72.61	79.58	62.73	71.64
59	大连重工	72.58	80.24	62.01	71.61
60	华信国际	72.15	85.05	57.16	71.45
61	成飞集成	71.54	85.03	57.72	71.43
62	金固股份	72.25	84.16	57.76	71.39
63	恒星科技	71.86	83.42	58.56	71.28
64	首航节能	73.35	79.52	60.87	71.25
65	龙生股份	70.21	87.64	55.56	71.14
66	荣盛石化	71.18	85.21	56.84	71.08
67	达华智能	71.28	83.24	57.94	70.82
68	共达电声	72.65	79.36	60.22	70.74
69	威创股份	71.04	85.86	54.34	70.41
70	汉缆股份	69.95	87.65	53.57	70.39
71	奋达科技	71.46	81.43	58.15	70.35
72	东山精密	69.07	93.83	47.93	70.28
73	天齐锂业	70.29	85.93	53.81	70.01
74	宝鼎重工	69.57	87.87	51.89	69.78
75	北新路桥	71.14	81.08	56.17	69.46
76	九九久	69.14	89.98	48.67	69.26
77	同洲电子	70.25	83.09	54.26	69.20
78	智光电气	70.42	82.01	55.12	69.18
79	久其软件	69.98	83.75	53.38	69.04
80	山河智能	70.96	81.65	54.19	68.93
81	证通电子	70.58	80.08	55.99	68.88
82	丹甫股份	71.03	79.28	56.11	68.81
83	浙富控股	69.34	86.46	50.51	68.77
84	山东墨龙	70.44	81.09	54.72	68.75
85	万润科技	69.82	84.28	51.95	68.68
86	光华科技	69.01	89.21	47.32	68.51
87	科林环保	69.85	80.95	53.98	68.26
88	泰尔重工	69.18	86.13	48.96	68.09
89	宏磊股份	69.35	83.87	50.46	67.89
90	中京电子	69.87	81.25	52.42	67.85
91	远望谷	69.08	84.36	49.47	67.64
92	丰东股份	69.24	83.84	49.66	67.58
93	捷顺科技	69.28	80.75	52.63	67.55

续表

排名	名称	iBrand	iSite	iPower	综合得分
94	瑞泰科技	69.23	83.16	50.21	67.53
95	华东重机	69.45	81.07	51.28	67.27
96	科远股份	69.38	79.46	52.85	67.23
97	通达动力	69.28	82.42	49.77	67.16
98	合众思壮	69.15	84.67	47.18	67.00
99	康盛股份	69.15	81.57	49.25	66.66
100	鑫龙电器	69.53	79.33	50.57	66.48

纵观我国传统行业，其发展情况参差不齐，部分行业存在不规范、运行效率低的问题，但这为中小板上市公司借助互联网改造传统行业提供了机遇。

中小企业板凝聚了资本市场锐意创新的勇敢精神。未来节能环保、新能源、生物产业、新材料、新一代信息技术等多个新经济领域都将是中小板里首屈一指的机会。

2015互联网+创业板上市公司TOP100

从长远的角度来看，创业板依然是市场的领军者，比如互联网医疗、工业4.0、国产软件、大数据、网络安全、网络金融、新能源汽车、互联网等等，这些新兴产业的繁荣可以很简单地与创业板联系起来。

创业板上市公司大多是代表新经济的一些行业，如互联网金融、信息技术、医疗器械等。这些公司的发展符合产业转型升级的国家战略，并受到国家政策的大力支持。

"互联网+"时代，本榜旨在以互联网的角度去看创业板上市的企业，以及这些企业的"互联网+"水平，进而推导出公司的创新力、行业洞察力、业务综合能力和潜力。

2015互联网+创业板上市公司TOP100

排名	名称	iBrand	iSite	iPower	综合得分
1	三环集团	92.43	86.32	91.72	90.16
2	海达股份	89.12	87.56	91.30	89.33
3	蓝思科技	90.14	85.66	91.63	89.14
4	东方财富	89.01	86.13	91.07	88.74

续表

排名	名称	iBrand	iSite	iPower	综合得分
5	德尔股份	86.27	89.01	90.63	88.64
6	汤臣倍健	86.59	88.97	89.47	88.34
7	华谊兄弟	86.25	90.97	87.75	88.32
8	爱尔眼科	86.47	89.25	88.22	87.98
9	三聚环保	86.06	92.96	84.77	87.93
10	万邦达	86.89	83.82	90.50	87.07
11	上海凯宝	86.87	83.21	90.50	86.86
12	乐视网	86.09	88.59	85.78	86.82
13	乐普医疗	86.74	83.07	90.48	86.76
14	汇川技术	86.65	83.63	89.99	86.76
15	东软载波	86.54	84.94	88.61	86.70
16	金龙机电	86.69	83.26	90.07	86.67
17	恒顺众昇	86.93	82.15	90.60	86.56
18	昆仑万维	86.00	90.85	82.81	86.55
19	大富科技	86.06	89.83	83.66	86.52
20	机器人	86.33	84.52	88.19	86.35
21	金信诺	86.06	88.36	83.96	86.13
22	智飞生物	86.04	89.22	83.02	86.09
23	汉得信息	86.25	83.92	87.91	86.03
24	数码视讯	86.24	83.87	87.71	85.94
25	银信科技	86.10	85.38	86.32	85.93
26	宋城演艺	86.10	84.34	86.24	85.56
27	掌趣科技	86.06	85.36	84.76	85.39
28	网宿科技	86.04	87.16	82.87	85.36
29	三联虹普	86.08	85.05	84.92	85.35
30	天舟文化	86.23	82.05	87.64	85.31
31	神州泰岳	86.18	82.70	86.94	85.27
32	探路者	86.62	79.37	89.72	85.24
33	迈克生物	86.17	82.93	86.38	85.16
34	双龙股份	85.85	89.17	80.36	85.13
35	新文化	86.28	80.60	88.05	84.98
36	苏交科	85.98	85.95	82.79	84.91
37	尔康制药	86.20	80.67	87.62	84.83
38	红日药业	85.87	87.19	80.94	84.67
39	同花顺	86.05	84.41	83.46	84.64
40	开山股份	85.97	85.13	82.78	84.63
41	大华农	86.07	82.51	84.78	84.45
42	聚飞光电	86.09	81.14	86.12	84.45

续表

排名	名称	iBrand	iSite	iPower	综合得分
43	东方日升	85.94	84.67	82.64	84.42
44	博雅生物	86.11	80.78	86.34	84.41
45	华策影视	85.86	86.46	80.86	84.39
46	东富龙	85.90	85.96	81.23	84.36
47	翰宇药业	86.04	84.20	82.83	84.36
48	互动娱乐	86.09	81.38	85.47	84.31
49	华昌达	86.08	81.73	84.95	84.25
50	阳光电源	85.93	84.89	81.89	84.24
51	银江股份	85.92	85.03	81.62	84.19
52	三诺生物	86.08	81.42	85.01	84.17
53	炬华科技	85.85	85.93	80.64	84.14
54	长信科技	86.05	82.57	83.65	84.09
55	和佳股份	86.07	81.26	84.90	84.08
56	泰胜风能	86.18	79.57	86.39	84.05
57	香雪制药	86.10	79.69	86.16	83.98
58	华宇软件	85.81	86.17	79.67	83.88
59	捷成股份	86.06	81.39	83.70	83.72
60	南方泵业	85.76	87.57	77.37	83.57
61	易华录	86.05	80.52	83.26	83.28
62	九强生物	85.89	82.67	81.19	83.25
63	全志科技	85.78	85.64	78.27	83.23
64	赛升药业	85.84	83.98	79.86	83.23
65	金城医药	85.91	82.24	81.50	83.22
66	慈星股份	85.79	85.28	78.51	83.19
67	信维通信	86.05	80.03	83.15	83.08
68	德尔股份	85.80	84.60	78.77	83.06
69	特锐德	85.82	83.36	79.80	82.99
70	精锻科技	85.79	84.36	78.51	82.89
71	美康生物	85.93	80.92	81.66	82.84
72	盛运环保	85.81	82.80	79.77	82.79
73	腾邦国际	85.84	82.45	79.81	82.70
74	顺网科技	85.85	81.30	80.62	82.59
75	长海股份	85.85	81.80	80.10	82.58
76	晶龙股份	85.93	79.41	81.93	82.42
77	长荣股份	85.94	79.26	81.97	82.39
78	富临精工	85.87	79.83	81.09	82.26
79	安诺其	85.73	85.41	75.39	82.18
80	鼎汉技术	85.79	81.97	78.74	82.17

排名	名称	iBrand	iSite	iPower	综合得分
81	华峰超纤	85.85	80.12	80.09	82.02
82	泰格医药	85.74	84.28	75.71	81.91
83	富瑞特装	85.80	80.16	79.55	81.84
84	利亚德	85.57	85.53	74.00	81.70
85	联建光电	85.19	86.24	73.46	81.63
86	亿纬锂能	85.74	83.56	75.47	81.59
87	东方国信	85.78	80.86	78.04	81.56
88	地尔汉宇	85.75	82.33	76.36	81.48
89	金雷风电	85.76	81.65	76.97	81.46
90	回天新材	85.77	81.12	77.41	81.43
91	瑞凌股份	85.72	83.75	74.69	81.39
92	聚隆科技	85.74	82.38	75.82	81.31
93	鹏翎股份	85.78	80.15	77.65	81.19
94	扬杰科技	85.73	81.90	75.18	80.94
95	艾比森	84.19	88.19	70.21	80.86
96	南都电源	85.68	81.83	74.26	80.59
97	博腾股份	85.75	79.77	75.97	80.50
98	乐凯新材	85.72	80.79	74.39	80.30
99	胜宏科技	85.52	80.38	73.62	79.84
100	东方国信	85.15	81.54	70.56	79.08

　　一家企业的盈利能力是会不断变化的，但在可以想到的阶段区间，好的就是好的，不好的就是不好的，根本上取决于企业的内在基因和真实动力。不能只看眼前和表面，要看蓝图，文化，技术，创新，领导人。

 # 2015互联网+新三板公司TOP100

　　因为流通性的不断改善，使VC通过新三板协议转让或者做市转让退出都成为可能，尤其是对于行业前景看好、市场潜力巨大、有相当技术门槛和较好管理团队的挂牌公司。

2015互联网+新三板公司TOP100

排名	名称	iBrand	iSite	iPower	综合得分
1	圆融科技	94.32	88.29	90.78	91.13
2	金海股份	94.17	89.61	80.78	88.19
3	康泰股份	94.27	76.11	90.23	86.87
4	志能祥赢	94.31	74.79	90.18	86.43
5	汇元科技	94.27	73.89	90.18	86.11
6	中科国信	94.23	76.95	86.57	85.92
7	中航新材	94.25	74.48	88.68	85.80
8	建装业	94.25	74.41	87.74	85.47
9	沃捷传媒	94.01	89.17	71.57	84.92
10	九恒星	94.01	87.27	73.36	84.88
11	中教股份	94.21	75.38	85.02	84.87
12	新眼光	93.77	87.24	71.43	84.15
13	聚利科技	93.72	88.37	69.94	84.01
14	亚太能源	94.20	73.88	82.67	83.58
15	光谷信息	94.13	75.32	79.98	83.14
16	科瑞讯	93.56	89.67	65.96	83.06
17	华岭股份	94.14	74.36	79.65	82.72
18	创世生态	93.40	90.07	64.26	82.58
19	三众能源	94.08	75.21	78.26	82.52
20	锐新昌	93.55	88.39	64.21	82.05
21	健博通	94.05	74.87	75.54	81.49
22	泰诚信	92.94	89.19	61.84	81.32
23	德润能源	94.05	74.73	74.58	81.12
24	久日化学	93.79	77.62	70.98	80.80
25	京鹏科技	92.65	88.65	60.74	80.68
26	江仪股份	93.70	79.38	68.59	80.56
27	五岳鑫	93.87	77.75	69.83	80.48
28	明利仓储	91.02	89.89	59.61	80.17
29	波尔通信	93.82	75.17	71.08	80.02
30	田野股份	93.71	77.29	68.79	79.93
31	联飞翔	93.87	74.22	70.87	79.65
32	电信易通	90.98	88.54	59.21	79.58
33	龙磁科技	93.75	75.21	69.58	79.51
34	卡联科技	89.42	90.49	58.16	79.36
35	航天检测	89.31	90.47	58.13	79.30
36	天大清源	93.82	75.88	68.19	79.30

排名	名称	iBrand	iSite	iPower	综合得分
37	金润科技	90.42	88.78	58.65	79.28
38	配天智造	93.58	77.68	66.53	79.26
39	合力思腾	89.49	89.52	58.21	79.07
40	华高世纪	93.66	74.82	68.44	78.97
41	思倍驰	93.61	75.37	67.92	78.97
42	亿鑫通	93.74	73.83	68.95	78.84
43	兴荣高科	91.68	74.89	69.84	78.80
44	畅尔装备	93.63	75.78	66.87	78.76
45	广厦网络	93.69	74.71	67.88	78.76
46	天膜科技	90.57	76.43	69.03	78.68
47	中科通达	93.65	74.62	67.53	78.60
48	国林实业	93.64	75.18	66.93	78.58
49	惠柏新材	93.61	75.09	66.75	78.48
50	达通通信	90.00	86.77	58.42	78.40
51	香塘担保	93.52	75.24	65.68	78.15
52	智衡减振	90.15	75.34	68.56	78.02
53	全网数商	93.42	75.62	64.46	77.83
54	赛孚制药	93.17	77.56	62.58	77.77
55	海龙核科	93.35	74.18	65.52	77.68
56	天友设计	93.38	74.93	64.53	77.61
57	西科种业	90.02	74.29	68.49	77.60
58	鲜美种苗	93.28	76.35	63.05	77.56
59	点点客	93.58	74.98	63.86	77.47
60	大地股份	93.42	74.38	64.60	77.47
61	郑州水务	89.37	74.22	68.15	77.25
62	宣爱智能	93.31	74.81	63.26	77.13
63	意诚信通	90.28	75.26	65.79	77.11
64	中机非晶	89.68	74.28	67.33	77.10
65	久美股份	93.49	73.34	64.28	77.04
66	龙创设计	93.22	75.37	62.43	77.01
67	国电武仪	93.07	75.25	62.58	76.97
68	三益能环	92.97	75.65	62.01	76.88
69	精耕天下	93.32	74.27	62.73	76.77
70	青晨科技	92.98	75.06	61.97	76.67
71	南华工业	93.11	74.43	62.21	76.58
72	融智通	92.92	75.09	61.52	76.51
73	菁茂农业	92.84	74.66	61.98	76.49
74	太川股份	89.49	81.72	58.12	76.44

续表

排名	名称	iBrand	iSite	iPower	综合得分
75	信维科技	93.00	74.88	61.07	76.32
76	鼎普科技	92.75	74.58	61.39	76.24
77	上海亿格	93.25	74.47	60.59	76.10
78	勇辉生态	90.08	79.66	58.43	76.06
79	科曼股份	92.71	74.48	60.89	76.03
80	科新生物	92.68	75.09	60.28	76.02
81	科能腾达	90.31	78.21	58.95	75.82
82	光宝联合	91.71	75.44	60.05	75.73
83	腾龙电子	91.98	74.21	60.89	75.69
84	同信通信	91.54	76.17	59.27	75.66
85	凯英信业	90.12	77.43	58.64	75.40
86	思创银联	90.65	76.39	58.98	75.34
87	大通物流	91.63	74.27	59.87	75.26
88	惠洲院	91.85	73.27	60.35	75.16
89	九尊能源	91.50	74.36	59.55	75.14
90	伟利讯	91.59	73.97	59.62	75.06
91	三禾科技	90.52	75.32	58.67	74.84
92	圣博润	88.28	77.72	58.24	74.75
93	晨宇电气	90.76	74.31	59.13	74.73
94	微创光电	90.67	74.37	59.01	74.68
95	中海纪元	90.86	73.59	59.32	74.59
96	智立医学	90.71	73.75	59.07	74.51
97	大津股份	89.79	75.49	58.21	74.50
98	新瑞理想	90.81	73.21	59.18	74.40
99	清畅电力	90.19	74.48	58.49	74.39
100	兴邦光电	89.52	73.72	58.11	73.78

无论是上市企业还是非上市企业，PE都存在，有时是真实或相对合理的，有时是虚幻和必须被忽略的。综观全部历史，一切都永久重复，火眼金睛、从容不迫、百战百胜者只不过知道这些事实且不变而已。

对机构投资者而言，新三板提供了更多投资新型创业公司的机会。

对个人投资者而言，可借助各类机构推出的新三板基金产品、资产管理计划等进行投资。

对被赋予新机会的创业公司而言，新三板打开了一扇通往新世界的大门。

有人说伟大企业的种子是目标、使命、价值观（企业三宝），那么未来伟大企业的出现就是可以预期的。

13 | 大众创业

2015互联网+新型创客TOP100

　　创客这个词在近两年中被大家熟知，全世界越来越多的人加入到创客经济的链条中。比如联想手机出了ZUK，小米手机出了智能家庭套装，汪峰导师出了Fiil耳机（峰范科技），大型互联网企业的老板自创品牌做起了智能硬件等。

　　正所谓集思广益，全球共建1400个创客空间，经由他们的智慧将各种有趣的创造和设计带入公众的事业，而这些新锐的产品在极短时间内就会迅速获得公众好评，也会在不经意间消失殆尽。本榜单精选2014年后成立并获得资本市场认可的新型创客企业，或许这些新硬件与新产品能带给人们对于智能生活的新领悟。

2015互联网+新型创客TOP100

排名	名称	iBrand	iSite	iPower	综合得分
1	小牛电动	83.51	98.39	97.41	96.22
2	奇酷科技	73.33	98.06	98.45	96.08
3	微鲸科技	79.72	95.09	96.89	94.81
4	暴风魔镜	71.02	95.42	97.93	94.74
5	机智云	81.07	86.18	98.19	94.08
6	小米智能家庭	81.47	97.07	94.81	93.93
7	小蚁科技	78.08	86.84	97.15	93.18
8	车听宝	74.88	97.40	93.25	92.24
9	野兽骑行	75.74	75.71	98.71	91.81
10	亿航科技	58.10	96.74	94.55	91.34
11	九安医疗	81.79	82.55	95.07	91.24
12	乐生活	77.36	91.79	92.99	91.19
13	乐视移动	91.03	82.88	93.51	91.14
14	神奇工场	61.35	87.83	95.33	90.43
15	小鱼在家	71.62	74.49	97.67	90.43
16	涂鸦科技	78.11	74.48	96.37	90.17
17	轻客智能科技	71.47	78.59	96.11	90.14
18	松鼠互联	68.62	90.47	92.73	89.87
19	兆驰股份	71.84	89.81	92.21	89.69
20	Depth VR	65.78	83.54	94.29	89.29
21	三个爸爸	81.58	90.80	89.61	89.05
22	零距物联网科技	81.92	74.47	94.03	88.91
23	华米科技	29.00	93.11	95.85	88.62

排名	名称	iBrand	iSite	iPower	综合得分
24	腕投	56.15	75.88	96.63	88.43
25	LifeSmart	75.44	80.57	91.95	88.02
26	智云奇点科技	58.38	75.70	95.59	87.89
27	葫芦科技	53.89	92.12	90.91	87.45
28	钛度科技	71.55	92.45	87.53	86.92
29	出门问问	73.86	75.79	91.69	86.73
30	招财猫理财	69.24	96.41	86.23	86.57
31	丁盯智能	72.90	84.53	89.09	86.56
32	玄乎科技	62.79	85.85	90.13	86.54
33	速位	73.41	74.56	91.43	86.25
34	深圳虚拟现实科技	84.97	75.63	89.35	86.17
35	大上科技	33.90	93.44	91.17	85.90
36	刷刷手环	85.28	87.50	85.45	85.84
37	HWTrek	31.40	96.08	90.65	85.81
38	小爱爱科技	71.62	75.87	90.39	85.61
39	PaPa口袋影院	31.00	87.17	92.47	85.26
40	峰范科技	46.53	74.53	93.77	85.20
41	壹柏智能钢琴	71.85	91.46	84.67	84.75
42	魔调耳机	71.47	82.22	87.27	84.68
43	桂花网	77.54	89.48	84.15	84.56
44	云智易	73.83	77.93	87.79	84.42
45	一朵棉花	91.41	90.14	81.55	84.25
46	攀藤科技	63.36	79.58	88.57	84.25
47	智玩互动	34.60	88.49	89.87	84.07
48	追剧神器	61.05	88.16	85.71	83.73
49	木薯科技	32.90	93.77	88.05	83.68
50	灵镜	91.87	83.21	82.59	83.64
51	电视家	56.78	86.51	86.49	83.52
52	云朵网络	75.28	75.78	85.19	82.32
53	放心宝	68.39	94.10	80.77	82.20
54	空气果	63.04	75.65	86.75	82.16
55	小智机器人	65.12	81.56	84.41	81.91
56	冰箱健康盒子	67.05	74.55	85.97	81.79
57	云工厂	74.58	89.15	80.25	81.46
58	手表控	81.24	75.62	82.85	81.24
59	云钱	95.11	78.26	79.99	81.16
60	地平线机器人	67.12	84.86	82.07	81.13
61	知趣网	35.90	75.57	88.83	80.89

续表

排名	名称	iBrand	iSite	iPower	综合得分
62	镭神智能	39.00	75.69	88.31	80.86
63	BiCi启孜	33.70	92.78	83.11	80.10
64	杭州云柚科技	55.75	79.91	83.63	80.10
65	零零无限科技	55.06	78.92	83.37	79.65
66	手机智膜	33.70	75.58	87.01	79.39
67	红沙发	81.23	74.44	79.73	78.82
68	硬创邦	61.85	84.20	78.95	78.29
69	哈哈农场	64.15	75.74	81.03	78.28
70	昂腾智造	32.80	81.23	83.89	78.25
71	家信车联	35.10	94.43	79.47	78.03
72	奢易购	36.40	85.52	81.81	78.01
73	驴行者	67.29	74.52	80.51	77.99
74	技德科技	29.00	97.73	79.21	77.89
75	麻麻汇	74.60	94.76	73.23	77.67
76	石头ROM	62.57	95.75	74.01	77.21
77	深圳源诚技术	25.00	75.61	84.93	77.07
78	小嘿科技	52.60	74.54	81.29	77.07
79	上海更多网络科技	37.10	76.94	82.33	76.73
80	云中医	83.93	75.59	75.83	76.59
81	维保管家	71.44	75.81	77.13	76.30
82	大学助手	71.86	75.82	76.87	76.16
83	马蹄铁智能骑行	61.26	75.68	77.65	75.62
84	时刻送	81.09	75.66	74.79	75.59
85	啃萝卜	73.13	74.45	76.09	75.47
86	Crazybaby	81.38	91.13	69.85	75.26
87	乐蜗	71.35	80.24	74.27	75.17
88	爱和酷	81.63	81.89	71.93	74.89
89	哇喔科技	55.83	88.82	73.49	74.79
90	哈猫网络	36.70	83.87	77.39	74.62
91	必修客	71.41	85.19	71.67	74.35
92	虚之实科技	34.70	79.25	78.43	74.22
93	动美网	64.01	75.64	74.53	73.70
94	易采通	53.09	75.80	75.57	73.37
95	小蛋智能	62.19	77.27	73.75	73.30
96	星爱科技	38.10	74.51	77.91	73.25
97	贝肯熊	71.83	80.90	71.15	73.17
98	米刻科技	31.70	75.89	78.17	73.07
99	优化空间	81.79	75.77	70.89	72.96

续表

排名	名称	iBrand	iSite	iPower	综合得分
100	山锋光影	39.80	75.67	76.35	72.56

　　说到创客，除了说到中关村大街就不得不提"华强北"，如果你还以为"华强北"是一个花600块钱买山寨iphone的地方就大错特错了，其实那是一个创客的发源地。

　　对于创客而言的第一步不是技术，而是创意和想法，就如乔帮主做iphone众键合一键，最重要的是一键归零的想法，而这种技术当年的诺基亚并不是达不到。我们一直所困扰的问题就是苹果售价高，销量好，但是代工工厂富士康只赚一点点，我们还困扰为什么国内硬件厂商逐步陷入的打价格战的怪圈。学习和借鉴是冰山一角，博观而约取才能发挥创客真正的创造力。

　　我们看到的"山寨机"，从修改、测试，到开模、交货仅需要40天，创造了方案研发、元器件生产、组装物流等自主创新的产业链。更涌现了改版机，如双卡双待、电视手机、超长待机、GPS等多功能融合，甚至制造出逆天的验钞手机。我们绝不否认这也是种惊为天人的智慧。从此开始，"华强北"不再是当初的面貌，正如近两年创客的诞生，"华强北"转身为全球创客的智造天堂，生产着种类齐全的智能元器件。

　　正如同我们整个互联网圈的转变，从跟随者变成革命家。从十年前创造产业到如今从产业中挖掘财富，通过互联网和开源的软硬件，可以人人开发出具有创意、新意、深意的智能产品。当未来有一天，我们摆脱了制造环节的定位，挣脱了跟随硅谷的禁锢，就是我们回顾今天（2014—2015年成立）新型创客并公诸于众的价值。

2015互联网+科技创投机构TOP100

　　近年来，中国的创业浪潮汹涌澎湃，创业不仅是一种事业追求，更是一种人生理念，一种社会时尚。作为一名优秀的风险投资家，既是帮助创业者实现他们的梦想，也是在借助创业者实现自己的梦想。

　　回看2014年，各种创业公司称融资几千万甚至上亿美元的报道头条充斥着各大网站的要闻。当然，也不乏听到投资人的抱怨之音："今年项目太贵了，稍微靠谱的项目就坐地起价。很多不靠谱的项目也张口闭口就要融个几百万上千万美元。有一些企业刚融完一轮，马上涨价几倍进行下一轮融资。简直太疯狂了！"

创投的本源是什么？就是寻找最伟大的企业，寻找最有投资价值的企业，这才是创投最根本的竞争力。

既然谈及本源，那究竟该如何去寻找项目？作为创业者，又该如何吸引投资人的目光和关注？其实这更像是一场风花雪月的故事，你需要貌美如花、性格温和，我有宽广的胸怀和雄厚的家底，双方一拍即合。

在国内的创投圈里，有一句十分流行的话，投资只有三个标准：第一是人，第二是人，第三还是人。即投资就是投人，投团队。那什么样的团队才能受到VC们青睐，却是见仁见智，从来没有统一的标准。千里马常有，而伯乐不常有，这也是中国本土VC的真实写照，在投资界要找到怀抱资金、面带微笑的天使太难，而在芸芸众生中要找到可以托付的创业者也着实不易。投资的时候，VC们最看重，却也是最看不透的，就是企业的管理团队。即使你是穷尽天下相书，拜访名山相师，也无法练就一双火眼金睛，而如何判断一个团队是否值得投资，是VC们最花心思的地方。

2015互联网+科技创投机构TOP100

排名	名称	iBrand	iSite	iPower	综合得分
1	IDG资本	93.83	92.92	90.78	92.51
2	红杉资本中国基金	91.98	91.61	90.23	91.27
3	软银中国资本	90.95	90.39	90.18	90.51
4	深圳创新投	89.98	88.58	90.18	89.58
5	达晨创投	89.52	89.52	87.74	88.93
6	赛富基金	89.92	87.69	88.68	88.76
7	永宣创投	88.17	90.49	86.57	88.41
8	启明创投	89.21	89.86	85.02	88.03
9	经纬中国	88.75	87.87	82.67	86.43
10	毅达资本	87.64	88.32	80.78	85.58
11	君联资本	88.37	87.75	79.65	85.26
12	晨兴创投	88.90	86.87	79.98	85.25
13	凯鹏华盈中国基金	87.22	90.23	78.26	85.24
14	同创伟业	87.87	89.68	75.54	84.36
15	创新工场	87.65	90.34	74.58	84.19
16	普凯投资	87.89	89.43	73.36	83.56
17	创东方投资	86.46	88.76	71.57	82.26
18	今日资本中国	86.35	88.99	70.87	82.07
19	海纳亚洲	85.98	89.19	69.83	81.67
20	德同资本	84.99	89.67	68.19	80.95
21	金沙江创投	86.32	79.66	71.08	79.02

排名	名称	iBrand	iSite	iPower	综合得分
22	DCM资本	86.17	79.52	70.98	78.89
23	鼎晖创投	86.13	77.52	71.43	78.36
24	华登国际	85.21	79.02	68.95	77.73
25	纪源资本	85.93	77.66	69.58	77.72
26	松禾资本	85.96	74.98	69.94	76.96
27	中国风投	85.54	75.17	68.79	76.50
28	富坤创投	85.68	75.72	67.88	76.43
29	澳银资本	85.53	75.09	68.44	76.35
30	东方赛富	85.86	75.65	67.53	76.35
31	北极光创投	85.23	74.64	68.59	76.15
32	基石资本	85.51	75.49	66.93	75.98
33	CA创投	85.05	75.78	66.87	75.90
34	联创策源	83.38	76.21	67.92	75.84
35	启迪创投	85.03	74.87	66.75	75.55
36	英特尔投资	84.94	74.28	65.96	75.06
37	兰馨亚洲	84.89	73.34	66.53	74.92
38	鲁信创投	84.41	75.62	64.21	74.75
39	达泰资本	84.67	73.76	65.68	74.70
40	天创资本	84.60	73.68	65.52	74.60
41	赛伯乐中国	84.36	74.86	64.53	74.58
42	华澳资本	84.34	74.98	64.28	74.53
43	崇德投资	84.68	74.36	64.46	74.50
44	德同资本	83.94	76.46	62.73	74.38
45	光速创投	84.28	74.36	64.26	74.30
46	宽带资本	83.58	74.58	64.60	74.25
47	联想乐基金	84.16	74.73	63.86	74.25
48	洪泰基金	83.55	75.36	63.26	74.06
49	源政投资	83.87	75.44	62.58	73.96
50	红点投资	83.46	75.32	63.05	73.94
51	红石诚金	83.75	75.48	62.43	73.89
52	线性资本	83.42	75.31	62.58	73.77
53	戈壁合伙人	83.63	75.42	62.21	73.75
54	银泰资本	83.36	77.29	60.59	73.75
55	微软创投	83.84	75.06	61.84	73.58
56	丹华资本	83.24	75.31	61.98	73.51
57	德丰杰风险投资	83.12	75.42	61.97	73.50
58	中科招商创投	83.16	75.28	62.01	73.48
59	高榕资本	83.62	75.08	61.39	73.36

续表

排名	名称	iBrand	iSite	iPower	综合得分
60	凯旋创投	83.26	75.29	61.52	73.36
61	奇虎360	83.20	75.34	61.07	73.20
62	金陵华软	83.09	75.29	60.89	73.09
63	浙商创投	83.02	75.38	60.28	72.89
64	中经合	82.78	75.02	60.74	72.85
65	苏州国发	82.64	74.98	60.89	72.84
66	天堂硅谷	82.59	74.97	60.35	72.64
67	礼来亚洲	82.56	75.06	60.05	72.56
68	天图资本	82.59	74.93	59.87	72.46
69	久奕投资	82.86	74.91	59.62	72.46
70	维思资本	82.67	74.85	59.84	72.45
71	东方富海	82.23	74.79	59.61	72.21
72	赛伯乐（中国）投资	82.42	74.65	59.55	72.21
73	嘉御基金	82.01	74.82	59.27	72.03
74	清华紫光科技创新投资	82.08	74.64	59.32	72.01
75	英飞尼迪股权基金管理集团	81.98	74.21	59.18	71.79
76	蓝湖资本	81.76	74.38	59.13	71.76
77	LB投资	81.56	74.23	59.21	71.67
78	SG VC	81.64	74.23	59.07	71.65
79	成为资本	81.52	74.28	58.98	71.59
80	上海中路（集团）	81.57	74.01	59.01	71.53
81	富达国际风险投资（香港）	81.65	73.56	59.03	71.41
82	高原资本	81.09	74.05	58.65	71.26
83	润都资本	81.42	73.58	58.67	71.22
84	金山网络战略投资	81.07	73.61	58.95	71.21
85	百视通	81.43	73.21	58.79	71.14
86	和通国际	81.23	72.75	58.56	70.85
87	互动娱乐	81.08	72.85	58.49	70.81
88	威国际集团	81.27	72.26	58.64	70.72
89	集富创业投资（香港）	80.08	72.88	58.43	70.46
90	蓝驰投资咨询（上海）	80.24	71.97	58.49	70.23
91	高通风险投资	81.25	71.24	58.21	70.23
92	复星集团	80.95	71.26	58.42	70.21
93	盘古创富	80.75	70.29	58.33	69.79
94	国信创投	79.46	70.96	58.11	69.51
95	思伟投资	79.28	71.03	58.12	69.48
96	TOM集团	80.02	70.18	58.21	69.47
97	青云创投	79.68	70.16	58.16	69.33

排名	名称	iBrand	iSite	iPower	综合得分
98	新企创投	79.36	70.48	58.15	69.33
99	信中利资本	79.52	69.89	58.13	69.18
100	上海邦联创业投资	79.33	69.81	58.24	69.13

创业者作为时代的弄潮儿，有着广阔的天地，只要找准了正确的目标，并且坚守目标，善于和投资人打交道，善于利用社会资源，最终一定是"众里寻他千百度，蓦然回首，那人却在灯火阑珊处"。

那如何找到真正适合自己的投资人呢？就像业界比喻的，这个过程就像恋爱、结婚。首先要确定择偶标准，然后创业者去见投资人，想办法搞定投资的过程就像设法搞定心仪的女孩一样。企业融资过程大概需要经历十个主要阶段。而从投资机构做业务的方法论来说，一个融资过程大概要经历两三百个节点，每个工作节点就是一个风险点；一旦哪一个风险点没控制好，融资就可能会夭折。

毋庸置疑，任何一个创业者都希望能够得到风险投资的帮助，更希望自己的公司在未来的某一天上市成功。所以，很多人一说到创业，第一个念头就是写商业计划书，第二个念头是找风险投资，第三个念头就是公司要上市。不过，事实的真相是，新创企业中能够拿到风险投资的不到百分之一，能够上市的更不到千分之一，而上市后还能基业长青的则不到万分之一。

现在，创业的门槛越来越低，竞争者增多，找到投资的难度加大。创业者应当了解投资人需要什么。

如今创业者和投资者两种力量都在快速增长，最重要的是理念上的认同。创业者在找投资之前，最好通过投资商公布的资料，如投资阶段、投资领域，找到与自己的商业模式、发展阶段、团队实力相匹配的投资商。

投资人可以选择创业团队，创业者也可以选择投资人。

风险投资是一个需要高智商、高预见性的行为，因此风险投资公司对于投资方向的判断往往决定着公司的命运。一旦风险投资公司在投资方向上出现误判，那么很可能会造成大量的资金损失。所以，在风险投资行业里，对于未来投资趋势的判断是非常重要的。

那么未来3—5年哪些领域会成为投资热点呢？

一是O2O，移动互联网和LBS、本地化结合，将诞生大量的新模式；二是软硬结合、云计算、大数据方向，智能硬件虽然目前还处于很初级的阶段，但是未来的大趋势，必须去卡位。三是跨境电商。总而言之，现在中国社会和政府都在向"服务型社会"转型，凡是跟服务化相关的领域都有很好的投资机会。

创业者作为时代的弄潮儿，有着广阔的天地，只要找准了正确的目标，并且坚守目标，善于和投资人打交道，善于利用社会资源，最终一定是"众里寻他千百度，蓦然回首，那人却在灯火阑珊处"。

所以，做企业还是要踏踏实实的把事情做好。将小概率事件当作创业的目标，往往结果会失望。正是像马云和霍华德·舒尔次这样的人，他们当初的目标并不是要把企业做得多么大，而是要去改变人的生活。他们用价值观去驱动自己的企业，结果把企业做成功了。

2015互联网+科技孵化机构TOP100

正如所见，近两年以北京的中关村创业街为轴全国各地纷纷建起了大量的互联网新型孵化器，以咖啡馆、青年公寓、共享办公室等形态孵化着一个个初创互联网企业。其实对于孵化器而言，首先要定期开展以团队为基础能提供创业指导的培训，其次要能在互联网浪潮中产生创业成果和孵化项目，最后就是符合科技孵化器的定位和定义。为入孵的企业提供研发、生产、经营的场地设施，提供政策、管理、法务、投融资、推广等方面的服务。

我国真正的国家级孵化器大部分建立于上个世纪末，那些大型的科技孵化器正是如今"奶茶馆""咖啡馆"的前身，也是科技产业的基本。互联网初创企业的孵化器催生的是优秀的中小企业，而大型科技孵化器往往依托着上万平方米的园区支撑着国家高新科技的产业。

2015互联网+科技孵化机构TOP100

排名	名称	iBrand	iSite	iPower	综合得分
1	成都高新区技术创新服务中心	82.27	94.03	98.34	94.26
2	合肥高新创业园管理有限公司	82.48	84.73	98.63	92.62
3	大连市高新技术创业服务中心	82.27	90.31	91.38	89.34
4	北京中关村软件园孵化服务有限公司	76.87	94.96	90.22	88.50
5	浙江大学科技园发展有限公司	73.43	87.52	93.12	88.06
6	广东拓思软件科学园有限公司	81.54	64.27	98.05	87.99
7	无锡留学人员创业园	75.73	76.36	95.44	87.68
8	汇龙森国际企业孵化（北京）有限公司	83.10	81.94	91.09	87.66

排名	名称	iBrand	iSite	iPower	综合得分
9	济南高新技术创业服务中心	83.75	64.84	96.02	87.33
10	深圳市宝安区科技创业服务中心	81.31	91.24	87.90	87.25
11	深圳市南山区科技创业服务中心	78.93	63.58	97.18	86.81
12	上海漕河泾新兴技术开发区科技创业中心	91.11	63.85	92.83	86.69
13	郑州高新技术产业开发区创业中心	91.36	64.33	92.54	86.66
14	武汉东湖新技术创业中心	81.13	64.75	95.73	86.61
15	深港产学研基地培训中心	76.84	81.01	91.67	86.57
16	常州三晶世界科技产业发展有限公司	74.94	74.50	94.28	86.46
17	深圳虚拟大学园管理服务中心	73.55	95.89	87.61	86.45
18	河南省大学科技园发展有限公司	51.60	88.45	96.89	86.14
19	上海张江企业孵化器经营管理有限公司	75.04	96.82	85.29	85.55
20	潍坊高新区宝兴孵化器管理中心	78.35	65.14	94.57	85.44
21	包头稀土高新技术产业开发区科技创业服务中心	72.88	64.09	96.31	85.18
22	广州火炬高新技术创业服务中心	74.38	97.75	83.26	84.38
23	成都天河中西医科技保育有限公司	81.85	64.03	91.96	84.35
24	无锡市高新技术创业服务中心	84.29	63.50	90.51	83.86
25	石家庄市科技创新服务中心	84.44	65.02	89.93	83.85
26	广州国际企业孵化器有限公司	93.67	64.87	86.74	83.75
27	中国科技开发院有限公司	72.23	63.91	93.99	83.62
28	上海同济科技园孵化器有限公司	75.53	63.50	92.25	83.16
29	南昌大学科技园发展有限公司	87.75	89.38	79.49	83.12
30	马鞍山市高新技术创业服务中心	81.13	64.18	89.64	82.85
31	成都新谷孵化器有限公司	54.70	63.88	97.76	82.37
32	淄博高新技术产业开发区电子信息产业创新园	52.80	63.50	97.47	81.74
33	合肥国家大学科技园创业孵化中心	58.20	64.48	95.15	81.63
34	北京北航天汇科技孵化器有限公司	71.87	63.50	90.80	81.55
35	长沙新技术创业服务中心	77.87	63.64	88.48	81.39
36	上海张江高新技术创业服务中心	57.10	64.72	94.86	81.28
37	武汉岱家山科技企业孵化器有限公司	51.40	64.93	96.60	81.23
38	北京赛欧科技园科技孵化中心有限公司	72.33	64.60	89.35	81.00
39	武汉光电谷科技企业孵化器有限公司	81.55	63.50	86.45	80.88
40	上海莘泽创业投资管理有限公司	76.87	64.42	87.32	80.65
41	无锡惠山高新技术创业服务中心	57.10	64.36	93.70	80.51
42	武汉海峡高新技术创业服务中心	56.10	66.13	93.41	80.49
43	天津市国际生物医药联合研究院有限公司	76.92	63.67	87.03	80.34
44	淄博高新技术创业服务中心	94.37	70.78	78.33	80.03
45	天津市科技创业服务中心	91.23	77.29	76.88	79.83
46	上海浦东软件园创业投资管理有限公司	81.69	64.00	84.42	79.79

续表

排名	名称	iBrand	iSite	iPower	综合得分
47	上海康桥先进制造技术创业园有限公司	73.73	75.43	82.97	79.61
48	武汉留学生创业园管理中心	54.80	92.17	83.55	79.52
49	天津滨海高新技术产业开发区国际创业中心	84.86	93.10	72.82	79.28
50	北京厚德科创科技孵化器有限公司	73.58	64.30	86.16	79.27
51	上海聚科生物园区有限责任公司	74.16	63.50	85.58	78.88
52	吉林省光电子产业孵化器有限公司	72.40	64.21	85.87	78.84
53	洛阳高技术创业服务中心	73.36	64.45	85.00	78.56
54	杭州高新技术产业开发区科技创业服务中心	74.46	63.50	84.71	78.42
55	昆明高新技术创业服务中心	83.87	80.08	75.43	78.05
56	北京京仪科技孵化器有限公司	85.43	67.06	79.20	78.02
57	北京中关村国际孵化器有限公司	74.37	63.50	83.84	77.88
58	青岛高新技术创业服务中心	74.08	71.71	80.94	77.72
59	北京瀚海润泽科技孵化器有限公司	76.63	98.68	71.08	77.71
60	上海都市工业设计中心有限公司	82.05	63.50	80.36	77.33
61	甘肃省高新技术创业服务中心	81.21	73.57	77.17	77.26
62	上海市科技创业中心	86.00	64.39	78.62	77.25
63	北京华海基业刊坟孵化器有限公司	57.50	63.50	88.19	77.11
64	九江恒盛科技发展有限责任公司	73.54	63.79	82.10	76.73
65	上海慧谷高科技创业中心	52.40	63.50	89.06	76.62
66	西安市高新区创业服务中心	52.90	63.50	88.77	76.54
67	大连双D高科产业发展有限公司	71.61	63.82	82.39	76.52
68	武汉三新材料孵化器有限公司	72.22	64.54	81.52	76.26
69	湖北国知专利创业孵化园有限公司	75.21	63.70	80.65	76.17
70	珠海高新技术创业服务中心	72.36	64.24	81.23	76.06
71	上海聚能湾企业服务有限公司	81.45	64.69	78.04	76.05
72	福建省高新技术创业服务中心	92.97	63.50	74.56	76.03
73	沈阳市高科技创业中心	57.90	69.85	84.13	76.03
74	深圳市留学生创业园有限公司	74.45	82.87	73.69	75.68
75	苏州高新技术创业服务中心	75.43	65.20	78.91	75.47
76	上海漕河泾开发区创新创业园发展有限公司	73.26	63.50	80.07	75.39
77	广州市高新技术创业服务中心	84.68	63.50	76.01	75.24
78	上海杨浦科技创业中心有限公司	72.63	63.73	79.78	75.14
79	北京博奥联创科技孵化器有限公司	73.96	64.99	77.75	74.44
80	合肥民营科技企业园管理服务中心	74.99	64.51	77.46	74.38
81	深圳硅谷大学城创业园管理有限公司	71.65	79.15	73.11	74.03
82	上海复旦科技园高新技术创业服务有限公司	74.39	64.66	76.59	73.76
83	北京东升科技企业加速器有限公司	56.30	86.59	75.14	73.66
84	北京汉潮大成科技孵化器有限公司	91.02	64.96	70.21	73.32

排名	名称	iBrand	iSite	iPower	综合得分
85	天津青年创业园管理有限公司	75.27	63.94	75.72	73.27
86	上海市闸北区科技创业中心	55.50	65.08	81.81	73.20
87	北京交大科技孵化器有限公司	76.52	64.90	74.85	73.19
88	武汉光谷创意产业孵化器有限公司	53.50	64.15	82.68	73.14
89	苏州火炬创新创业孵化管理有限公司	84.40	63.50	72.53	73.10
90	厦门高新技术创业中心	82.00	63.50	72.24	72.44
91	北京牡丹科技孵化器有限公司	81.83	63.50	71.66	72.06
92	上海八六三信息安全产业基地有限公司	78.67	65.11	71.37	71.58
93	哈尔滨理工大学科技企业孵化器有限责任公司	56.90	68.92	76.30	70.94
94	北京普天德胜科技孵化器有限公司	73.11	64.12	71.95	70.62
95	太原留学人员创业园	76.99	63.50	70.50	70.40
96	北京中关村上地生物科技发展有限公司	76.80	63.50	69.92	70.01
97	台州市高新技术创业服务中心有限公司	53.00	72.64	73.98	69.52
98	广东东科投资集团有限公司	56.80	64.63	73.40	68.33
99	十堰高新技术产业开发区创业服务中心	53.00	63.50	74.27	67.86
100	新疆申新科技合作基地有限公司	56.20	63.50	70.79	66.41

孵化器得以传承的魂

截止2015年，我国的孵化器数量超过1700家，分布在给全国各地。但孵化器本身的商业模式就分很多种，职能、运营方式也不尽相同。

在北上广等人口密集的城市孵化器的规模相对而言反而比较小，因没有足够的空间，大多选择简单又容易复制的孵化模式，比如类似wework、创业咖啡和青年公寓类型，主要以共享经济为主，实则本身就是地产投资，以低物价收购物业再分别租给中小企业或创业个人。这种模式的孵化器员工数量少，负责维持生活服务的日常运行，实则由第三方组织来解决真正"孵化器"所解决的类似法务等问题。

在有空间的地域筹建大型的科技孵化产业园是另一个模式，这种孵化器在美国硅谷被称作"加速器"，这类孵化器不再是中间人起组织协调的作用，而是真正让企业入驻到孵化器中，对接到大的生态环境中。选择适量企业入孵，提供全方位支持，包括对产品的打磨、团队的发展、规模的拓展、自己的支持。往常大型的科技孵化器会设立基金，甚至以孵化器的名义投资，对企业要求的门槛也比较高，但与此同时会为企业和自身都带来客观的成长收益。针对的企业一般都是国家委托项目或大型企业，全职人员会达到千人以上。

为什么以上所说都离不开环境和空间呢？因为孵化器的地理因素是非常重要的，孵化器一定要建在高新科技产业和精英人才密集的区域。所以还有一类孵化器就是依托全国优秀高校建立的以辅导、教育为主的孵化器，主要针对年轻人培训、就业、交流一体化服务的平台。往常以大学生创业园著称，以理工科突出的高校为中心，汇聚到更多的科技人才。

而以上三种模式同样是国内大多数孵化器存在的模式，从新型互联网创业扶持，到大型国家级孵化产业园再到人才的培养。孵化出的成功企业也会反哺投资新入孵的企业。孵化器因互联网而起了扩张效应，但是创新的灵魂一直薪尽火传。

强指引性和资源是孵化器成功的最重要因素

孵化器的起步都是巨额的注册资金和孵化面积，这些都对创业者提供更好的环境让其更好的发展，但是最重要的标准是孵化器能否具有强指引性，是否具有大量资源和汇集资源的能力。

这个年代资金也许不是最重要的，但是产业的趋势和行业的前瞻性才是孵化器最该具备的能力。同时也依靠着这种强指引性作用孵化器才能产生更多的优秀项目提升孵化器本身的收入。所以优秀的孵化器是一个长年积累建立的过程，跟着一代一代新企业共同的成长建立属于孵化器自身的眼界和口碑。

资源并不是半熟不熟的人脉，也不是各种圈子凑在一起各说各的表面风光。真正的资源就是学到的东西和收获的东西，比如真正了解了产品所需，获得了投资或者扶持，这些才是孵化器真正核心的价值。

然而很多中小企业只注重了个人品牌，过度膨胀，沉溺于即时的融资和短期的辉煌，那孵化器并不保证梦想成真，很可能只剩下群雄逐鹿的悲壮。如果一家企业是真正的创新者，勇于挑战现状，承担风险，追求成功，那么作为科技孵化器一定扶持企业在浪淘沙中击穿痛点形成大势的规模，共同完成科技强国的凤愿。

2015互联网+众筹服务平台TOP100

众筹，翻译自英文crowdfunding一词。

众筹主要分为奖励众筹、捐赠众筹、债权众筹和股权众筹。互联网时代下的众筹形式更为多样，效率更加高效。

2015互联网+众筹服务平台TOP100

排名	名称	iBrand	iSite	iPower	综合得分
1	京东众筹	96.43	97.35	97.07	96.95
2	淘宝众筹	95.74	96.63	97.60	96.66
3	众筹网	94.87	96.33	96.18	95.79
4	天使汇	94.12	96.19	95.94	95.42
5	3W咖啡	93.99	95.60	95.15	94.91
6	腾讯乐捐	93.43	93.72	92.82	93.32
7	苏宁众筹	88.72	94.40	94.70	92.61
8	追梦网	91.50	90.38	91.58	91.15
9	人人投	87.28	93.04	93.10	91.14
10	天使客	88.36	92.88	92.02	91.09
11	云筹	86.96	93.24	92.31	90.84
12	合伙中国	85.78	93.88	92.62	90.76
13	天使街	88.96	91.45	91.87	90.76
14	青橘众筹	90.68	90.55	90.62	90.62
15	爱合投	89.10	85.92	94.73	89.92
16	乐童音乐	88.93	90.64	89.69	89.75
17	百度众筹	89.69	89.85	88.68	89.41
18	车库咖啡	89.02	90.07	89.08	89.39
19	大伙投	91.19	88.97	87.63	89.26
20	资本汇	89.20	88.66	87.13	88.33
21	原始会	88.83	87.57	86.06	87.49
22	大家投	87.38	87.34	85.47	86.73
23	携梦网	84.95	86.98	88.01	86.65
24	天使基金网	84.91	87.65	86.50	86.35
25	青桐树	88.57	85.51	84.82	86.30
26	觉（JUE.SO）	82.86	87.72	88.21	86.26
27	路演吧	78.90	87.57	87.41	84.63
28	创微网	82.04	86.06	85.72	84.61
29	伯乐合投	86.53	83.52	82.94	84.33
30	创投圈	80.05	85.14	86.26	83.82
31	蚂蚁众筹	85.99	82.86	81.75	83.53
32	淘梦网	86.51	76.82	79.91	81.08
33	海立方	77.56	85.64	85.48	82.89
34	哇地带	78.72	85.33	84.53	82.86
35	梦立方	84.87	82.39	80.77	82.68
36	筹道网	78.88	84.76	84.33	82.66

续表

排名	名称	iBrand	iSite	iPower	综合得分
37	众筹天地	81.54	83.24	82.08	82.29
38	爱创业	77.56	84.84	84.46	82.29
39	5SING众筹	79.19	84.12	83.10	82.14
40	众筹空间	83.16	82.27	80.20	81.88
41	银杏果	79.67	83.75	82.19	81.87
42	走吧一起上	82.86	82.28	80.40	81.85
43	梦想汇	78.67	83.36	82.47	81.50
44	海鳖众筹	80.12	82.79	80.36	81.09
45	浙里投	76.36	83.84	82.38	80.86
46	安全投	82.27	81.90	78.27	80.81
47	圆桌汇	81.02	81.22	79.06	80.43
48	聚天下	84.73	79.48	76.32	80.18
49	互利网巨人众筹	82.10	80.39	77.18	79.89
50	88众筹	78.49	82.21	78.82	79.84
51	大家种	74.49	82.84	81.34	79.56
52	尝鲜众筹	77.54	82.04	78.60	79.39
53	创业中国	83.50	79.00	75.35	79.28
54	麒麟众筹	80.80	80.16	76.53	79.16
55	创投在线	81.72	79.35	76.23	79.10
56	趣众筹	79.03	80.39	76.98	78.80
57	ARTIPO	79.78	79.79	76.46	78.68
58	众筹天地	80.11	79.39	76.38	78.63
59	大家筹	80.97	78.26	75.56	78.26
60	众投天地	78.59	79.47	76.53	78.20
61	创艺网	79.39	78.43	76.39	78.07
62	乐众筹	78.75	75.70	76.55	77.00
63	众投邦	77.33	77.20	75.86	76.80
64	云筹网	77.00	75.85	72.24	75.03
65	权益宝	77.74	75.06	71.31	74.70
66	艺窝	77.56	74.46	71.18	74.40
67	摩点网	74.94	75.55	72.13	74.21
68	爱投资	77.34	74.28	70.86	74.16
69	点梦时刻	75.67	74.58	71.22	73.82
70	创意鼓	74.42	75.36	71.46	73.75
71	须弥山	76.53	72.37	70.25	73.05
72	点火网	73.25	72.34	70.09	71.89
73	5SING众筹	75.99	71.15	67.64	71.59
74	艺筹网	72.97	72.16	69.79	71.64

排名	名称	iBrand	iSite	iPower	综合得分
75	有机有利	72.75	71.46	69.58	71.26
76	华奥众筹	69.79	72.12	70.60	70.84
77	投米客	72.68	70.84	68.75	70.76
78	益筹网	71.67	70.67	69.85	70.73
79	联筹网	72.85	70.77	68.54	70.72
80	亲民商城-筹实惠	71.72	71.00	69.05	70.59
81	蜂巢在线	68.70	71.73	70.38	70.27
82	众筹科技	67.13	72.75	70.88	70.25
83	马上拍	71.22	70.75	68.57	70.18
84	艺米空间	70.46	70.43	69.49	70.13
85	创意总动员	60.32	78.59	63.68	67.53
86	拨云号	67.08	70.33	60.82	66.08
87	众筹梦计划	65.94	70.62	60.24	65.60
88	创业易	62.76	69.90	63.81	65.49
89	爱创投	58.07	74.72	63.37	65.39
90	遇见天使	69.04	61.59	64.72	65.12
91	得募网	65.95	66.49	62.68	65.04
92	微投网	59.48	68.86	64.47	64.27
93	ZM汽车众筹	56.79	73.89	62.02	64.23
94	91众筹	67.90	62.60	61.81	64.10
95	融尚网	66.52	62.88	61.29	63.56
96	蜂巢众筹	67.90	61.02	61.07	63.33
97	领筹网	61.36	65.42	63.19	63.32
98	集利众筹	56.47	61.57	64.13	60.72
99	千指禅	65.10	53.58	64.93	61.20
100	襄阳宝	57.94	61.94	61.69	60.52

顺应现实需求，促进创新是第一选择

相较于互联网金融其他大热概念，互联网众筹的发展较缓慢，但近两年其发展速度明显提升。

互联网众筹的快速发展，离不开时代的推助。尤其鉴于中国正面临经济转型，国家大力鼓励创新、创业，而众筹形式可最为直接的助力创新。去年年底，李克强总理在国务院常务会议上首次提出开展股权众筹融资的试点，缓解企业融资难；央行印发《关于做好个人征信业务准备工作的通知》，该通知的出现，可有效提升互联网金融市场的信息披露透明度，有助建立可靠的众筹平台和筛选出优质的众筹项目。

上述的两项关于众筹的国家政策虽然均倾向于股权众筹方面，但这预示着众筹即将展开进一步发展。

值得注意的一点是，国外成功的互联网众筹平台也让国内众筹行业的奋斗者看到未来希望，他们向为创新者、创业者服务的道路前进，这种奋进，同时促进着整个创业、创新环境的改变。

梦想不会过时，互联网众筹是第一选择

众筹可帮助一些零起点的人将心中的梦想付诸实践。

互联网众筹更为便捷的模式与更为垂直细分的形式，使得互联网众筹终于从默默无闻，成为时髦的新"词汇"。

垂直细分类的众筹平台将不仅为项目提供资金，而是以平台为依托，提供人才、渠道、管理等多方面的支持，向产业链整合发展。

面向传统行业的众筹平台，将会从网络销售向网络定制转型。

定制，是互联网未来发展的主流方向，而针对传统产业的互联网众筹平台可帮助传统产业完成这一互联网蜕变。例如商品众筹具有先付费、后生产、在交付的特点，这与C2B模式极为相像，只不过C2B的定制对象是消费者，而众筹是投资者。

梦想是永恒的话题，许多伟大的企业创立之初都曾是怀抱梦想的初创拼搏者，他们都曾为筹得第一笔资金而绞尽脑汁。互联网众筹为众多拥有梦想的有为人士以及热血团队提供了一个实现梦想的选择。

不好的东西会死亡，好的东西会发展。随着时间人们同时可看到，像其他任何事物一样，众筹平台也在过程中逐步完善，向着一个人类自然而然追求的正确的方向前进。

后记

三 i 唯识论

评价"互联网+",依据是三个价值标准"i"——iBrand(互联网时代企业品牌),iSite(企业网络),以及iPower(行业地位)。

我们通过三"i"标准,倡导的是做互联网要用心。

三个"i",一言以蔽之,唯心是也。三i都是用心所在:iBrand为心之所指,iSite为心之所托,iPower为心之所发。

识者,心之别名。所谓唯识,即是简去心外诸法,只取根本。唯识宗立论,以我人心识之外的万有现象,故除心识之外,万有现象皆非实在。因此说:"唯识无境"。万有现象不过自识所变。

首先看心之所指。

品牌是什么,是哪里来的?传统工业化时代说的品牌,以企业自我为中心。自家树一灯塔,让芸芸众生辩识、仰望。

iBrand不同,由品牌而品类,由品类而口碑。每个消费者,口耳相传,是为iBrand。

根据赖克哈尔德的好利润理论,好利润(良性利润)与坏利润(不良利润)的根本区别在于,"虽然不良利润不会反映在会计报表中,但它们确实是很容易识别的。它们的取得是以损害客户关系为代价的";相反,良性利润的来源在于客户满意度,好利润必须反映在以客户满意度为中心定义利润的会计报表中,通过提高客户净推介值(net promoter score,NPS)来体现。

由此可见,客户满意是一个涉及心的终极问题。其价值标准不是只在成交,而是成交后客户是满意还是后悔这一延迟之中。这段距离,就是生意与心的距离。

再说心之所托。

iSite表面上只是企业网站、企业网络,但它实质是意义的呈现屏幕。

互联网本质是心投胎的胎体。没有呈现意义的介质,心就无法呈现,而只能潜伏于内心之中。好比投影仪不把大片投到屏幕上,好故事只能憋死在硬盘里。

企业网络,从某种意义上说,就是企业用心不用心的展示气场。

下一步网络的不同在于,它不是一个向心化网络,不是企业自以为是、自以为中心的太阳系结构,而是企业自以为非,去中心化的星云结构。第一个特别点是以客户为中心,形成离散化的网络;第二个特别点在于客户与客户、端到端形成错综复杂的结构。

因此iSite必须是一个复杂性网络、有机体网络,使口碑可以在其中自如流传,气血通畅。iSite必须成为心之经络。心离开经络，就会死亡；心有了经络，才能心情顺畅。所以古人描述网络说：通则不痛，痛则不通。

由此可见，iSite不是一个技术问题，用这个标准主要不是测量企业把网络在技术上建得多高明，而是测量企业用心不用心，能不能让企业与客户都心情顺畅。

最后说心之所发。

心为什么会有力量，他的力量在哪里？心的力量在意义。

世界上有三种权力，暴力、财力和心力。暴力是针对功能的，财力是针对价值的，心力是针对意义的。它们之间一物降一物。暴力虽强，难以持久，因为不具备普遍性。财力持久，但难以面对情境，因为怕心理变化。例如股市上心理一波动，钱全蒸发光。

心之所发，并非心理波动，而是决定心动的背后力量，它可以决定一切是否有意义。正确是一切权力中最终的权力。因为正确可以惩罚一切权力，但一切权力却无法惩罚正确。例如，秦始皇虽然有强大暴力，但不能决定做错事不受惩罚，不能避免暴力滥用而崩盘；华尔街掌握着钱的权力，却不能让靠利用信息不对称惩罚客户以获得坏利润这件事变得正确，不能避免财力滥用而崩盘。

iPower这种权力来自用心。正确不能用物体感知，不能用钞票感知，只能由心感知。掌握正确，则随心所欲；泯灭良知，则失道寡助。

iPower有一个很明显的标志，就是做事爽还是不爽。替天行道、顺势而为，让大家都心情顺畅，则在行业内通行无阻，自己也爽。如果在行业里做事，别人不爽，自己也不爽，只好扪心自问。

总之，三"i"唯心。现象虽非实在，但只要心安，就会真正变得实在。